ZONES
Français

Manuel de l'élève
1re année
2e cycle du secondaire

Dominique Fortier
Roger Lazure
Emanuele Setticasi

Avec la collaboration de Nathalie Brouard et de Ginette Rochon

LES ÉDITIONS
CEC
QUEBECOR MEDIA

8101, boul. Métropolitain Est, Anjou (Québec) Canada H1J 1J9
Téléphone : 514-351-6010 Télécopieur : 514-351-3534

Direction de l'édition
Marie-Josée Charette

Direction de la production
Danielle Latendresse

Direction de la coordination
Sylvie Richard

Charge de projet et révision linguistique
Martine Brassard
Geneviève Blanchette
Raymonde Abenaim

Correction d'épreuves
Marie Théorêt
Jacinthe Caron

Recherche iconographique
Monique Rosevear

Consultation scientifique
Marc Collin, Ph.D. en histoire
Lyne Pellerin, chargée de cours (Faculté des lettres et sciences humaines et Faculté d'éducation), Université de Sherbrooke

Consultation pédagogique
Carl Morissette, enseignant, collège Notre-Dame des Servites (Ayer's Cliff)
Céline Marin, enseignante, école secondaire l'Envolée, C. S. du Val-des-Cerfs
Sonia Hamel, enseignante, école secondaire Jean-Baptiste-Meilleur, C. S. des Affluents
Denis Charbonneau, chargé de cours au département de didactique, Université de Montréal, et conseiller pédagogique, C. S. de la Seigneurie-des-Mille-Îles

Les auteurs et l'Éditeur tiennent à remercier André Marois pour sa collaboration à la Zone 4.

Conception maquette et couverture
Dessine-moi un mouton

Conception et réalisation graphique

matteau parent
graphisme et communication
Geneviève Guérard

Illustrations originales des pages intérieures
Franfou : p. VIII, 94, 101, 232, 233.
Stéphane Jorisch : p. 62, 87, 130, 209.
Marie Lafrance : p. 26, 142, 191, 224, 229.
Josée Masse : p. 46-47, 147, 191.
Volta Création : p. 16, 48, 49, 70, 72, 74, 95, 110, 170, 179, 191.
Daniela Zékina : p. 76, 77, 79, 119, 182, 185, 187, 188, 189.

Réalisation des cartes
Les Studios Artifisme

Les Éditions CEC inc. remercient le gouvernement du Québec de l'aide financière accordée à l'édition de cet ouvrage par l'entremise du Programme de crédit d'impôt pour l'édition de livres, administré par la SODEC.

ZONES – Manuel de l'élève – 1re année 2e cycle du secondaire

© 2007, Les Éditions CEC inc.
8101, boul. Métropolitain Est
Anjou (Québec) H1J 1J9

Dépôt légal : 2007
Bibliothèque et Archives nationales du Québec
Bibliothèque et Archives Canada

ISBN 9782-7617-2473-9

Imprimé au Canada
1   2   3   4   5   11   10   09   08   07

Introduction

Le manuel *Zones*, qui a pour complément le recueil de textes du même nom, est articulé autour de quatre zones thématiques, espace virtuel d'autant d'expositions que présenterait un grand musée. La visite qui vous est proposée, à vous que nous savons curieux et actifs, devrait vous permettre de vous attarder en certains lieux, de revenir sur vos pas pour mieux observer quelque détail, ou d'y aller à votre rythme ou au gré de votre exploration.

Dans chacune des quatre zones du manuel, trois œuvres littéraires sont mises en vedette dans un premier temps (section 1). En chaque cas en est présenté un extrait significatif, susceptible d'attiser grandement votre intérêt et de vous amener à lire dans leur intégralité ces œuvres marquantes de la littérature mondiale. Dans un deuxième temps (section 2), un corpus de textes courants reliés au même sujet vous est proposé afin que vous en dégagiez certaines caractéristiques. Pour toute question grammaticale d'ordre théorique que vous vous poserez au cours de la visite, il est possible de consulter l'Info*zone* 🛈 annexée à la fin du manuel. Par ailleurs, un atelier de grammaire, conçu pour vous permettre de découvrir, maîtriser et transférer des connaissances fort utiles dans vos productions orales ou écrites, figure à la fin de chaque zone.

Nous espérons sincèrement que vous découvrirez avec *Zones* l'espace d'exploration, d'interprétation et d'expérimentation interactif et dynamique que nous avons résolument cherché à créer pour vous. Nul doute que cet outil axé sur vos préoccupations et vos centres d'intérêt vous conduira à développer des connaissances et des compétences en écriture, en lecture et en communication orale.

Sur ce, bonne visite! Une multitude d'activités organisées pour que ce parcours que vous vous apprêtez à faire soit inoubliable vous attendent.

Les auteurs

Table des matières

ZONE 1
FAITS VÉCUS

ZONE 2

MYTHES ET RÉALITÉS

Z3NE
LIBERTÉ D'EXPRESSION

ZONE 4

SOUS ENQUÊTE

Abréviations utilisées

CLASSES DE MOTS	
Adj	adjectif
Adv	adverbe
Conj	conjonction
Dét	déterminant
N	nom
Prép	préposition
Pron	pronom
Pron rel.	pronom relatif
V	verbe

STRUCTURES : GROUPES ET PHRASES	
GAdj	groupe de l'adjectif
GAdv	groupe de l'adverbe
GN	groupe du nom
GPrép	groupe de la préposition
GV	groupe du verbe
GVinf	groupe du verbe à l'infinitif
P	phrase
Sub.	subordonnée
Sub. compl.	subordonnée complétive
Sub. rel.	subordonnée relative

FONCTIONS	
Attr.	attribut
Compl.	complément
Compl. dir.	complément direct
Compl. ind.	complément indirect
Modif.	modificateur
S	sujet

AUTRES ABRÉVIATIONS	
aux.	auxiliaire
f.	féminin
m.	masculin
p. p.	participe passé
pers.	personne (1re, 2e, 3e personne)
pl.	pluriel
s.	singulier

MARQUAGE	
◯	Phrase correcte
⊘	Phrase incorrecte
[ ]	Sujet
	Prédicat
[ ]	Complément de phrase

Pictogrammes utilisés dans le manuel

 ? Questionnement en lien avec la thématique de la zone et vos connaissances générales, vos expériences personnelles, votre rapport au monde...

i Renvoi à l'Info*zone*.

r Renvoi au recueil de textes de la collection.

▪ Renvoi à des activités complémentaires en matériel reproductible.

Structure du manuel

Le manuel comporte **quatre zones** articulées autour de thématiques particulièrement intéressantes.

À la fin du manuel se trouve l'**Infozone**, un centre d'information sur la langue constitué de fiches sur des phénomènes textuels, des outils d'analyse, des stratégies, etc.

L'Infozone est subdivisée en cinq sections repérables par un onglet :

Texte • Phrase • Lexique • Orthographe • Stratégies

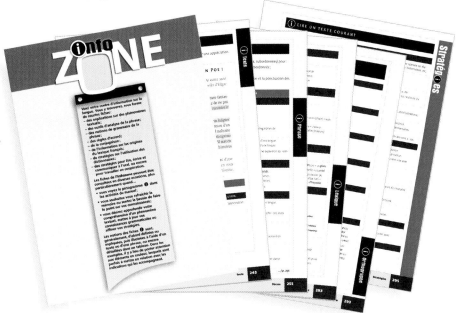

Organisation type d'une zone

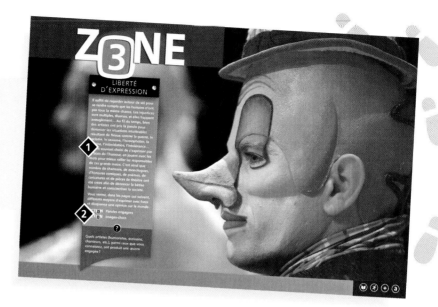

1 Présentation de la thématique de la zone.

2 Les deux sections de la zone, annoncées chacune par un titre.

La **section 1** permet d'explorer la thématique de la zone à travers la lecture ou la production de **textes littéraires** (récits, chansons, monologues...).

La **section 2** permet d'explorer la thématique de la zone à travers la lecture ou la production de **textes courants** (articles d'encyclopédie, caricatures, lettres ouvertes, comptes rendus...).

3 Présentation de la section.

4 Plan de la section, laquelle comprend toujours quatre parties aisément reconnaissables à ces pictogrammes : 📖 , 🏃 , ➕ , ⓐ *

5 Œuvre et questionnement en lien avec la thématique de la section.

---

* L'*atelier de grammaire* (ⓐ) apparaît seulement à la fin de la zone et dessert les deux sections qui la constituent.

Un *atelier de grammaire* apparaît à la fin de chaque zone. Il porte sur une notion grammaticale utile pour la lecture des textes ou la réalisation des activités proposées dans les deux sections.

L'*atelier de grammaire* est constitué d'étapes consistant à **observer** sommairement la notion à l'étude, à **explorer** cette notion, à **s'exercer** à l'appliquer et à **aller plus loin** de façon à pouvoir transférer ses connaissances grammaticales en écriture.

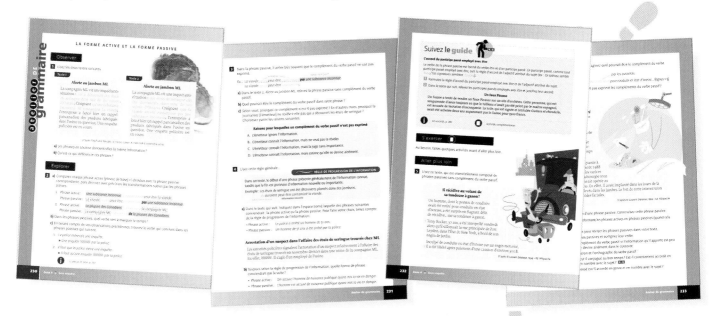

Organisation type d'une section

Chaque section comporte trois parties :
Explorer • À vous de jouer • Zone *plus*

🔵 Explorer

Dans la section 1, cette partie vous propose d'explorer trois œuvres littéraires en lien avec la thématique de la zone et exploitées selon une démarche distincte.

Dans la section 2, les textes proposés sont des textes courants, exploités selon une seule et même démarche.

🔶 **6** Dans la section 1, présentation d'une œuvre littéraire et de son auteur ou auteure ; dans la section 2, présentation d'un ensemble de textes courants.

🔶 **7** Contexte historique exposant l'environnement sociohistorique dans lequel se situent l'œuvre littéraire ou les textes courants présentés.

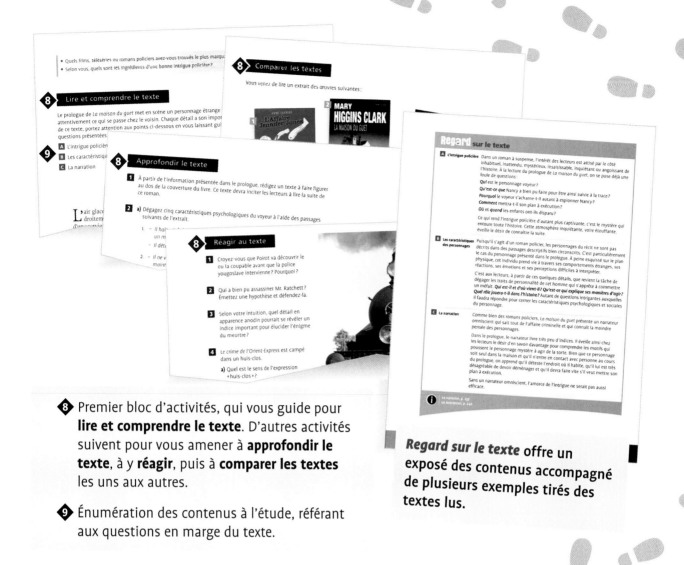

8 Premier bloc d'activités, qui vous guide pour **lire et comprendre le texte**. D'autres activités suivent pour vous amener à **approfondir le texte**, à y **réagir**, puis à **comparer les textes** les uns aux autres.

9 Énumération des contenus à l'étude, référant aux questions en marge du texte.

Regard sur le texte offre un exposé des contenus accompagné de plusieurs exemples tirés des textes lus.

🏃 À vous de jouer

Cette partie vous lance un défi en lien avec la thématique de la zone. En relevant ce défi, vous mettez à profit les apprentissages effectués dans *Explorer* et développez diverses habiletés en lecture, en écriture et en communication orale.

10 Présentation du défi à relever.

11 Démarche en 4 ou 5 étapes, qui vous guide dans la réalisation de votre travail.

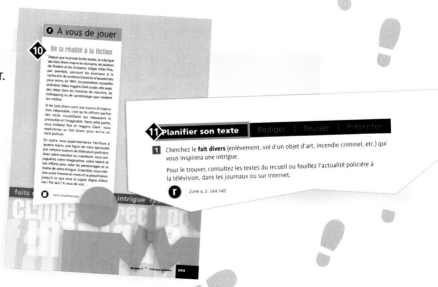

L'étape *Retour* vous permet
d'évaluer un aspect du travail
accompli.

Zone *plus*

Comme son titre l'indique, cette partie vous
propose trois petits suppléments pour approfondir
la thématique de la zone. Elle constitue un lieu
de transfert des apprentissages que vous avez
faits dans la section.

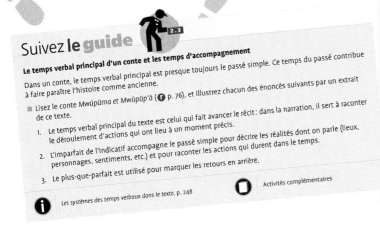

Au fil des activités, les capsules
numérotées *Suivez le guide* attirent
votre attention sur des faits de langue
(grammaire, lexique, orthographe...) en
lien avec la lecture que vous faites, le défi
que vous relevez ou la notion à l'étude
dans l'*atelier de grammaire*. Des renvois
à ces capsules apparaissent dans les
exercices, quand il y a lieu de les consulter.

ZONE 1

Moi et l'autre : deux sujets qui intéressent depuis toujours romanciers, artistes et cinéastes. Pour ce qui est des écrivains, par exemple, on sait que nombre d'entre eux choisissent leur vie personnelle comme matériau de leurs livres. D'autres, par contre, préfèrent raconter la vie de personnes qui les ont particulièrement marqués.

La démarche biographique consiste donc à rendre compte d'un parcours de vie en ce qu'il a d'intéressant, d'inspirant ou d'exceptionnel.

Dans les pages qui suivent, nous vous inviterons à découvrir et à explorer ce double regard dans la relation d'une vie.

SECTION 1   Raconter sa vie
SECTION 2   Raconter la vie des autres

?

- Nommez quelques livres, films ou chansons qui sont inspirés de la vie de personnes réelles.

- Les œuvres que vous citez sont-elles de nature autobiographique ou biographique ?

SECTION 1

Raconter sa vie

Les autobiographies sont très populaires. Elles se présentent sous la forme de récits, de journaux intimes, de mémoires, de chroniques… Les gens les lisent pour mieux connaître les auteurs et leur parcours particulier, parfois aussi parce qu'ils sont à la recherche d'un modèle auquel s'identifier, d'un sens à donner à leurs propres expériences. Nous vous proposons dans cette section trois œuvres autobiographiques qui ont séduit et inspiré d'innombrables personnes. La lecture d'un extrait de chacune de ces œuvres vous amènera à réfléchir sur divers aspects de la narration.

Votre réflexion sur la narration s'enrichira sans doute considérablement lorsque vous prendrez vous-même la plume pour faire le récit d'un événement, petit ou grand, qui a marqué votre existence. Et si un détail de votre histoire vous échappe au moment de l'écriture, vous n'hésiterez pas à faire ce que font probablement la plupart des auteurs d'autobiographies : inventer ce que la mémoire n'a pas retenu en lui donnant une apparence de véracité.

Par la suite, d'autres idées à exploiter vous sont proposées pour raconter des épisodes de votre vie dans des contextes différents.

L'atelier de grammaire, présenté en fin de zone, vous aidera à développer des façons d'éviter les répétitions inutiles dans vos textes.

Selon vous, en quoi l'autobiographie donne-t-elle l'occasion de réfléchir sur soi ?

Plan

En faisant trois fois son portrait, quelle image l'artiste voulait-il donner de lui-même, à votre avis?

Norman Rockwell,
Triple autoportrait, 1960.

Moi, boy est un récit autobiographique dans lequel Roald Dahl, un écrivain britannique, relate avec beaucoup d'humour ses souvenirs dans les collèges anglais. En le lisant, nous nous rendons bien compte que la mémoire est sélective, que seules les émotions fortes nous marquent véritablement. Mais quand nous nous tournons vers nos jeunes années, comment ne pas nous souvenir des tours pendables, des bobos à saveur de drame et des exploits qui ont jalonné notre enfance ?

Roald Dahl

Roald Dahl (1916-1990) est né au pays de Galles, de parents d'origine norvégienne. À l'âge de 17 ans, il se rend en Afrique pour travailler dans l'industrie pétrolière. En 1940, il s'engage dans la *Royal Air Force* en tant que pilote. On lui confie plus tard une mission d'espionnage à Washington.

Par la suite, Dahl écrit un nombre incalculable de romans, de nouvelles et de récits autobiographiques destinés aussi bien aux adultes qu'aux jeunes. Dès la publication de *James et la grosse pêche* (1961), il connaît un succès qui ne s'arrêtera plus : *Charlie et le grand ascenseur de verre* (1972), *Le bon gros géant* (1982), *Matilda* (1988) sont autant de romans irrésistibles pour ceux et celles qui adorent les histoires drôles, magiques, grinçantes... Ses œuvres ont été traduites en 34 langues et plusieurs ont été portées à l'écran, par exemple *Gremlins* et *Charlie et la chocolaterie*. Il a également signé le scénario d'un film de la série James Bond, *On ne vit que deux fois* (1967).

MOI, BOY

Dans *Moi, boy*, publié en 1984 sous le titre *Boy*, Roald Dahl raconte à sa manière divers moments de son enfance et de son adolescence. Au fil des chapitres, il sait choisir les incidents de ses jeunes années qu'il n'a pu oublier parce qu'ils sont cocasses, loufoques, surprenants, saisissants, troublants même parfois. Étonnamment, lorsque cet auteur évoque son passé, on découvre avec enthousiasme un jeune garçon qui ressemble à s'y méprendre aux héros de ses romans.

Contexte **H**istorique

Les années dont il est question dans *Moi, boy* sont particulièrement difficiles pour l'Angleterre et pour l'Europe. La Première Guerre mondiale laisse derrière elle 9 millions de morts. Puis, après une période de prospérité, le krach de Wall Street réduit à la misère des millions de familles. La Seconde Guerre mondiale se révèle une épreuve encore plus dure.

En 1940, lorsque Dahl s'engage dans la *Royal Air Force*, la situation militaire est critique pour l'Angleterre. Hitler domine presque toute l'Europe. Beaucoup craignent que les Britanniques, complètement isolés, capitulent sous les bombardements intensifs de l'Allemagne.

Résolus et fiers, les Britanniques ne se laissent pourtant pas décourager. Ils accueillent chez eux l'armée en exil du général de Gaulle et se rallient derrière Winston Churchill. Avec l'entrée en guerre de la Russie puis des États-Unis, le vent tourne. Quatre années plus tard, Français, Britanniques et Américains parviennent à débarquer sur les côtes françaises de Normandie. La reconquête de l'Europe s'accélère alors, laissant derrière elle un grand nombre de morts et une destruction considérable.

1914-1918	Première Guerre mondiale.
1929	Krach économique de Wall Street.
1933	Hitler prend le pouvoir en Allemagne.
1941	Hitler envahit la France.
1942	Hitler envahit la Russie. Les États-Unis entrent en guerre.
1945	Débarquement de Normandie.

Pilotes de la RAF.

Débarquement de Normandie.

La vie continue malgré la guerre.

École de la cathédrale de Llandaff, que Roald Dahl a fréquentée durant ses jeunes années.

- À quoi sont associés vos souvenirs d'enfance : à des odeurs ? à de la musique ? à des images ? Qu'est-ce que ces éléments vous font revivre ?
- Pourquoi vous souvenez-vous de certains faits de façon précise et d'autres, de manière plus floue ?

Lire et comprendre le texte

Dans l'extrait qu'on vous propose de *Moi, boy*, Roald Dahl relate quelques incidents qui lui sont arrivés avant l'âge de huit ans. À la lecture de ce texte, portez attention aux points ci-dessous en vous laissant guider par les questions présentées en marge.

A La présence du narrateur dans le texte
B L'expression du point de vue
C La description des personnages

SOUVENIRS D'ENFANCE

L'école était un jardin d'enfants dirigé par deux sœurs, Mme Caulfield et Miss Tucker, et elle s'appelait la Maison de l'Orme. C'est étonnant à quel point on se rappelle peu de détails sur sa vie avant l'âge de sept ou huit ans. Je peux vous raconter toutes sortes
5 de choses qui me sont arrivées à partir de huit ans, mais pratiquement aucune avant. J'ai fréquenté la Maison de l'Orme durant toute une année, mais je ne me rappelle même pas la salle de classe. Je ne parviens pas non plus à évoquer les visages de Mme Caulfield ou de Miss Tucker, tout en étant sûr qu'ils étaient d'une douceur souriante.
10 Je me revois vaguement, assis dans l'escalier, m'efforçant sans succès de nouer un de mes lacets de chaussures ; mais après de si longues années, ce sont les seules images de l'école qui me reviennent en mémoire.

En revanche, je me rappelle parfaitement les trajets entre la maison
15 et l'école, parce qu'ils étaient terriblement excitants. Les émotions fortes sont les seules sans doute qui marquent vraiment un petit garçon de six ans et elles restent gravées dans son esprit. Dans mon cas, l'objet de mon enthousiasme était mon nouveau tricycle. Je le prenais tous les jours pour me rendre à l'école, en compagnie de ma
20 sœur aînée, montée elle aussi sur le sien. Aucun adulte ne nous accompagnait, et j'ai un souvenir, oh ! tellement vivace, des courses que nous faisions tous les deux au milieu de la route, et des vitesses terrifiantes qu'atteignaient nos tricycles... Plus enivrant encore, lorsque nous arrivions à un tournant, nous nous penchions d'un côté
25 pour le prendre sur deux roues. Tout ceci, il ne faut pas l'oublier, se passait au bon vieux temps où l'apparition d'une voiture à moteur dans la rue était un événement, et deux petits enfants, en route pour

1. **A** Qui raconte l'histoire ? Relevez quelques indices qui permettent d'identifier le narrateur.

2. **B** Le narrateur éprouvait-il de l'affection pour Mme Caulfield et Miss Tucker ? Quel passage précise son point de vue ?

3. **B** À l'aide de quels mots le narrateur décrit-il ici les émotions fortes qu'il a ressenties ?

l'école, qui pédalaient sur leur tricycle au beau milieu de la route en poussant des cris de joie ne couraient aucun danger.

30 Voilà donc les souvenirs que j'ai gardés du jardin d'enfants, et qui remontent à soixante-deux ans. Ils ne sont pas nombreux, mais c'est tout ce qui me reste.

[...]

J'avais sept ans lorsque ma mère décida qu'il était temps pour moi de quitter le jardin d'enfants pour entrer dans une véritable école. Par
35 chance, il existait à environ deux kilomètres de chez nous une école préparatoire de garçons jouissant d'une excellente réputation. L'école de la cathédrale de Llandaff était située à l'ombre de la basilique dont elle portait le nom. L'une et l'autre existent toujours et ont gardé le même aspect florissant.

40 Mais là encore, j'ai peu de souvenirs des deux années que j'ai passées à l'école de la cathédrale de Llandaff, entre sept et neuf ans. Deux moments seulement sont restés fixés clairement dans ma mémoire. Le premier ne dura pas plus de cinq secondes, mais jamais je ne l'oublierai.

45 C'était mon premier trimestre et je traversais à pied le terrain de jeux du village pour rentrer chez moi après l'école lorsque soudain apparut un grand de douze ans, d'une classe au-dessus. Il dévalait la route à toute allure sur sa bicyclette à environ vingt mètres de moi. La route, descendant d'une colline, était en pente et quand il passa
50 comme une flèche à ma hauteur, le garçon se mit à pédaler en arrière à toute vitesse si bien que le mécanisme de sa bicyclette en roue libre se mit à cliqueter bruyamment. Au même moment, il lâcha son guidon pour croiser négligemment les bras sur sa poitrine. Je me pétrifiai sur place pour le regarder. Quel merveilleux spectacle il
55 offrait! Si rapide, si brave, si gracieux avec son pantalon long resserré aux chevilles par des pinces, et la casquette rouge de l'école crânement inclinée de côté! Un jour, me dis-je, un jour glorieux viendra où j'aurai moi aussi une bicyclette et je porterai un pantalon long retenu par des pinces, j'inclinerai crânement ma casquette de l'école sur ma tête et je
60 descendrai en trombe de la colline en pédalant à l'envers, sans tenir mon guidon!

Je vous assure que si quelqu'un m'avait mis la main sur l'épaule à ce moment-là et m'avait demandé: «Quel est ton vœu le plus cher dans la vie, mon petit? Qu'est-ce que tu désires le plus au monde?
65 Devenir médecin? Grand musicien? Peintre? Écrivain? Ou lord chancelier?», j'aurais répondu sans hésiter que ma seule ambition, mon espoir, ma raison de vivre, c'était de posséder une bicyclette comme celle-là et de descendre comme le vent la route de la colline sans tenir mon guidon. Ce serait fabuleux. J'en tremblais rien que d'y
70 songer.

Extrait de Roald Dahl, *Moi, boy*, traduction de Janine Hérisson, © Éditions Gallimard, collection « Folio Junior », © Roald Dahl Nominee Ltd, 1984.

4. **B** Que confie le narrateur à propos de sa mère ? Quels passages révèlent son point de vue sur l'éducation qu'il devait recevoir ?

5. **C** Qu'est-ce qui attire particulièrement l'attention du narrateur à propos du jeune cycliste ?

6. **B** Que pense le narrateur de ce garçon ?

7. **A** Comment le narrateur s'y prend-il pour mieux communiquer avec les lecteurs ?

8. **B** Quels mots le narrateur utilise-t-il pour exprimer l'intensité du sentiment qu'il éprouve ?

Regard sur le texte

A La présence du narrateur dans le texte

Dans l'extrait *Souvenirs d'enfance*, l'auteur adopte la « voix » du narrateur. Il est important de ne pas confondre le narrateur et l'auteur : ce dernier ne communique pas directement avec les lecteurs ; il le fait par l'intermédiaire du narrateur. Même si Roald Dahl raconte des événements de sa propre vie, il utilise la voix, le regard, les perceptions et les émotions du « Roald-Dahl-narrateur » pour présenter son histoire.

B L'expression du point de vue

Tout au long du récit autobiographique de Roald Dahl, le narrateur exprime ce qu'il ressent, entre autres son émerveillement de voir un grand de l'école dévaler la pente à toute vitesse. Il porte aussi des jugements de valeur sur les événements qu'il raconte, notamment ses souvenirs très flous des années qu'il a passées au jardin d'enfants, et fait des réflexions sur le monde qui l'entoure, par exemple sur le bon vieux temps où il n'y avait presque pas de voitures. Le narrateur exprime également son point de vue sur certains des personnages qu'il décrit, sa mère en particulier. Cela permet aux lecteurs d'entrer dans la tête du narrateur et d'interpréter l'histoire en fonction de la vision qu'il a du monde et des gens qui ont marqué son enfance.

C La description des personnages

Plusieurs personnages différents prennent part à l'histoire. Leur description dépend de ce que le narrateur cherche à faire ressortir, de l'image qu'il veut en projeter, du regard particulier qu'il pose sur eux. Par exemple, pour bien montrer à quel point le souvenir du jeune cycliste est encore vivace malgré les années, il précise avec soin l'habillement du garçon et le genre de bicyclette qu'il chevauche. Le narrateur choisit judicieusement chacune des caractéristiques de ses personnages... même celles de son propre « personnage ». Dans *Souvenirs d'enfance*, il se présente comme un enfant fasciné par la vitesse...

La narration, p. 239
La description, p. 240
Le point de vue, p. 247

Approfondir le texte

1 **a)** Résumez en une phrase les quatre épisodes retenus par le narrateur pour raconter son enfance.

ÉPISODES	RÉSUMÉ
1er épisode (lignes 1-13)	Ex. : *Le jeune Roald passe sa première année d'école au jardin d'enfants, dont les responsables sont Mme Caulfield et Miss Tucker.*
2e épisode (lignes 14-29)	
3e épisode (lignes 33-41)	
4e épisode (lignes 45-70)	

b) De quoi parle-t-on dans les épisodes 1 et 3, autrement dit, sous quel thème peut-on les classer? Quel est le thème des épisodes 2 et 4?

2 **a)** Quels genres d'événements ont le plus marqué Roald Dahl? Pourquoi, selon vous?

b) Tout au long du texte, le narrateur émet des commentaires sur sa mémoire, plus ou moins claire, des événements passés. Pourquoi prend-il tout de même la peine d'en parler? Illustrez votre réponse en relevant d'abord une ou deux réflexions sur sa mémoire du passé.

3 **a)** Relevez, dans un tableau semblable au suivant, différents passages du texte qui fournissent des indices révélés par l'auteur sur la personnalité du narrateur.
1.1

b) Précisez le ou les traits de personnalité que chacun des passages met en lumière.

PASSAGES DU TEXTE	TRAITS DE PERSONNALITÉ
Ex.: *… et des vitesses terrifiantes qu'atteignaient nos tricycles… Plus enivrant encore, lorsque nous arrivions à un tournant…* (lignes 22-24)	– Le goût du danger – La témérité – L'exaltation

Réagir au texte

1 Quel épisode de la vie de Roald Dahl vous a semblé le plus intéressant? Pourquoi?

2 D'après vous, le narrateur a-t-il déformé ses souvenirs ou les a-t-il présentés tels qu'il les a vécus? Qu'est-ce qui vous le fait croire?

3 Pourquoi, selon vous, Roald Dahl n'a-t-il pas gardé plus de souvenirs de l'école?

4 D'après la biographie de l'auteur et le contexte historique (p. 6-7), quels éléments du texte autobiographique pouvaient laisser présager ce qu'allait devenir Roald Dahl dans les années 1940?

Suivez **le guide**

Les constructions de phrases pour exprimer un point de vue subjectif

Pour mettre en évidence un point de vue et rendre le texte plus expressif, on peut employer les constructions suivantes:

- les phrases de type exclamatif et interrogatif;
- les phrases de forme emphatique;
- les phrases à construction particulière.

1 Relevez, dans l'extrait *Souvenirs d'enfance*, deux exemples de chacune de ces constructions de phrases.

2 Précisez ce que chaque phrase permet d'exprimer: par exemple un très grand souhait, un constat désolant, un sentiment d'émerveillement, etc.

 Les types de phrases, p. 258
Les formes de phrases, p. 261
Les phrases à construction particulière, p. 263

 Activités complémentaires

Un ange cornu avec des ailes de tôle vous plongera dans les souvenirs

personnels de Michel Tremblay, une figure dominante de la littérature québécoise. En puisant dans sa propre vie, cet auteur de renom a construit une œuvre fortement inspirée de son enfance sur le Plateau-Mont-Royal, un quartier bien connu de Montréal.

Michel Tremblay

Michel Tremblay est né à Montréal en 1942, dans le quartier populaire du Plateau-Mont-Royal. Passionné par l'écriture, il se met à écrire dès l'adolescence. En 1964, il remporte le premier prix au concours des jeunes auteurs de Radio-Canada en présentant une pièce qu'il a écrite à 16 ans, *Le train*. En 1968, il se fait connaître du grand public avec la pièce *Les belles-sœurs*, qui suscite une vive controverse parce que les personnages s'expriment en joual. Après une dizaine d'années de succès ininterrompus au théâtre, il publie son premier roman, *La grosse femme d'à côté est enceinte* (1978). C'est le coup d'envoi du cycle important des *Chroniques du Plateau-Mont-Royal* et le début d'une brillante carrière de romancier.

À ce jour, Michel Tremblay a publié une vingtaine de pièces de théâtre, quelques comédies musicales, un bon nombre de romans, une quinzaine de chansons et quelques récits autobiographiques dont *Les vues animées* (1990), *Douze coups de théâtre* (1992) et *Un ange cornu avec des ailes de tôle* (1994). Il a aussi signé sept scénarios de films.

UN ANGE CORNU AVEC DES AILES DE TÔLE

Dans cet ouvrage, publié en 1994 et composé de 14 courts récits autobiographiques, Michel Tremblay raconte de manière humoristique divers moments de son enfance et de son adolescence. Il présente et commente les premières lectures qui l'ont profondément marqué et qui ont fait de lui un lecteur assidu. Que ce soit pour se remémorer un roman de la comtesse de Ségur, un récit d'aventures de Jules Verne ou un roman classique de Victor Hugo, chacun de ces récits est l'occasion pour l'auteur de nous communiquer son plaisir de lire et sa passion pour la littérature.

En 1940, au moment où commence le récit autobiographique de Michel Tremblay, le Québec est encore une société très traditionnelle, dominée par un clergé tout-puissant. L'accès à l'éducation est réservé à une élite. Dans les campagnes, l'univers des Québécois se borne à la paroisse. Dans les villes, ils sont ouvriers ou manœuvres, travaillant le plus souvent pour des patrons anglophones.

La Seconde Guerre mondiale vient bousculer les valeurs sociales de l'époque. Au pays, l'effort de guerre se traduit par un boum industriel et par l'accession des femmes au marché du travail. Sous le règne de Maurice Duplessis, le Québec traverse une période de stagnation que l'on surnomme la « grande noirceur ». Mais dans l'immobilité apparente, la Révolution tranquille se prépare. Un nombre inégalé de Québécois a bientôt accès à l'éducation, la télévision ouvre de nouveaux horizons culturels et le mouvement syndical prend forme.

La production théâtrale de cette époque reflète bien ce bouillonnement. Avant les années 1940, on jouait surtout des pièces inspirées du répertoire français. Puis, avec l'arrivée d'auteurs comme Gratien Gélinas et Marcel Dubé, un théâtre authentiquement québécois, mettant en scène des gens ordinaires, voit le jour. Ce nouveau théâtre prend un essor considérable dans les années 1960. Michel Tremblay en est le représentant le plus prolifique et le mieux connu.

1943	Loi de l'instruction obligatoire jusqu'à 14 ans.
1944	Élection de Maurice Duplessis.
1945	Fin de la Seconde Guerre mondiale.
1951	Débuts de la télévision publique.
1960	Arrivée au pouvoir de Jean Lesage.
1960-1970	Révolution tranquille.
1964	Création du ministère de l'Éducation.

Jean Lesage, premier ministre du Québec de 1960 à 1967.

Montréal dans les années 1940.

Maurice Duplessis, premier ministre du Québec de 1936 à 1939 et de 1944 à 1959.

Fondée en 1957 par Gratien Gélinas, la Comédie-Canadienne a fait place au TNM en 1973.

Lire et comprendre le texte

Dans l'extrait qu'on vous propose d'*Un ange cornu avec des ailes de tôle*, Michel Tremblay relate les tout premiers contacts qu'il a eus avec la littérature, lorsqu'il avait à peine deux ou trois ans. À la lecture de ce texte, portez attention aux points ci-dessous en vous laissant guider par les questions présentées en marge.

A La présence du narrateur dans le texte

B L'expression du point de vue

C La description des personnages

D La relation entre la réalité et la fiction

E La variété de langue dans le discours rapporté

LE COMMISSIONNAIRE

Dans ma famille, la légende veut que dès mon plus jeune âge on m'ait vu me promener dans la maison avec un livre serré contre ma poitrine. Les légendes interprètent à leur façon des faits parfois bien insignifiants; celle-ci en est un exemple probant: à partir de deux
5 ou trois ans, je me suis promené dans la maison avec un livre serré contre ma poitrine tout simplement parce que j'étais le commissionnaire de ma grand-mère Tremblay!

Olivine Tremblay (née Tremblay d'ailleurs, des Éboulements, et qui n'a jamais abandonné son bel accent de Charlevoix) était une lectrice
10 invétérée qui dévorait n'importe quoi, Balzac et Bordeaux, Zola et Zévaco, sans distinction, sans mépris pour les uns et admiration humide pour les autres, pour l'histoire qui lui était racontée entre les deux couvertures et, surtout, je crois, pour les heures d'oubli que lui procuraient les livres qu'elle empruntait à la Bibliothèque municipale.
15 Elle avait élevé trop d'enfants à son goût – sept, je crois – et les laissait s'occuper des leurs sans trop s'en mêler. En vivant, je suppose, à travers des livres venus de France, les grandes aventures qui lui avaient été refusées.

Discrètement installée au fond de sa chaise berçante dans le coin
20 de la salle à manger, elle disparaissait avec un évident plaisir dans le salon des Guermantes ou les clochers de Notre-Dame-de-Paris, mouillant son pouce pour tourner les pages, fermant parfois les yeux à la fin d'un chapitre particulièrement beau. Je me souviendrai toujours du jour où, plongée dans la lecture du *Vicomte de Bragelonne*, elle s'était mise à
25 ricaner en s'apercevant qu'un des méchants du roman, le gouverneur de la Bastille, était un Tremblay:

1. **A** Qui raconte l'histoire? Relevez quelques indices qui permettent d'identifier le narrateur.

2. **C** Quelles caractéristiques de sa grand-mère le narrateur choisit-il de décrire?

3. **B** Comment le narrateur perçoit-il sa grand-mère? Quels verbes indiquent qu'il exprime son point de vue?

« Y'a un Tremblay qui est resté en France, Nana! Pis y'est devenu un bandit, chère! Pis gouverneur de la Bastille! Enfin un Tremblay qui a fait quequ'chose de sa vie! »

30 Ma mère et elle avaient beaucoup ri et je n'avais pas compris pourquoi.

Je l'ai connue très vieille – elle avait déjà plus de soixante ans quand je suis né – et elle me faisait un peu peur parce qu'elle boitait. Je l'entendais se lever tous les matins, quand nous habitions 35 l'appartement de la rue Fabre, et le bruit qu'elle faisait en longeant le long corridor qui menait de sa chambre à la cuisine hantait mon dernier sommeil: un pas lourd, une jambe qui glisse sur le plancher, un pas lourd, une jambe qui glisse sur le plancher... (Quand il entendait sa mère marcher, mon père disait en me faisant un clin 40 d'œil: « Une fois oui, une fois non; une fois oui, une fois non... ») Plus tard, quand j'ai lu *L'Île au trésor* de Stevenson, j'ai tout de suite associé la démarche de Long John Silver à celle de ma grand-mère Tremblay, et c'est elle, un œil caché derrière un bandeau noir et une jambe de bois gossée à la main, qui terrorisait le pauvre héros du roman. 45 J'appelais le pirate *Long John Silvette* et j'en avais moins peur...

Elle aimait lire, donc, mais elle était plutôt oublieuse et laissait souvent son livre dans sa chambre.

« Michel, cher tit-gars, irais-tu chercher le livre de grand-moman dans sa chambre? »

50 Et, curieusement, elle oubliait surtout son livre le soir quand il faisait très noir...

« J'pense que grand-moman l'a échappé à terre, cher... Ça se peut qu'y soit en dessours du litte! R'garde comme faut, r'viens pas en disant qu'y'est pas là, y'est là! »

55 Il m'est difficile de décrire la terreur de ces courts moments passés dans la chambre de ma grand-mère plongée dans le noir, à la recherche d'un livre ouvert sur la chaise de cuisine qui lui servait de table de chevet ou par terre, près du lit, alors que les bilous, ces amas de poussière que mes frères prétendaient être des monstres en devenir qui naissaient 60 sous les lits pour mordre les orteils des petits enfants, risquaient de me sauter dessus d'une seconde à l'autre... Une terreur pure, blanche, qui me donne encore des frissons quand j'y pense. Mes frères, que je croisais parfois dans le corridor, me disaient: « Tu t'en vas dans la chambre de grand-moman? » en roulant de grands yeux ronds... Si je 65 ressortais de cette maudite pièce avec le maudit livre collé contre moi, ce n'était pas par amour anticipé de la littérature (j'étais même trop jeune pour savoir ce que lire signifiait), mais bien parce que j'avais peur et que je m'accrochais à la seule chose tangible à ma portée à ce moment-là... Il est même curieux que tout ça ne m'ait pas dégoûté de 70 la lecture à tout jamais.

4. **D** Ces paroles sont-elles authentiques, selon vous? Que pouvez-vous en conclure à propos de la relation entre la réalité et la fiction dans ce récit autobiographique?

5. **E** Quelle variété de langue la grand-mère du narrateur emploie-t-elle? D'après la manière dont elle s'exprime, dans quel milieu pouvait vivre le narrateur?

6. **B** Le narrateur a l'imagination fertile: quelles émotions ressent-il? Quels mots utilise-t-il pour les exprimer?

Je me surprends encore souvent, à cinquante et un ans, surtout quand le volume est pesant, au milieu de ce geste automatique, ce tic, presque, que j'ai, et chaque fois j'ai un sourire intérieur pour Olivine Tremblay qui m'a appris à me promener dans la rue en tenant sur mon cœur tout le savoir du monde.

Ce qui contribua aussi à perpétuer dans la rue Fabre la légende du petit-garçon-qui-rêvait-très-jeune-d'apprendre-à-lire était le fait qu'habitait en face de chez nous une dame Allard, infirme comme ma grand-mère, dévoreuse comme elle de n'importe quoi qui se lisait, et qui échangeait
75 avec la mère de mon père les livres qu'elle empruntait elle-même à la bibliothèque de la paroisse Immaculée-Conception... Elles avaient droit à trois livres chacune toutes les deux semaines et en lisaient donc six en comptant ceux que je livrais aussitôt lus.

« Grand-moman a fini ce livre-là hier soir, cher, irais-tu le porter à
80 madame Allard en y demandant d'y en prêter un qu'a'l'a fini ? »

(C'est bizarre, cette façon que les Québécois ont de parler d'eux à la troisième personne quand ils s'adressent aux enfants, comme s'ils n'existaient pas vraiment : « Moman veut pas que tu fasses ça », « Popa veut savoir si t'as été un bon garçon, aujourd'hui », « Viens voir mon
85 oncle, y va te donner une belle surprise... », « Viens embrasser ma tante... »)

Je traversais donc la rue tous les deux jours, un livre serré contre ma poitrine, sous le regard des voisins, en été, qui en arrivaient aux mauvaises conclusions...

90 Une dernière chose avant de quitter ma grand-mère lisant devant l'énorme appareil de radio toujours branché sur les romans-fleuves de Radio-Canada ou de CKAC, seules choses, disait ma mère, qui pouvaient lui faire lever le nez de ses volumes : elle n'a jamais parlé à madame Allard avec qui elle a échangé des livres pendant des années !
95 Infirmes toutes les deux, elles ne sortaient jamais et il ne leur est jamais arrivé, je suppose, de ressentir le besoin de communiquer par téléphone. Parfois, l'été, ma grand-mère, installée sur le balcon avec un Seven-Up, boisson qu'elle adorait, me regardait traverser la rue avec un roman que j'allais livrer chez son amie qu'elle ne connaissait pas.
100 Madame Allard aussi était sur son balcon. Les deux femmes s'envoyaient doucement la main, se saluaient d'un signe de tête, et c'était tout. Elles ne se demandaient jamais : « Avez-vous aimé ce livre-là ? », ne se disaient pas non plus : « Vous allez ben aimer celui-là, c'est ben triste... », non, elles savaient probablement qu'elles aimaient n'importe
105 quoi qui se lisait et que toute critique ou toute appréciation serait superflue.

Pendant ce temps-là, je m'habituais à tenir des livres serrés contre moi. Je me surprends encore souvent, à cinquante et un ans, surtout quand le volume est pesant, au milieu de ce geste automatique, ce tic,
110 presque, que j'ai, et chaque fois j'ai un sourire intérieur pour Olivine Tremblay qui m'a appris à me promener dans la rue en tenant sur mon cœur tout le savoir du monde.

Extrait de Michel Tremblay, *Un ange cornu avec des ailes de tôle*, Montréal, © Leméac, 1994 (Collection Babel).

7. **C** Quelles caractéristiques le narrateur retient-il pour décrire madame Allard ?

8. **E** Dans les paroles rapportées aux lignes 79 à 86, qu'est-ce qui est typique de la langue orale ?

9. **B** Comment le narrateur réagit-il à ce que lui dit sa grand-mère ?

10. **B** D'après ce que le narrateur raconte à propos de madame Allard et de sa grand-mère, qu'est-ce qu'il espérait de la part de ces deux lectrices ?

11. **D** Ce récit rapporte-t-il des événements réels ou fictifs ? Qu'est-ce qui vous le fait croire ?

Regard sur le texte

A	**La présence du narrateur dans le texte**	Dans l'extrait du *Commissionnaire*, la «voix» qui raconte l'histoire semble être celle de l'auteur. Ce dernier a donc créé un «Michel-Tremblay-narrateur» qui présente avec beaucoup d'humour des anecdotes de sa vie. Comme il s'agit d'un texte autobiographique, le «je» correspond au personnage à l'image de l'écrivain, qui a participé à l'histoire racontée.
B	**L'expression du point de vue**	Dans le texte de Michel Tremblay, le narrateur ne relate pas les souvenirs froidement. Il ajoute beaucoup d'expressivité au texte en amplifiant ses émotions. Il donne son avis sur les lieux, les comportements ou les personnages qu'il décrit (sur la façon de parler des Québécois, sur la chambre de sa grand-mère, etc.). Ce narrateur ne se limite pas à raconter une histoire: il partage aussi ses réflexions sur le monde dans lequel il vivait.
C	**La description des personnages**	Même si les personnes présentées dans l'extrait du *Commissionnaire* ont réellement existé, elles sont décrites comme des personnages de fiction. À titre d'exemple, la description que fait le narrateur de sa grand-mère est vraiment très précise pour un enfant qui avait à peine trois ans à l'époque. À travers les mots très expressifs qu'il emploie pour la dépeindre, on sent que le narrateur éprouvait une grande tendresse pour l'aïeule malgré la peur qu'elle pouvait lui inspirer. Par la magie de la fiction, Tremblay en fait un personnage très coloré et involontairement comique.
D	**La relation entre la réalité et la fiction**	En nommant précisément des lieux, des noms de chaînes de radio, des titres de romans, Michel Tremblay rend son texte plus vrai encore. Ce qu'il raconte semble tout à fait plausible. Pourtant, il est peu probable qu'un jeune enfant se souvienne des événements de manière aussi précise.
E	**La variété de langue dans le discours rapporté**	Lorsqu'il narre son histoire, Michel Tremblay emploie un français standard, plutôt littéraire et soutenu. Par contre, lorsqu'il fait parler ses personnages, il s'efforce de reproduire la langue populaire du Plateau-Mont-Royal d'antan. Ce respect pour une langue qui a longtemps été méprisée est l'une des caractéristiques importantes de son œuvre. Fait à noter, Michel Tremblay n'a certainement pas pu retenir les paroles exactes des conversations qu'il a entendues au cours de sa petite enfance. Il a dû, grâce à ses talents d'écrivain, imaginer ce qui s'est réellement dit des dizaines d'années auparavant.

Les univers narratifs, p. 236
La narration, p. 239
La description, p. 240
Le point de vue, p. 247
Les variétés de langue, p. 253

Approfondir le texte

1 **a)** Résumez en une phrase les cinq épisodes retenus par le narrateur pour raconter son enfance.

ÉPISODES	RÉSUMÉ
1er épisode (lignes 1-31)	Ex. : *Sa grand-mère, en lisant un livre français, a découvert un personnage du nom de Tremblay.*
2e épisode (lignes 32-45)	
3e épisode (lignes 46-70)	
4e épisode (lignes 71-89)	
5e épisode (lignes 90-112)	

b) Quatre de ces épisodes traitent du même thème. Quel est ce thème?

2 Décrivez la grand-mère en vous appuyant sur les passages du texte qui révèlent le point de vue du narrateur sur ce personnage.

a) Quels traits physiques de la grand-mère attirent l'attention du jeune Tremblay?

b) Qu'est-ce que le narrateur met en relief en ce qui a trait à la personnalité et aux habitudes de vie de sa grand-mère?

c) À l'âge où il écrit ce récit, Michel Tremblay perçoit-il sa grand-mère de la même manière que lorsqu'il était jeune? Qu'est-ce qui est semblable? Qu'est-ce qui est différent?

Suivez le guide

Le vocabulaire appréciatif pour exprimer un point de vue subjectif

Les auteurs de récits choisissent souvent leurs mots de manière à exprimer le plus justement possible le point de vue du narrateur ou des personnages.

Dans l'extrait du *Commissionnaire*, Michel Tremblay utilise différents mots pour exprimer des émotions, porter des jugements ou formuler des réflexions.

■ Relevez dans ce texte trois exemples
- d'adjectifs (ex. : *insignifiants*, ligne 4) ;
- d'adverbes (ex. : *tout simplement*, ligne 6) ;
- de noms (ex. : *mépris*, ligne 11) ;
- de verbes (ex. : *je crois*, ligne 13).

 Le point de vue, p. 247
Les classes de mots, p. 264

Activités complémentaires

Réagir au texte

1 D'après vous, quels épisodes et quels faits rapportés par Michel Tremblay sont issus de la réalité? Justifiez vos réponses en vous appuyant sur le contexte historique (p. 13).

2 Selon vous, pourquoi l'auteur a-t-il retenu ces épisodes en particulier?

3 Dans cet extrait du récit, l'expression « un livre serré contre ma poitrine » revient à quelques reprises. Pourquoi Tremblay insiste-t-il sur ce détail?

J'ai quinze ans et je ne veux pas mourir est une histoire vraie

qui vous touchera certainement. Ce récit autobiographique de Christine Arnothy vous fera partager l'angoisse et le désespoir des gens qui tentaient de « sauver leur peau » au cours de la Seconde Guerre mondiale.

Christine Arnothy

Christine Arnothy est née en 1930 à Budapest, en Hongrie. En 1945, alors qu'elle n'a que onze ans, elle doit vivre réfugiée dans une cave avec sa famille pour se protéger des bombardements russes. C'est là qu'elle rédige le journal qui sera publié plus tard sous le titre *J'ai quinze ans et je ne veux pas mourir*. Après la libération de Budapest, elle quitte clandestinement la Hongrie avec sa famille pour échapper au climat étouffant de l'occupation soviétique, puis s'installe à Bruxelles. Son journal est publié en 1955 à la suite d'un concours littéraire. Pour réussir à s'inscrire, elle doit recopier son manuscrit à deux reprises sur une machine à écrire détraquée. Une suite de ce récit, intitulée *Il n'est pas si facile de vivre*, est publiée deux ans plus tard.

Christine Arnothy est aujourd'hui journaliste littéraire et chroniqueuse. À ce jour, elle a publié près d'une quarantaine de romans et de récits autobiographiques. Ses nouvelles ont été publiées dans un bon nombre de revues dont *Elle*, *Marie-Claire* et *Cosmopolitan*.

Le Livre de Poche.

J'AI QUINZE ANS ET JE NE VEUX PAS MOURIR

Dans *J'ai quinze ans et je ne veux pas mourir*, publié en 1955, Christine Arnothy raconte ce qu'elle a vécu alors qu'elle était réfugiée dans une cave avec une douzaine de voisins. Comment sortir pour chercher à manger et à boire sous les feux croisés des Russes et des Allemands ? Où trouver un abri plus sûr ? L'auteure décrit les balles qui sifflent et la peur de mourir qui la tenaille. Ce témoignage important, qui met en lumière les séquelles qu'entraînent les conflits armés, nous rappelle que, trop souvent, ce sont les civils qui paient le prix de la guerre.

En 1945, au moment où Christine Arnothy écrit son journal, Budapest est occupée par les Allemands et bombardée par les troupes russes qui l'encerclent.

Ce n'est pas la première fois que les Hongrois sont pris entre deux feux. Déchirée par la guerre entre les Turcs et les Autrichiens aux XVIᵉ et XVIIᵉ siècles, la Hongrie est ensuite rattachée à l'Autriche, pays où ira se réfugier la famille Arnothy. À la fin de la Première Guerre mondiale, en 1918, la Hongrie devient indépendante. Mais cette autonomie est de courte durée. Durant le deuxième conflit mondial, le gouvernement hongrois décide d'appuyer l'Allemagne, mais cette dernière se transforme peu à peu en occupant. Trop indépendant aux yeux des nazis, le chef de l'État hongrois est arrêté et déporté, tandis qu'un régime fasciste est mis en place et que l'extermination des Juifs hongrois est organisée sur une vaste échelle.

Après la défaite de l'Allemagne nazie, la Hongrie tombe sous l'influence de l'Union soviétique qui y maintient un régime autoritaire. En 1956, un soulèvement populaire entraîne la chute du gouvernement, mais les troupes russes envahissent aussitôt le pays afin d'y rétablir l'ordre. En 1990, après l'éclatement du bloc soviétique, la Hongrie connaît enfin des élections libres.

1800	La Hongrie est annexée à l'Empire autrichien.
1867	La Hongrie obtient son autonomie au sein du nouvel Empire austro-hongrois.
1900	La Hongrie devient une république.
1942	La Hongrie s'engage dans la Seconde Guerre mondiale en attaquant la Russie.
1956	Soulèvement populaire réprimé par l'armée soviétique. Bilan : 3000 morts, 200 000 Hongrois quittent le pays.
1989	La Hongrie devient une république libre.

Budapest bombardée.

Chars soviétiques à Budapest.

- Comment réagiriez-vous si vous appreniez que votre pays est en guerre?
- Que ressentez-vous lorsque vous lisez le récit de personnes qui ont vécu des épreuves particulièrement douloureuses: de l'indifférence? de la compassion? de la rage? de la pitié? de la sympathie?

Lire et comprendre le texte ❶ p. 7-12

Dans l'extrait de *J'ai quinze ans et je ne veux pas mourir* qu'on vous propose dans le recueil, Christine Arnothy décrit l'angoisse qui la tenaille. À la lecture de ce texte, portez attention aux points ci-dessous en vous laissant guider par les questions.

A La présence du narrateur dans le texte

B L'expression du point de vue

C La description des personnages

D La relation entre la réalité et la fiction

E La variété de langue dans les discours rapportés

1. **A** La narratrice raconte les événements qu'elle est en train de vivre en employant le pronom «nous». Elle parle au «je» uniquement à la fin du chapitre. Pourquoi?

2. **B** Dans l'extrait, la narratrice emploie un vocabulaire appréciatif pour exprimer des émotions, porter des jugements et formuler des réflexions. Relevez les mots qu'elle emploie pour faire référence à la situation désagréable dans laquelle elle se trouve.

3. **C** La narratrice décrit avec plus ou moins de détails les personnes enfermées avec elle dans la cave. Déterminez ce qu'elle semble penser de chacune d'elles, puis classez ces personnes dans un tableau semblable au suivant. Justifiez brièvement votre classement.

PERSONNES ANTIPATHIQUES	PERSONNES NEUTRES	PERSONNES SYMPATHIQUES

4. **D** Relevez les indices qui établissent que le récit se déroule en Hongrie et que l'univers narratif est bien réel et crédible.

5. **E** Y a-t-il une différence entre la variété de langue utilisée pour la narration et celle employée pour rapporter les paroles directement? Pourquoi l'auteure a-t-elle choisi d'écrire le texte ainsi, selon vous?

1 Pourquoi l'arrivée de Pista est-elle perçue comme une délivrance par les réfugiés de la cave ?

2 Le mot *déserteur*, employé à la ligne 165, est important. Pourquoi le procureur accuse-t-il Pista d'être un déserteur ?

3 Combien de temps durent les événements racontés dans l'extrait ? Accompagnez votre réponse des marques de temps du texte.

4 Relisez les passages du texte qui décrivent l'état de guerre en Hongrie. D'après ces données, que se passe-t-il au juste à Budapest ?

5 Lequel des thèmes suivants vous semble le plus important dans l'extrait ? Justifiez votre réponse en citant un passage du texte.

A. La promiscuité

B. L'altruisme

C. L'angoisse

D. La privation

Réagir au texte

1 Malgré son jeune âge, la narratrice utilise un vocabulaire soigné qui démontre qu'elle manie la langue avec aisance. Avez-vous trouvé certains de ces mots difficiles à comprendre ? Lesquels ?

2 Comment réagiriez-vous si vous viviez à plusieurs dans une cave, comme la jeune Christine Arnothy ?

Comparer les textes

Vous venez de lire un extrait des œuvres suivantes :

manuel, p. 8-9

manuel, p. 14-17

p. 7-12

1 Que pensez-vous de ces trois textes ? Mettez vos impressions en commun en les situant simultanément, du point de vue de chacun des six aspects suivants, sur une échelle de 1 à 5.

−					+
1	2	3	4	5	

Évaluez :

a) la complicité du narrateur
  Attribuez 5 au narrateur que vous trouvez le plus engagé dans son histoire.

b) l'effet produit par le texte
  Attribuez 5 au récit que vous trouvez le plus touchant.

c) la description des personnages
  Attribuez 5 aux descriptions qui vous ont semblé les plus détaillées.

d) le réalisme de l'histoire
  Attribuez 5 à l'histoire qui semble la plus réelle.

e) la variété de langue
  Attribuez 5 aux dialogues que vous jugez les plus fidèles à la langue orale.

f) l'accessibilité du texte
  Attribuez 5 au contexte le plus proche de votre univers.

2 Une fois les comparaisons faites, sélectionnez l'extrait qui vous donne le plus envie de lire l'œuvre en entier. Justifiez votre choix en quatre ou cinq lignes.

ⓧ À vous de jouer

Tranches de vie!

Les auteurs d'autobiographies racontent en général des épisodes marquants de leur vie. Leur but est de nous captiver en nous livrant des anecdotes croustillantes ou émouvantes qui sauront nous faire réfléchir.

À la manière de ces auteurs, préparez-vous à fouiller dans vos souvenirs. C'est maintenant à vous de raconter une tranche de votre vie, un moment vrai, simple ou extraordinaire, qui est gravé dans votre mémoire. Dans ce récit autobiographique, votre voix deviendra alors la « voix » du narrateur.

Comment le narrateur qui vous représentera décrira-t-il la réalité? Quelle part la fiction prendra-t-elle dans votre « histoire vraie »?

Lorsque vous aurez tous terminé votre récit, vous pourrez, si vous le souhaitez, réunir ces « tranches de vie » dans un recueil. Il vous reviendra alors, à chacun et à chacune, de signer votre texte ou encore de l'offrir sous le couvert de l'anonymat.

 Outils complémentaires

1 Fouillez dans vos **souvenirs** pour trouver une situation insolite, heureuse, amusante que vous avez vécue ou dont vous avez été témoin.

Pour vous inspirer, lisez les histoires brèves mentionnées ci-dessous. Ces histoires sont présentées comme d'authentiques faits vécus.

> *La poule* (récit d'un événement anodin, mais insolite), p. 26
> *Noël en famille* (récit d'un événement heureux de l'enfance), p. 27
> *Affaire classée* (récit d'un événement à peine croyable), p. 28
> *Ça, c'est du spectacle!* (récit d'un événement comique), p. 29
> *Le mur* (récit d'un événement qui paraît surnaturel), p. 30-31

2 Quelle tranche de vie allez-vous raconter?

3 **a)** Quel **effet** aimeriez-vous produire avec votre histoire? Pensez à celui qu'a produit chez vous chacune des histoires que vous venez de lire (l'étonnement, le ravissement, la réflexion, l'incrédulité, un malaise, la peur, etc.).

b) Ciblez des moyens qui vous permettraient de produire l'effet que vous recherchez (surprendre les lecteurs à la fin, utiliser un vocabulaire particulièrement expressif, un ton humoristique, etc.).

4 Puisque vous rédigerez votre histoire comme une autobiographie, dites quels énoncés parmi les suivants devraient logiquement s'appliquer à votre **narrateur**.

A. Raconter ce qu'il a vécu (je).

B. Décrire ce dont il a été témoin ou ce qui lui a été raconté.

C. Lire dans les pensées des autres personnages et décrire leurs pensées intimes.

La narration, p. 239

5 Rédigez un brouillon de votre récit.

a) Choisissez avec soin l'**amorce**, la première phrase qui situe l'événement. **1.3**

b) Ébauchez la suite en tenant compte des éléments suivants :
- la **longueur** du texte ;
- l'**effet** que vous souhaitez produire ;
- le **type de narration**.

c) Donnez un **titre** à votre anecdote.

Suivez le guide

Les marques de temps et de lieu

Dans une histoire racontée à la façon d'une anecdote, on s'attend à ce que les événements soient situés dans le temps et dans l'espace dès le début.

■ Relevez les mots (groupes, subordonnées) qui marquent le temps ou le lieu de l'histoire dans les débuts d'anecdotes suivants.

1. *Un dimanche matin où je marchais dans Stanton Street, je vis une poule à quelques mètres devant moi.*

2. *[Cette histoire] s'est passée au début des années vingt, à Seattle, avant ma naissance.*

3. *Quand j'étais adolescent, dans les années cinquante, je rendis visite à mes cousins à Bloomington, Illinois.*

Passages tirés de l'anthologie de Paul Auster, *Je pensais que mon père était Dieu, et autres récits de la réalité américaine,*
© Actes Sud, 2001.

 Les groupes de mots, p. 268
Les fonctions syntaxiques, p. 271

 Activités complémentaires

Planifier | Rédiger | **Réviser son texte**

6 Faites une première révision de votre texte en le soumettant à la **critique**.

a) Choisissez une personne à qui lire ou faire lire votre premier jet.

b) Demandez-lui de commenter les aspects suivants de votre récit à partir des questions proposées.

Cohérence	• Comprenez-vous dès le début quand et où l'histoire se déroule, de qui et de quoi on parle? • Y a-t-il des choses qui, logiquement, ne devraient pas être sues et dites par le narrateur?
Effet produit	• Quel effet crée le ton (intimiste, humoristique, etc.) employé par le narrateur? • De façon générale, quel effet produit l'histoire?

c) Ajustez votre récit en fonction des **commentaires** que vous venez de recevoir.

7 Relisez votre texte pour vous assurer que les **temps de verbes** conviennent au déroulement de l'action. **1.4**

8 Faites une dernière **révision** de votre texte (cohérence, structure des phrases, ponctuation, orthographe, etc.).

 Réviser son texte, p. 302

Suivez **le guide** 1.4

Le temps verbal principal du récit

À l'écrit, une anecdote est généralement racontée au passé. Par souci de cohérence, les bons scripteurs s'en tiennent à un seul temps du passé pour faire avancer leur récit : le passé composé ou le passé simple.

1 Observez les verbes présentés en couleur dans les extraits suivants. Quel est le temps principal utilisé dans chacun des cas ?

1. *Un dimanche matin où je marchais dans Stanton Street, je* vis *une poule à quelques mètres devant moi. [...] Au moment où nous* atteignîmes *la 18ᵉ avenue, je la talonnais. La poule* prit *vers le sud dans l'avenue.*

2. *Un mardi soir, vers neuf heures et demie, je* suis sortie *et* descendue *à la plage. Comme il n'y avait personne aux environs, je* me suis déshabillée, *j'*ai laissé *mes vêtements en tas et j'*ai plongé *dans les vagues. [...] J'ignorais qu'il y avait un courant sous-marin.*

> Passages tirés de l'anthologie de Paul Auster, *Je pensais que mon père était Dieu, et autres récits de la réalité américaine,*
> © Actes Sud, 2001.

2 En observant plus attentivement les extraits ci-dessus, vous remarquerez que le temps principal est réservé aux actions qui se produisent à un moment précis dans le temps. Quel temps de verbe utilise-t-on pour raconter les autres actions (celles qui durent dans le temps) et pour les descriptions ?

 Les systèmes des temps verbaux dans le texte, p. 248   Activités complémentaires

Retour

Faites le bilan de votre travail pour ce qui est de la qualité de la langue de votre texte.

- Quelle importance avez-vous accordée à la qualité de la langue, sachant que votre texte serait lu par plusieurs personnes ? Beaucoup d'importance, assez d'importance ou aucune importance ?

- Quels moyens avez-vous utilisés pour éliminer les maladresses et les erreurs ?
    - ✓ Relectures pendant et après l'écriture.
    - ✓ Consultation d'un dictionnaire, d'une grammaire, d'un guide de conjugaison, etc.
    - ✓ Utilisation d'un correcteur informatisé.
    - ✓ Autre. Précisez.

- Nommez au moins un moyen qui vous est moins familier, mais qui pourrait vous aider à améliorer la qualité de la langue dans vos prochains textes.

⊕ Zone *plus*

Détecteurs de mensonges

Organisez avec quelques camarades une partie de « détecteurs de mensonges ». Inspiré d'une émission de télévision populaire dans les années 1990, ce jeu consiste pour chaque participant et participante à présenter à tour de rôle à ses coéquipiers trois anecdotes de sa vie, dont une qui est fausse, en leur demandant de découvrir le « mensonge ». Les coéquipiers ont un temps limité pour poser tour à tour leurs questions en vue d'identifier l'anecdote inventée. Voilà une façon amusante de se raconter !

Je « blogue »

Certains internautes publient des journaux de bord électroniques qu'on appelle *blogues*, *carnets Web*, ou *cybercarnets*. Explorez quelques blogues afin de voir comment il est possible d'utiliser Internet pour se raconter. Prenez le temps d'apprécier toutes les possibilités qu'offrent ces journaux personnels publiés en ligne.

Et si vous en aviez un, quelle forme prendrait votre blogue ? Quels sujets aborderiez-vous ? Esquissez en quelques lignes le blogue que vous tiendriez. Qui sait ? Cela vous amènera peut-être à entreprendre ce type de démarche d'écriture.

Autres textes à explorer

Lisez les trois récits suivants du recueil.

 Souvenirs, souvenirs, souvenirs..., p. 32-34

Combien ?, p. 43-45

Pourquoi tu veux, p. 58-59

Lequel vous touche le plus ? Pourquoi ?

⬜ Activités d'approfondissement

SECTI⓶N

Raconter la vie des autres

Nous vous invitons dans cette section à observer divers textes sur la vie d'Ella Fitzgerald, de Jimi Hendrix et des Cowboys Fringants. En plus de vous renseigner sur ces artistes du milieu de la musique, vous vous interrogerez sur la valeur des sources d'information et sur la nature des renseignements biographiques.

Cette étude de textes vous guidera vers une recherche sur la vie d'une personnalité de votre choix. Dans le cadre de ce travail, vous aurez à considérer une grande variété de documents. Votre but sera de sélectionner les sources et les renseignements pertinents pour montrer en quoi la vie de « votre » personnalité est passionnante et inspirante.

Qui sera cette personnalité ? Comment vous renseignerez-vous sur sa vie ? Quel aspect de cette vie mettrez-vous en relief ? Voilà les premières questions auxquelles il sera essentiel de répondre.

Rendre compte de la vie des autres vous intéresse ? Voyez alors les autres idées que nous proposons pour mettre à profit certaines habiletés développées au cours de cette section.

Consultez au besoin l'atelier de grammaire présenté à la fin de la zone pour acquérir des connaissances utiles dans l'élaboration de textes biographiques.

(?)

En quoi la lecture de biographies peut-elle avoir une influence sur votre vie ? Justifiez votre réponse.

Plan

📖 Explorer

🏃 À vous de jouer

➕ Zone *plus*

ⓐ Atelier de grammaire

Jon Voight • Jamie Foxx • **Will Smith** • Mario Van Peebles • Ron Silver

ali

Quels autres films à caractère biographique connaissez-vous? Est-ce un genre que vous appréciez?

Réalisation: Michael Mann

Scénario: Stephen J. Rivele & Christopher Wilkinson et Eric Roth & Michael Mann, d'après une histoire de Gregory Allen Howard

Musique: Lisa Gerrard et Pieter Bourke • Photographie: Emmanuel Lubezki • Costumes: Marlene Stewart • Décors: John Myhre

Montage: William Goldenberg, Stephen Rivkin, Lynzee Klingman

Production: Jon Peters, James Lassiter, Paul Ardaji, Michael Mann, A. Kitman Ho

Durée: 150 minutes

Le film *Ali* raconte la vie passionnante du grand boxeur américain Muhammad Ali. Consacré plusieurs fois champion du monde des poids lourds, ce sportif mythique a dominé le monde de la boxe de 1960 à 1980.

● Explorer

Pour couvrir toutes les facettes de la vie d'une personnalité publique, il est important de consulter divers genres d'écrits biographiques. Nous vous proposons ici un corpus de textes portant sur des artistes d'époques différentes : **Ella Fitzgerald**, qui est sans conteste la chanteuse de jazz la plus reconnue dans le monde ; **Jimi Hendrix**, le guitariste le plus controversé de sa génération ; les **Cowboys Fringants**, dont les chansons sont à la fois drôles et dérangeantes.

Le blues et le jazz ont été développés à La Nouvelle-Orléans au début du XXe siècle par les descendants d'esclaves d'origine africaine. Appliquant aux instruments occidentaux les rythmes syncopés propres à la musique africaine, ils représentaient le chant de libération de tout un peuple qui s'inventait une nouvelle culture. Dans un contexte teinté par le racisme et l'exclusion, la séduction de cette musique était telle qu'elle a amené les Blancs à fraterniser avec les Noirs autour d'une passion commune. Une des plus grandes voix du jazz est certainement Ella Fitzgerald.

Issu du blues, plus mélancolique, le jazz a profondément influencé l'ensemble de la musique populaire occidentale, du rock au disco en passant par la chanson populaire.

Tout comme les fondateurs du jazz, Jimi Hendrix se passionne pour la musique *soul*. Grâce à son jeu de guitare, considéré à l'époque comme un des meilleurs au monde, il s'est acquis en peu d'années une renommée internationale. Peu soucieux de s'enrichir, il ne songeait qu'à développer sa musique en toute liberté. Malgré son extraordinaire popularité, Jimi Hendrix est mort très jeune, accablé par les soucis financiers.

Au Québec, les courants musicaux issus du blues, du jazz et du rock ont fusionné avec la tradition musicale bien implantée des années 1960 pour produire une musique tout à fait originale, que l'on pense à Robert Charlebois, à Jean-Pierre Ferland, à Beau Dommage, etc. Avec leur style métissé, les Cowboys Fringants occupent aujourd'hui une place enviable dans cette lignée.

Scène de jazz de rue.

Diana Krall, une artiste de jazz canadienne.

Le Festival International de Jazz de Montréal compte parmi les événements musicaux les plus prestigieux au monde.

- D'après vous, qu'est-ce qu'une « légende » dans le domaine de la musique ?
- Quelles personnalités du monde musical considérez-vous véritablement comme des « légendes » ? Pourquoi ?

Lire et comprendre les textes

Pour avoir un aperçu de la vie et de la carrière d'Ella Fitzgerald, de Jimi Hendrix et des Cowboys Fringants, lisez les deux textes courants qui sont consacrés à chacun d'eux. Au cours de cette lecture, portez attention aux points ci-dessous en vous laissant guider par les questions présentées en marge.

A Les idées principales et les idées secondaires

B Les divers types d'information abordés dans une biographie

C Les relations entre les éléments d'information

D La fiabilité des sources d'information

Texte 1

FITZGERALD (Ella) *Newport News, Virginie, 1917 – Beverly Hills 1996*, chanteuse de jazz américaine. Elle interpréta et enregistra des ballades et des romances, mais aussi des pièces de *swing* et des dialogues en *scat* avec les meilleurs solistes instrumentaux ou vocaux.

Extrait de *Le Petit Larousse Illustré 2007*, © Larousse, 2006.

1. **A** Les informations de cette entrée de dictionnaire constituent-elles des idées principales ou des idées secondaires ? Pourquoi ?

Texte 2

FITZGERALD, Ella. Chanteuse américaine (Newport News, Virginie, 25-4-1918). En 1934, orpheline, elle gagne le premier prix d'un concours d'amateurs à l'Opera House de Harlem. Elle est alors engagée dans le grand orchestre de Chick Webb dont elle sera la vedette de 1935 à 1939, si l'on excepte un bref séjour chez Benny
5 Goodman (1936). À la mort de Chick Webb, elle prend la direction du groupe pendant deux ans. Puis elle se fait accompagner par les ensembles vocaux des *Delta Rhythm Boys* et des *Ink Spots* (1942-43), également par les *Four Keys* et Louis Jordan (1945). À partir de 1946, Norman Granz devient son imprésario et l'associe aux tournées du *Jazz At The*
10 *Philharmonic* avant de la laisser voler de ses propres ailes. Sa carrière se poursuit comme vedette, accompagnée le plus souvent par des trios, dirigés par les pianistes Oscar Peterson, Ellis Larkins, Hank Jones, Don Abney, Paul Smith, Lou Levy, Tommy Flanagan, Ray Bryant, Jimmy Jones, Jimmy Rowles ou, à l'occasion, par les grands orchestres de
15 Duke Ellington ou Count Basie. Incessants seront les tournées, les participations à tous les grands festivals américains, européens ou japonais, les enregistrements du répertoire de Gershwin, Cole Porter, Irving Berlin, Rodgers et Hart, Jerome Kern, les séances aussi, avec

2. **D** En comparant cet article d'encyclopédie avec le texte précédent, on constate qu'un élément important diffère. Lequel ?

3. **D** Ce texte ne précise pas la date de décès de l'artiste. Pourquoi ?

4. **C** Quels passages indiquent qu'Ella Fitzgerald était grandement respectée dans le monde du jazz et que cela lui a apporté une notoriété mondiale ?

Louis Armstrong et un grand nombre d'improvisateurs éminents dont le guitariste Joe Pass.

Elle apparaît dans les films : « Pete Kelly's Blues » (USA, Jack Webb, 1955), « Saint Louis Blues » (USA, Allen Reisner, 1958), « Let No Man Write My Epitaph » (USA, Philip Leacock, 1960), « Duke et Ella à Antibes » (France, Norman Granz, 1966).

Dotée d'une technique éprouvée qui lui permet d'improviser dans un registre très étendu, Ella Fitzgerald possède un timbre frais, charmant, et se trouve à l'aise sur tous les tempos, swinguant avec beaucoup de grâce, de souplesse et d'énergie aussi. Si à ses débuts elle interprète avec respect les succès du jour, elle se révèle, à partir de 1945, une étonnante improvisatrice, capable de pratiquer l'art du *scat* et de rivaliser vocalement avec les meilleurs solistes du moment, intégrant dans son jeu aussi bien les découvertes du bebop que les formules du bossa-nova. Éclectique, elle est à l'aise dans la traduction de tous les thèmes, de l'opérette au blues. Son œuvre enregistrée couvre l'ensemble du répertoire de la chanson américaine et du jazz.

Extrait de *Dictionnaire du jazz*, © Éditions Robert Laffont, coll. « Bouquin », 1988.

5. **A** Quels étaient les principaux atouts d'Ella Fitzgerald en tant que chanteuse de jazz ?

6. **B** Quels éléments d'information présente-t-on dans cette biographie ?

Texte 3

HENDRIX (James MARSHALL, dit Jimi). ♦ Guitariste et chanteur américain de musique pop (Seattle, 1945 – Londres, 1970). Issu d'une famille noire pauvre, autodidacte, il accompagna longtemps des chanteurs de « soul music » avant d'être connu en Grande-Bretagne (*Hey Joe*, 1967). Pendant les trois ans de sa courte carrière, il s'imposa comme un instrumentiste hors pair, sans cependant renier les enseignements du blues (*Electric Ladyland*, 1968).

Extrait du *Petit Robert des noms propres 2007*.

1. **B** Dans cet article de dictionnaire, quels éléments d'information ont été retenus pour résumer la vie et l'œuvre de Jimi Hendrix ?

James Marshall «Jimi» Hendrix – ou *Voodoo Child* (l'enfant vaudou), comme il aimait se surnommer lui-même – (27 novembre 1945 – 18 septembre 1970) est un guitariste de blues et de rock américain célèbre pour ses innovations musicales lors de la période psychédélique.

5   Au début de son adolescence, le jeune Hendrix est très rêveur : il se passionne pour la musique rock de son temps (Elvis Presley, Chuck Berry...) et pour le jazz (Miles Davis, Duke Ellington, Count Basie, Louis Jordan...). Comme son père n'a pas les moyens de lui offrir un instrument de musique, il se sert d'un balai comme d'une guitare.
10   Après avoir été pris en flagrant délit de «jouer du balai», il reçoit de son père un ukulélé, que ce dernier a déniché chez un de ses clients. Quelques mois plus tard, Jimi réussit à persuader son père de lui acheter la guitare acoustique d'un de ses copains, pour 5 $. Totalement autodidacte, Hendrix apprend très vite par oreille en repiquant toutes
15   les mélodies qu'il entend.

À ses débuts comme guitariste, Hendrix accompagne différents artistes de renom partout où il peut, à travers les États-Unis. Il fait aussi ses classes dans des orchestres de rhythm and blues. Après quelques années de tournées, il s'installe à New York, dans Greenwich
20   Village, où il forme un groupe : *Jimmy James and the Blue Flames*. Hendrix est inconnu du grand public, mais les meilleurs musiciens du temps se déplacent pour le voir jouer : les *Rolling Stones*, les *Monkees*, les *Mamas & the Papas*. C'est là qu'il est repéré par Chas Chandler, ex-bassiste du groupe *The Animals*, qui le convainc de se rendre en
25   Angleterre. Hendrix aurait accepté à la condition de rencontrer celui qu'il considère comme le plus grand guitariste de l'époque : Eric Clapton. Dans l'avion, il adopte le nom de Jimi Hendrix (au lieu de Jimmy) sur les conseils de son imprésario. Jimi rencontre pour la première fois son idole à un concert de *Cream* (son groupe d'alors).
30   Véritable dieu vivant pour ses fans, Clapton accorde à Jimi de monter sur scène pour jouer en solo. Il entame alors une version «atomique» d'un vieux blues (*Killing Floor*) ; tout y passe : rythmique funky explosive, solo, guitare dans le dos, jeu avec ses dents, à genoux... Les spectateurs sont complètement sidérés : sa carrière est lancée !

35   À son arrivée à Londres, en hommage à *Cream*, Hendrix décide d'opter pour un trio, et ce sont Mitch Mitchell et Noel Redding qu'il décide de retenir. Faute de répertoire personnel, le premier *single* de *The Jimi Hendrix Experience* sera une reprise : «Hey Joe» sort en 1967 et connaît un vif succès.

40   C'est pour assurer sa promotion sur le marché américain que Jimi participe au Monterey International Pop Festival en 1967. Comme il a «oublié» sa guitare, on lui en trouve une, mais la couleur ne lui plaît pas et il la repeint à l'aide d'une laque spéciale inflammable... Le soir du concert, il «casse la baraque» : à la fin de sa prestation, il sacrifie
45   son instrument en l'immolant par le feu avant de le fracasser sur le sol. Ce concert lui permet d'entrer dans la légende aux États-Unis.

2. **C** En quoi cette anecdote du balai est-elle représentative de la personnalité de Jimi Hendrix ?

3. **C** Selon vous, pourquoi Hendrix tenait-il tant à rencontrer son idole, Eric Clapton ?

4. **A** Quelle information essentielle livre l'avant-dernier paragraphe ?

5. **C** Qu'est-ce que cette anecdote de la guitare révèle sur la personnalité de Jimi Hendrix ?

Son deuxième album (*Axis: Bold As Love*), enregistré à Londres, est alors publié. Il apparaît beaucoup plus abouti. Les pièces musicales s'enchaînent plus naturellement et Hendrix dévoile également ses
50 talents d'auteur.

Son troisième album (*Electric Ladyland*), enregistré l'année suivante à New York, est tout de suite reconnu comme un des chefs-d'œuvre de la musique rock. Cloîtré dans le studio Record Plant, Hendrix se passionne pour la technique, sans cesse à la recherche de sonorités
55 nouvelles, et accueille des musiciens réputés (Buddy Rich, Steve Winwood, Jack Casady, Al Kooper) qui viennent se joindre à lui pour créer des compositions variées et d'une rare richesse.

Au mois d'août 1969, Jimi Hendrix est la principale tête d'affiche du festival de Woodstock. Fatigué, il entre en scène devant un public
60 clairsemé à neuf heures le matin et livre une prestation héroïque, illuminée par une interprétation cacophonique et très engagée de l'hymne national américain qui, en pleine guerre du Vietnam, marquera les esprits et fera scandale.

Victime de sa popularité sans cesse grandissante et en proie à des
65 difficultés financières majeures liées à la construction de son studio d'enregistrement, il se montre de plus en plus dépressif. Mais il continue malgré tout la tournée européenne qu'il a entreprise. Exténué, Jimi Hendrix meurt à Londres le 18 septembre 1970, à la suite d'une prise excessive de somnifères, associée à une trop grande consommation
70 d'alcool. On l'enterre à Seattle, sa ville natale, le 4 octobre 1970.

Par sa technique quasi « visionnaire », il a révolutionné l'approche de la guitare électrique et de ses multiples effets (avec notamment l'usage abondant de la distorsion, du *feedback* – visant à contrôler par diverses techniques de vibrato l'effet larsen des amplificateurs – et
75 de la pédale wah-wah), et poussé à leurs limites les techniques d'enregistrement en studio de l'époque. Il est sans conteste l'un des précurseurs du hard rock et du jazz rock, et demeure une source d'inspiration pour tous les guitaristes et bassistes de rock et de jazz.

Biographie inspirée de *Wikipédia*.

6. **C** Quels faits permettent de conclure que la popularité de Jimi Hendrix est grandissante ?

7. **A** Quels mots clés résument le mieux l'apport de Jimi Hendrix à la musique ?

8. **D** Croyez-vous que l'information présentée dans ce texte est fiable ? Pourquoi ?

Les Cowboys Fringants

C'est en 1997 que cette formation originaire de Repentigny voit le jour. Depuis, le groupe nous offre un style country moderne et métissé, avec des mélodies d'inspiration folklorique et des textes humoristiques, engagés et parfois cyniques. En plus du traditionnel trio guitare-basse-
5 batterie, les Cowboys Fringants intègrent le violon, l'accordéon et la mandoline à leurs créations. Des textes-chocs sur des airs de fête !

Radio-Canada.ca

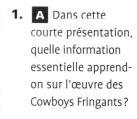

1. **A** Dans cette courte présentation, quelle information essentielle apprend-on sur l'œuvre des Cowboys Fringants ?

Texte 6

La chevauchée fantastique

Drôles, irrévérencieux, contestataires : les Cowboys Fringants sont devenus les porte-étendards des jeunes Québécois.

[...]

Chouchou des 15-25 ans mais aussi apprécié des « vieux » de 30, 40 ou 50 ans, l'énergique quintette québécois – quatre gars, une fille – galope
5 de succès en succès. Avec leurs mélodies country-rock accrocheuses et leurs textes joualisants, drôles ou engagés, les Cowboys ont conquis le public et la majorité des critiques. Partout au Québec, ils jouent à guichets fermés.

Gagnants de plusieurs Félix, dont celui du groupe de l'année en 2003,
10 lauréats d'un disque de platine pour *Break syndical* (2002), d'un disque d'or pour *Attache ta tuque !* (2003), album double enregistré en public, ils ont aussi rempli le Centre Bell (20 000 places) le 30 décembre 2003... Seule Céline Dion en a déjà fait autant.

Tout a pourtant commencé comme une farce, en 1996, raconte Karl
15 Tremblay, le chanteur du groupe. Intarissable sur scène, Tremblay, 27 ans, barbe et cheveux longs, est étonnamment réservé en entrevue. « On voulait surtout avoir du *fun* et faire rire nos chums, dit-il, en faisant une grosse parodie de la musique country, avec un nom de groupe trouvé en deux minutes et des chansons écrites en deux
20 heures dans le sous-sol de nos parents. »

2. **C** Dans les paragraphes deux et trois, quels faits confirment la popularité grandissante des Cowboys Fringants ?

Et ça a marché! «C'est resté une farce, mais elle a pris d'énormes proportions», dit Éric Parazelli, reporter-chroniqueur à *Bandeapart.fm*, à la Première Chaîne de Radio-Canada. «Les Cowboys Fringants restent un groupe de party, même devant des milliers de personnes aux FrancoFolies ou au parc Jarry. Ils continuent à se tromper sur scène et à trouver ça drôle. Ils sont d'approche facile, sans le côté star qu'affichent certains groupes d'ici.» Ils ont la même allure et les mêmes préoccupations que leur public, ajoute Nicolas Houle, critique musical au quotidien *Le Soleil*, de Québec. «Leurs fans peuvent tous s'imaginer qu'ils ont été à la polyvalente avec eux.»

Fidèles à eux-mêmes, les Cowboys le sont jusque dans leurs textes. «On vient du même monde que celui de nos chansons», dit Marie-Annick Lépine, 25 ans, pétillante rousse aux yeux verts, violoniste, mandoliniste et accordéoniste. «On parle des endroits et des gens qu'on connaît», ajoute Jean-François Pauzé, 28 ans, auteur-compositeur de la plupart des chansons. «JF» (prononcer «dji-eff»), lunettes rondes, barbiche et bonnet de laine, c'est l'intello de la bande.

Incarnation parfaite de la «québécitude», selon Nicolas Tittley, producteur délégué à MusiquePlus, les Cowboys ne renient pas leurs origines banlieusardes. Issus de la classe moyenne – leurs parents sont enseignant, vétérinaire, quincaillier, secrétaire... –, ils ont tous grandi non loin de Montréal, à Repentigny, L'Assomption ou Charlemagne. Et la banlieue est le décor de plusieurs de leurs chansons.

[...]

C'est dans le vestiaire de leur équipe de hockey, à Repentigny, que Karl Tremblay et Jean-François Pauzé se rencontrent, en 1996. L'un chante dans un «obscur groupe punk», l'autre gratte de la guitare. Pour rigoler, le duo s'inscrit au concours d'une émission country de la chaîne de télé communautaire de Lanaudière diffusée en direct du Bar de l'O, à Charlemagne – où Céline Dion a fait ses débuts, à quatre ans. L'audition délirante des deux compères est un échec.

Ils tentent leur chance peu après au concours organisé par la brasserie La Ripaille, à Repentigny. «Tous leurs amis étaient là, criaient leurs noms et chantaient avec eux», raconte Alain Star, le «biographe officiel» du groupe – qui sévit notamment dans le site Web –, un ami de longue date qui se cache derrière un pseudonyme. «Le succès a été tel qu'ils ont été sélectionnés en finale.»

Pour maximiser leurs chances, ils demandent à Marie-Annick Lépine, qui était alors la petite amie de Jean-François Pauzé, de les accompagner. «J'ai d'abord refusé, parce que je trouvais mon violon trop beau pour leurs chansons niaiseuses, raconte-t-elle. Mais ça avait l'air tellement le *fun* que je me suis laissé convaincre.» Le trio décroche le deuxième prix et la possibilité de faire le spectacle de fin d'année de La Ripaille. Pour celui de la Saint-Jean de 1997, le groupe sera au complet pour la première fois, avec l'ajout de Jérôme Dupras, le bassiste, et de Dominique Lebeau, le batteur.

Extrait de Isabelle Grégoire, *La chevauchée fantastique.*

3. **D** Comment l'auteure s'y prend-elle pour présenter des renseignements crédibles et fiables?

4. **B** À la lecture de ce texte, quels types de renseignements retient-on pour présenter les Cowboys Fringants?

A Les idées principales et les idées secondaires

Le contenu des textes varie d'une source à l'autre. Les articles de dictionnaire et les descriptions brèves se limitent à l'information essentielle. Les textes plus longs, par contre, présentent à la fois de l'information essentielle (idées principales) et de l'information accessoire (idées secondaires). Lorsqu'on a à se documenter sur une personne ou un sujet donné, il est donc important d'établir des priorités dans les textes à lire de manière à bien orienter la recherche d'information essentielle.

B Les divers types d'information abordés dans une biographie

Les textes courants de nature biographique couvrent généralement différents aspects de la vie et de la carrière de la personnalité à présenter :

- *sa vie personnelle* (membres de sa famille, événements marquants, etc.), comme c'est le cas dans la biographie de Jimi Hendrix (texte 4) ;

- *sa vie sociale* (amis, contacts, etc.), comme dans la biographie d'Ella Fitzgerald (texte 2) ;

- *sa vie professionnelle*, incluant *ses réalisations* (succès, œuvres, tournées, etc.), comme dans les entrées de dictionnaires sur Ella Fitzgerald (texte 1) et Jimi Hendrix (texte 3) ;

- *sa personnalité* et *ses qualités artistiques* (tempérament, traits de caractère, présence en scène, créativité, etc.), comme dans l'article sur les Cowboys Fringants (texte 6).

C Les relations entre les éléments d'information

Lire attentivement un texte suppose que l'on s'attarde aux liens entre les éléments d'information qu'il contient. Si l'on doit consulter plusieurs textes sur un même sujet, ces liens sont d'autant plus importants à établir. En lisant la courte présentation des Cowboys Fringants (texte 5), par exemple, notre attention est attirée sur deux types d'information générale :

1. le style de musique et le genre de texte que ces musiciens privilégient ;

2. les instruments qu'ils jouent.

Dans le texte traitant du même groupe (texte 6), on en apprend encore plus sur ces deux aspects.

D La fiabilité des sources d'information

Il est toujours nécessaire de valider les renseignements que l'on trouve dans les documents que l'on consulte. L'information présentée est parfois contradictoire ou incomplète, même dans les dictionnaires et les encyclopédies, comme c'est le cas pour Ella Fitzgerald. Il arrive aussi que le texte ne soit pas tout à fait objectif. Et si le nom des auteurs n'est pas précisé, comme c'est souvent le cas dans *Wikipédia*, il est encore plus important de vérifier l'exactitude des renseignements en consultant d'autres sources.

La description, p. 240
Lire un texte courant, p. 295

Approfondir les textes

1 **a)** Selon votre préférence, rédigez une fiche descriptive sur Ella Fitzgerald, Jimi Hendrix ou les Cowboys Fringants, en vous inspirant de la fiche suivante.

Nom :		Date et lieu de naissance :
Surnom(s) :		Date et lieu du décès :
Vie personnelle	Contexte familial :	
	Enfance :	
	Adolescence :	
	Âge adulte :	
Vie professionnelle	Événements marquants :	
	Amis et contacts :	
	Réalisations :	
	Influences :	
Personnalité :		
Qualités artistiques :		

b) Dans les textes que vous avez consultés, quels aspects vous semblent traités de façon insuffisante ? Lesquels serait-il important d'approfondir ?

2 Pour évaluer votre habileté à établir des relations entre les éléments d'information d'un texte biographique, répondez aux questions suivantes.

a) Avec quels groupes instrumentaux et vocaux Ella Fitzgerald a-t-elle chanté ?

b) Quelles sont les principales influences musicales de Jimi Hendrix ?

c) Comment se caractérise le style métissé des Cowboys Fringants ?

Réagir aux textes

1 **a)** À la lumière de ce que vous venez d'apprendre sur leur carrière, relevez, sur chacun de ces artistes, l'information qui vous a fait la plus forte impression. Expliquez pourquoi.

b) Quels éléments d'information figurant dans ces textes vous paraissent de peu d'intérêt ? Justifiez votre réponse.

2 D'après vous, est-ce que tous les textes que vous avez lus se valent sur le plan de la fiabilité de l'information ? Justifiez votre réponse.

3 Considérez-vous Ella Fitzgerald, Jimi Hendrix et les Cowboys Fringants comme des légendes ? Pourquoi ?

1 **a)** Résumez en six à huit lignes les textes biographiques 2, 4 et 6. **1.5**

   b) Comparez vos résumés avec les textes 1, 3 et 5. Sur le plan de l'information essentielle, quelles ressemblances et quelles différences observez-vous?

2 Complétez les énoncés suivants en vous inspirant des textes que vous venez de lire.

- ░░1░░ et ░░2░░ sont des autodidactes qui ░░3░░.

- ░░4░░ et ░░5░░ représentent des modèles pour les jeunes parce que ░░6░░.

- ░░7░░ avait un grand sens de la discipline et une personnalité équilibrée, contrairement à ░░8░░, ce qui ░░9░░.

- Ces artistes aiment faire de la musique en groupe pour des raisons différentes : Ella Fitzgerald ░░10░░ ; Jimi Hendrix ░░11░░ ; les Cowboys Fringants ░░12░░. On dirait qu'ils ont besoin ░░13░░.

- Ces artistes doivent leur carrière à un «heureux hasard» : Ella Fitzgerald ░░14░░ ; Jimi Hendrix ░░15░░ ; les Cowboys Fringants ░░16░░. C'est étrange comme ░░17░░.

Suivez **le guide** 1.5

Quelques procédés syntaxiques pour condenser l'information

Pour réussir à dire beaucoup en peu de mots, on utilise des procédés syntaxiques qui permettent de fusionner plusieurs éléments d'information dans un même énoncé.

- Relevez, dans les textes courants que vous venez de lire, un exemple qui illustre bien chacun des procédés présentés ci-dessous.
  - Emploi de phrases à construction particulière, notamment des phrases non verbales.

    Ex. : **FITZGERALD (Ella)** Newport News, Virginie, 1917 – Beverly Hills 1996, *chanteuse de jazz américaine*. (Texte 1, lignes 1-2)
  - Emploi de compléments du nom en tête de phrase.

    Ex. : *Dotée d'une technique éprouvée qui lui permet d'improviser dans un registre très étendu, Ella Fitzgerald...* (Texte 2, lignes 26-27)
  - Emploi de la coordination et de la juxtaposition.

    Ex. : *Ils continuent à se tromper sur scène et à trouver ça drôle.* (Texte 6, lignes 25-26)

 Les phrases à construction particulière, p. 263
Les fonctions syntaxiques, p. 271
La coordination et la juxtaposition, p. 273

 Activités complémentaires

3 Lisez le texte du recueil qui présente le chanteur québécois Dan Bigras. Comparez l'information qu'on y trouve avec celle qu'on donne dans les textes sur Ella Fitzgerald, Jimi Hendrix et les Cowboys Fringants.

 Pourquoi tu veux, p. 58-59

a) Quels éléments d'information faudrait-il ajouter au court texte biographique sur Dan Bigras pour le rendre semblable à celui sur :

- Ella Fitzgerald ?
- Jimi Hendrix ?
- les Cowboys Fringants ?

b) Par où commenceriez-vous vos recherches si vous aviez à faire un travail sur Dan Bigras ? Quels types de sources choisiriez-vous de consulter pour obtenir les meilleurs renseignements ?

c) Pourquoi est-il important de connaître l'œuvre des personnes que l'on cherche à décrire ?

d) Imaginez que vous travaillez dans une maison de production et que vous avez tous les pouvoirs… On vous demande d'organiser un grand spectacle mettant en vedette Dan Bigras et d'autres artistes… Décrivez ce qu'on pourrait voir sur scène.

Exemple :

Si Dan Bigras chantait avec Ella Fitzgerald…
ils chanteraient en duo une vieille chanson de blues, comme Summertime. *Ce serait très émouvant. La voix magnifique d'Ella répondrait à la voix éraillée de Dan. Le look de rockeur du chanteur contrasterait de façon intéressante avec l'allure sophistiquée de la chanteuse. Un éclairage très sobre illuminerait Dan, installé devant un grand piano noir, aux côtés d'Ella, assise sur un tabouret. Au beau milieu de la chanson, le trompettiste d'Ella Fitzgerald interviendrait en interprétant un solo dramatique.*

- Si Dan Bigras chantait avec Jimi Hendrix…
- Si Dan Bigras chantait avec les Cowboys Fringants…

⊛ À vous de jouer

Toute une vie !

Imaginez que vous venez d'écrire la biographie d'une personne célèbre et que l'on vous invite à une entrevue télévisée pour en parler. Vous acceptez l'invitation avec joie. Votre intention : montrer en quoi la vie de cette personnalité a été passionnante et inspirante.

C'est à deux que vous concevrez et présenterez à la classe cette fameuse entrevue.

Qui d'entre vous jouera le rôle de l'animateur ou de l'animatrice ? Qui représentera le ou la biographe ? À vous de décider…

Pour vous préparer à cette entrevue, vous consulterez diverses sources d'information (des articles de dictionnaire, des articles trouvés dans des revues ou dans Internet, une biographie, un film, peut-être…). Vous sélectionnerez les renseignements les plus pertinents et les faits de vie les plus importants. Puis vous structurerez l'entrevue selon les thèmes que vous souhaitez aborder. Une fois que vous aurez noté les questions et les réponses de l'entretien, il vous restera à préparer votre jeu de scène.

◻ Outils complémentaires

1 Joignez-vous à un ou une élève et choisissez ensemble le **sujet** de l'entrevue : une vie que vous jugez passionnante et que vous aimeriez faire connaître aux autres.

2 Faites une **recherche documentaire** sur la personnalité que vous avez retenue.

a) Trouvez des **sources d'information fiables**.

b) Tirez l'information voulue des sources sélectionnées.

- Notez l'**information essentielle** que vous trouvez sur cette personne.

- Dressez une liste des **événements** que vous jugez les plus importants et les plus intéressants, en prenant le soin de noter les **repères chronologiques** qui aideront à situer ces événements.

- Prenez en note la **référence bibliographique** des sources où vous puisez vos renseignements.

 Noter une référence, p. 297

3 Ciblez les **idées principales** que vous souhaitez aborder au cours de l'entrevue, par exemple le succès exceptionnel de cette personnalité, un aspect controversé de sa vie, l'effet produit par ses réalisations.

4 Déterminez la **variété de langue** (familière, standard, soutenue) que vous utiliserez durant l'entrevue en considérant :

- le contexte de communication (entrevue télévisée) ;

- les interlocuteurs (animateur ou animatrice de télévision et personne invitée). **1.6**

Suivez le guide

Les marqueurs de relation à l'oral

À l'écrit comme à l'oral, nous marquons les relations de sens au moyen d'expressions variées. Certains des mots fréquemment utilisés à l'oral sont cependant à éviter dans le cadre d'une communication formelle, par exemple ceux qui sont présentés en rouge dans le texte suivant.

À propos de Louis Cyr

Six ans avant sa mort, Louis Cyr se fait défier par un jeune homme, Hector Décarie. Fait qu'on organise une rencontre pour déterminer lequel des deux est le plus fort. Bon ben, pendant la confrontation, aucun des deux ne réussit à relever les défis que l'autre lui lance, c'est pour ça qu'on déclare le match nul. Mais là, surprise, Louis Cyr se montre beau joueur pis désigne Décarie comme le nouveau champion du monde des hommes forts. Eh ben, ça fait que c'est comme ça que Louis Cyr a perdu son titre d'homme le plus fort du monde.

■ Proposez des façons d'éviter l'emploi de ces marqueurs de relation, qui appartiennent à la langue familière.

 Les marques d'organisation du texte, p. 251
Les variétés de langue, p. 253

 Activités complémentaires

Suivez le guide **1.7**

Les phrases interrogatives

Dans les situations de communication formelles, il faut éviter d'utiliser les formulations interrogatives de la langue familière.

▨ Voici trois interventions qui illustrent bien le propos. Reformulez les questions qui posent problème de manière à les rendre appropriées à une situation formelle d'entrevue.

1. Louis Cyr a été proclamé l'homme le plus fort de tous les temps. Comment c'qu'il a obtenu ce titre?

2. Vous disiez plus tôt que Louis Cyr est devenu le héros du peuple canadien-français. Vous expliquez ça de quelle façon?

3. À la fin de sa vie, Louis Cyr a perdu son titre d'homme le plus fort du monde. Comment c'est arrivé?

 Les types de phrases, p. 258   Activités complémentaires

---

5 Élaborez la **structure** et le **contenu** de votre entrevue.

a) Pour bien structurer l'entrevue, répondez aux questions suivantes.

Ouverture	• Quelle formule utilisera l'intervieweur ou l'intervieweuse pour accueillir et présenter la personne invitée? • Comment le sujet (vie de la personnalité choisie) sera-t-il amené?
Cœur de l'entrevue	• Quelles questions mettront en relief les idées principales? **1.7** • Comment ces idées seront-elles développées par la personne invitée?
Clôture	• Quelle formule utilisera l'intervieweur ou l'intervieweuse pour conclure l'entrevue et remercier la personne invitée?

b) En tenant compte du nombre de minutes qui vous sont allouées pour présenter l'entrevue devant la classe:

• préparez un **aide-mémoire** pour la personne qui mènera l'entrevue;

• notez les réponses que donnera le ou la biographe.

6 En vue d'améliorer votre présentation, soumettez-la à la **critique**.

a) Faites une **répétition** devant au moins une personne. Minutez-vous et faites les ajustements nécessaires pour que l'entrevue se déroule dans le temps requis.

b) Évaluez les aspects suivants de votre prestation avec l'aide du public qui aura assisté à votre répétition.

Structure de l'entrevue	• Les étapes de l'entrevue sont-elles respectées ?
	• Les échanges sont-ils bien planifiés ?
	• La durée prévue est-elle respectée ?
Contenu	• Les questions posées mettent-elles en valeur les idées principales ? Sont-elles variées et pertinentes ?
	• Les idées principales sont-elles suffisamment développées et assez documentées ?
	• Les repères chronologiques sont-ils clairs et suffisants ?
Variété de langue et attitude	• La prononciation, le vocabulaire, les constructions de phrases, le ton, la posture et la gestuelle sont-ils appropriés à la situation de communication ?

c) Faites les **modifications** nécessaires pour améliorer votre entrevue.

Préparer | **Présenter son entrevue** | Réagir

7 Présentez votre entrevue devant la classe. Portez une attention particulière à votre langage et à votre attitude : n'oubliez pas que vous jouez un rôle !

 Prendre la parole devant un groupe, p. 303

8 Écoutez attentivement les entrevues des autres élèves en vue d'intervenir éventuellement pour :

- en savoir davantage ;
- clarifier un point ou apporter une information nouvelle ;
- faire un lien avec la personnalité que vous avez vous-même présentée.

9 Portez un jugement critique sur les entrevues auxquelles vous venez d'assister.

Retour

Lorsqu'on parle de la vie d'autrui, dans un contexte de communication formelle de surcroît, il est essentiel de transmettre des renseignements justes. Le défi est plus grand encore s'il faut maintenir l'intérêt d'un auditoire lors de la transmission de ces renseignements. Faites un retour sur ces aspects de votre travail.

- Situez l'appréciation de votre public sur une échelle semblable à la suivante. Basez votre évaluation sur la qualité de son écoute, les critiques positives ou négatives que vous avez reçues, etc.

Peu d'intérêt ◄ **—** ▬▬▬▬▬▬▬ **+** ► Beaucoup d'intérêt
  1   2   3   4   5

- Selon vous, quel aspect a le plus contribué à la qualité de votre entrevue ?

    ✓ Le sérieux de la quête d'information (consultation de sources nombreuses et variées).

    ✓ La rigueur dans le traitement de l'information (tri des sources selon leur fiabilité, sélection de l'information selon son importance, vérification de cette information).

    ✓ La manière d'organiser l'information (cohérence et intérêt des questions et des réponses de l'entrevue).

- Ciblez au moins un aspect que vous tenterez d'améliorer lors d'une prochaine recherche documentaire de ce type.

- Selon vous, quel effet peuvent avoir les aspects suivants sur la qualité de votre entrevue ?

    – Le dynamisme de la communication orale.

    – L'aisance dans le jeu malgré l'emploi d'une langue standard.

⊕ Zone *plus*

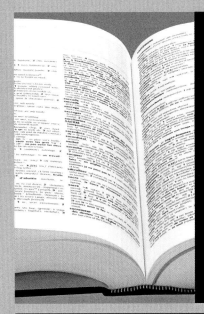

Une personnalité de choix

Chaque année, à la refonte des dictionnaires de noms propres, un comité d'experts suggère l'ajout de nouvelles personnalités dans ces ouvrages de référence. Imaginez que ce comité vous commande un tel article...

Choisissez une personne qui, selon vous, mérite de figurer dans un dictionnaire de noms propres. Discutez-en avec quelques camarades de classe pour valider ce choix. Documentez-vous ensuite sur cette personne de manière à trouver l'information qui doit figurer dans ce genre d'article. Rédigez enfin votre texte en imitant le style objectif des ouvrages de référence.

Apprentis biographes

Invitez un membre de votre parenté ou une autre personne de votre choix à vous raconter son histoire personnelle (son enfance, ses amours, ses passions, son travail, ses voyages, etc.). Remettez-lui une série de questions afin qu'elle puisse se préparer à l'entrevue. Si vous désirez garder un souvenir de cette conversation, filmez ou enregistrez la personne choisie pendant qu'elle fait son récit.

Autres textes à explorer

Lisez les trois textes biographiques suivants du recueil.

r   *Dian Fossey, une vie*, p. 20-25
La métamorphose d'Helen Keller, p. 39-42
De curiosité à légende d'un peuple, p. 49-52

Soyez critique ! Déterminez ce qui manque à chacun de ces textes pour présenter un portrait plus complet de ces trois personnalités.

 Activités d'approfondissement

LA COORDINATION ET LA JUXTAPOSITION

Observer

1 **a)** Comparez les textes ci-dessous, qui contiennent la même information. Lequel évite des répétitions inutiles ?

Texte 1

Ella Fitzgerald (*Newport News, Virginie, 1917 – Beverly Hills 1996*) Elle est l'une des plus importantes chanteuses de jazz. Elle interpréta des ballades. Elle interpréta des romances. Elle chanta des pièces de *swing*. Elle poussa très loin l'art du chant *scat*. Elle enregistra d'innombrables disques.

Texte 2

Ella Fitzgerald (*Newport News, Virginie, 1917 – Beverly Hills 1996*) Elle est l'une des plus importantes chanteuses de jazz. Elle interpréta des ballades et des romances, mais chanta aussi des pièces de *swing* et poussa très loin l'art du chant *scat*. Elle enregistra d'innombrables disques.

Inspiré de *Le Petit Larousse illustré 2007*, © Larousse, 2006.

b) Dans le texte sans répétitions inutiles, comment s'y prend-on pour condenser l'information ?

Explorer

DÉFINITIONS

Coordination :   Jonction de phrases, de groupes de mots ou de subordonnées à l'aide d'une marque d'organisation du texte qui joue le rôle de coordonnant (*mais, ou, et, donc, car, puis, pourtant,* etc.).

Juxtaposition :   Jonction de phrases, de groupes de mots ou de subordonnées à l'aide d'une virgule, d'un point-virgule ou d'un deux-points.

2 Parmi les phrases qui suivent, lesquelles comprennent une coordination ? une juxtaposition ?

1. *Louis Armstrong aurait été le premier à enregistrer du* scat, *mais il n'aurait jamais égalé Ella Fitzgerald dans cet art.*

2. *Le* scat *est une forme d'improvisation vocale propre au jazz qui consiste à déformer les syllabes des paroles d'une chanson ou à chanter librement sur des syllabes.*

3. *La chanteuse française France Gall voue une grande admiration à Ella Fitzgerald : dans les années 1980, elle interprétait en son hommage* Ella, elle l'a, *une chanson écrite par Michel Berger.*

4. *Le talent d'Ella a été découvert lorsqu'elle a participé à un concours amateur, alors qu'elle avait 16 ans.*

3 Illustrez chacune des règles ci-dessous par une phrase de l'activité 2 et justifiez votre choix.

Exemple : *Règle A – Phrase 1 : les phrases coordonnées ont une relation d'opposition.*

RÈGLES GÉNÉRALES

A On coordonne ou juxtapose uniquement des éléments entre lesquels il y a une **relation de sens** (relation d'addition, de temps, de cause, de conséquence, d'opposition, etc.).

B On coordonne ou juxtapose des éléments de **même niveau** (phrases indépendantes ou phrases subordonnées) ou de **même fonction** (complément de phrase, complément du nom, complément du verbe, etc.).

C On coordonne ou juxtapose des groupes généralement de **même construction** (GN, GAdj, GV, GPrép ou GAdv).

4 Analysez les phrases suivantes, puis dites en quoi les phrases incorrectes enfreignent les règles énoncées dans l'encadré précédent. Justifiez la correction dans chaque cas.

Phrases incorrectes ⊘	Règle non respectée	Phrases correctes ○
1. ⊘ Gabrielle Roy est une grande écrivaine : elle est née à Saint-Boniface, au Manitoba.	**A**	1. ○ Gabrielle Roy est une grande écrivaine : son œuvre est l'une des plus importantes de la littérature canadienne.
2. ⊘ Certains romans de Gabrielle Roy ont un caractère autobiographique **et** qui révèlent des émotions que l'écrivaine a vécues.	**B**	2. ○ Certains romans de Gabrielle Roy ont un caractère autobiographique **et** ils révèlent des émotions que l'écrivaine a vécues.
3. ⊘ L'enseignement **et** écrire sont les deux occupations qui ont apporté le plus de joie à Gabrielle Roy.	**C**	3. ○ Enseigner **et** écrire sont les deux occupations qui ont apporté le plus de joie à Gabrielle Roy.
		○ L'enseignement **et** l'écriture sont les deux occupations qui ont apporté le plus de joie à Gabrielle Roy.

5 Comment la répétition du sujet est-elle évitée dans chacune des phrases suivantes ?

1. *Gabrielle Roy a grandi au Manitoba et elle a longtemps vécu au Québec.*

2. *Gabrielle Roy a grandi au Manitoba et a longtemps vécu au Québec.*

Vous trouverez à la page suivante des règles générales à respecter lorsqu'on veut faire un *effacement* ou un *remplacement* pour éviter une répétition. Lorsqu'un tel procédé est utilisé, il ne faut pas oublier de faire les accords avec le bon sujet. **1.8**

D Dans la coordination ou la juxtaposition de **groupes du verbe**, on peut supprimer un **complément du verbe** à condition que les verbes se construisent avec le même complément.

Ex.: *Gabrielle aime sa mère et respecte sa mère.* ⟶ *Gabrielle aime et respecte sa mère.*

E Dans la coordination ou la juxtaposition de **groupes prépositionnels**, on peut supprimer toutes les **prépositions** qui se répètent sauf *à*, *de* et *en*, qui sont obligatoires (ainsi que les déterminants contractés *au*, *aux*, *du* et *des* qui incluent les prépositions *à* et *de*).

Ex.: *Elle éprouve de l'attachement pour le Québec et la France.*

Elle écrit à ses amis les plus chers et aux membres de sa famille.

F Dans la coordination ou la juxtaposition de **subordonnées compléments de phrase**, on évite la répétition du **subordonnant** (*quand*, *si*, *afin que*, etc.) en le remplaçant par *que*.

Ex.: *Si on lit attentivement ce roman et que l'on connaît la vie de l'écrivaine, on devine qu'il s'agit d'un roman à caractère autobiographique.*

6 Analysez les phrases suivantes, puis indiquez quelle règle de l'encadré précédent n'est pas respectée dans chacune des phrases incorrectes. Décrivez la correction apportée pour respecter la règle.

Phrases incorrectes	Règle non respectée	Phrases correctes ◯
1. ⊘ Elle écrit plus aisément quand elle est isolée et elle a l'esprit en paix.	▦	1. ◯ Elle écrit plus aisément quand elle est isolée et qu'elle a l'esprit en paix.
2. ⊘ Gabrielle aime et s'ennuie de sa mère.	▦	2. ◯ Gabrielle aime sa mère et s'ennuie d'elle.
3. ⊘ Elle a pratiqué les métiers d'institutrice, journaliste et écrivaine.	▦	3. ◯ Elle a pratiqué les métiers d'institutrice, de journaliste et d'écrivaine.

Suivez **le guide**

Les accords avec le sujet effacé

Dans la coordination et la juxtaposition, le sujet se trouve parfois effacé. Pour faire les accords avec un tel sujet, il faut se référer au sujet de la phrase précédente.

1 Trouvez le sujet effacé dans la coordination suivante et justifiez l'accord des mots en couleur.

Les Cowboys Fringants sont très populaires auprès des 15-30 ans, mais semblent aussi appréciés des «vieux» de plus de 30 ans.

2 Trouvez le sujet effacé dans la coordination suivante et relevez les mots qui s'accordent avec lui.

Écrites dans un français familier ou populaire, les chansons des Cowboys Fringants abordent des sujets au centre des préoccupations des jeunes et sont pour la plupart engagées.

 Les accords, p. 286   Activités complémentaires

Au besoin, faites quelques activités avant d'aller plus loin.

Aller plus loin

7 **a)** Voici quelques renseignements sur Charlie Chaplin.

> ### Chaplin en vrac (de sa naissance à la création de Charlot)
>
> – Il est américain d'origine anglaise.
> – Il est auteur. Il est acteur. Il est cinéaste.
> – Il naît dans un quartier pauvre de Londres.
> – Son père est chanteur de variétés. Sa mère est chanteuse de variétés.
> – Il n'a pas tout à fait 10 ans lorsqu'il monte sur les planches pour danser.
> – Ensuite, pendant quelques années, il interprète avec succès des pantomimes.
> – Sa vie professionnelle est un succès. Sa vie privée est désastreuse.
> – En 1912, à 23 ans, il s'établit aux États-Unis. Il y commence une carrière en cinéma.
> – En 1914, il crée le personnage de Charlot.
> – Charlot porte un chapeau melon. Il porte de grandes chaussures. Il arbore une petite moustache mobile et une canne.
> – En 1928, le cinéma devient parlant. Charlot demeure muet.

b) Poursuivez l'écriture de la note biographique qui suit en vous inspirant de l'information que vous venez de lire. Assurez-vous d'utiliser la coordination et la juxtaposition pour établir des liens pertinents et éviter les répétitions.

> ### Note biographique
>
> **Charles Spencer** (dit Charlie) **Chaplin** (Londres, 1889 - Vevey, Suisse, 1977). Charlie Chaplin est un auteur, acteur et cinéaste américain d'origine anglaise...

c) Suivez la procédure décrite ci-dessous pour réviser les coordinations et les juxtapositions dans votre texte.

1re étape Surlignez les éléments coordonnés ou juxtaposés. Au passage, voyez si d'autres éléments pourraient l'être (pour établir une relation de sens, pour éviter des répétitions inutiles, etc.).

2e étape Assurez-vous de la compatibilité des éléments coordonnés ou juxtaposés (sens, fonction, construction).

3e étape Voyez s'il est possible d'éviter des répétitions inutiles dans les coordinations ou les juxtapositions.

4e étape Vérifiez la façon de joindre les éléments (choix du signe de ponctuation ou du coordonnant, emploi de la virgule dans l'énumération). Assurez-vous que les coordonnants autres que *et*, *ou*, *ni* sont précédés d'une virgule.

Z2NE

2

MYTHES ET RÉALITÉS

Imaginez un peu le quotidien de nos ancêtres il y a des milliers d'années. Comment composaient-ils avec la faune étrange, la flore généreuse, les montagnes infranchissables, les volcans incandescents et les mers démontées qui les environnaient ?

Même s'ils sentaient qu'ils faisaient partie de la nature, les premiers humains redoutaient celle-ci tout en la respectant. Perplexes devant les phénomènes naturels, ils se sont sans doute beaucoup demandé « Pourquoi… ? ». Leurs explications ont nourri d'innombrables contes, mythes et légendes. Parallèlement, les humains qui leur ont succédé ont poussé plus loin la réflexion et développé ce qu'on appelle aujourd'hui la science.

Vous verrez, dans les pages qui suivent, ces deux visions du monde qui satisfont l'imaginaire d'une part, et le rationnel d'autre part.

SECTION ① Des explications fantaisistes
SECTION ② Des explications scientifiques

?

Si un ou une enfant vous demandait : « Pourquoi y a-t-il des nuages ? », auriez-vous tendance à lui répondre de façon fantaisiste ou scientifique ?

SECTION 1

Des explications fantaisistes

Nous vous proposons dans cette section trois œuvres qui s'intéressent aux mystères de la nature. Chacune soulève des questions quant aux rapports qu'il est primordial d'entretenir avec l'environnement. Les activités qui accompagnent les extraits vous aideront à apprécier l'imaginaire de ceux qui ont fait naître ces œuvres et leur façon peu banale de raconter.

Nous vous invitons ensuite à écrire un conte explicatif et à le présenter à un public. Si vous doutez de vos dispositions naturelles pour ce type d'activité, rassurez-vous : une démarche claire vous guidera dans cette création. En interrogeant le réel avec un regard neuf, vous trouverez sûrement une façon inédite d'expliquer l'origine d'un phénomène naturel ou une caractéristique du monde vivant.

D'autres idées vous sont aussi proposées pour poursuivre cette exploration de l'imaginaire des conteurs d'ici et d'ailleurs.

Un atelier de grammaire sur mesure vous aidera enfin à développer des habiletés utiles dans l'élaboration d'explications, même les plus fantaisistes !

?

Respect, émerveillement, crainte, mystère, domination, inquiétude, beauté, équilibre. Parmi ces mots, lequel vous vient spontanément à l'esprit lorsque vous pensez à la nature ?

Plan

Pourquoi, à votre avis, la Terre n'est-elle pas représentée par une sphère complète ?

Illustration d'une légende huronne selon laquelle la grande île où vivent les hommes aurait été créée avec le concours des animaux provenant d'une région située de l'autre côté du ciel.

Mondes, Mythes et images de l'Univers, Leïla Haddad et Guillaume Duprat, Seuil, 2006.

Explorer

L'**Histoire de la baleine et de son gosier** est un conte animalier traditionnel, tiré du recueil *Histoires comme ça* de Rudyard Kipling. Cet auteur, qui a vécu au XIXe siècle, est considéré comme l'un des plus grands romanciers et nouvellistes anglais. Les contes de ce recueil, dont la plupart sont teintés d'un humour particulier, sont destinés aux jeunes... comme aux moins jeunes.

Rudyard Kipling

Rudyard Kipling (1865-1936) est né à Bombay, en Inde, alors que ce pays était une colonie anglaise. Éduqué en Angleterre, Kipling se fait connaître, en 1882, par ses nouvelles décrivant avec intelligence et finesse les rapports entre Anglais et Indiens. Dix ans plus tard, après avoir beaucoup voyagé, il s'installe aux États-Unis. C'est là qu'il écrit son œuvre la plus connue, *Le livre de la jungle* (1894), qui raconte l'histoire de Mowgli, un petit garçon vivant au sein d'une famille de loups. Durant ses années de voyage, il publie aussi *Capitaines courageux* (1897), *Kim* (1901) et *Histoires comme ça* (1902). De 1903 jusqu'à sa mort, il poursuit sa carrière littéraire en Angleterre. Kipling est le premier auteur anglais à avoir reçu le prix Nobel de littérature (1907).

Bien qu'il ait passé la plus grande partie de sa vie hors de l'Inde, Kipling est resté très marqué par ce pays et cette culture qu'il admirait tant. Beaucoup de ses poèmes, histoires pour enfants et romans se déroulent en Inde ou s'inspirent de la riche mythologie de ce pays.

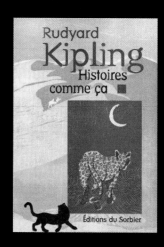

HISTOIRES COMME ÇA

Pour écrire ses *Histoires comme ça*, publiées en Angleterre en 1902 sous le titre *Just so Stories*, Kipling s'est inspiré de mythes indiens mettant en scène des animaux. On devine par les titres qu'il s'agit de contes explicatifs, c'est-à-dire de récits qui décrivent, d'une manière fantaisiste, l'origine de certains phénomènes de la nature. Comme la plupart des contes animaliers, ce récit offre une leçon de vie et témoigne d'un profond respect pour la nature.

58   **Zone 2**   Mythes et réalités

Contexte (H)istorique

En 1902, au moment où Kipling écrit ses *Histoires comme ça*, la nature est encore vue comme une puissance qui domine l'être humain. Plusieurs parties du monde, comme l'Arctique et le centre de l'Afrique, ont à peine été explorées. Dans bien des régions du globe, les animaux demeurent une menace très sérieuse dont les voyageurs doivent se protéger en portant une arme.

Quoique certains biologistes comme Charles Darwin et Ernst Haeckel aient entrepris de parcourir le monde pour étudier la vie des animaux, la plupart des gens considèrent les lions, les girafes, les phoques, les zèbres et bien d'autres animaux comme des créatures de légende qui inspirent la peur et l'émerveillement. Peu conscients de leur propre puissance, les êtres humains pensent encore que la nature est inépuisable. Jusqu'à la moitié du XXe siècle, on assiste à de grandes chasses et à des safaris, souvent organisés pour distraire ou enrichir les colonisateurs. Les éléphants sont chassés pour l'ivoire, et les baleines pour la graisse qui sert à fabriquer de l'huile de chauffage, du savon et des bougies. Aujourd'hui, plusieurs des bêtes dont parle Kipling dans ses *Histoires comme ça* figurent dans la liste des animaux menacés de disparition; c'est le cas de l'éléphant africain, du rhinocéros, du léopard et de la baleine.

- Qu'est-ce qui est commun à tous les contes que vous connaissez? Pensez aux personnages qu'on y trouve, aux univers qu'ils proposent et au type de messages qu'ils véhiculent.
- Selon vous, qu'est-ce qu'un conte explicatif?

Lire et comprendre le texte

Dans l'extrait qu'on vous propose de *Histoires comme ça*, Kipling tente d'expliquer, à la manière d'un conteur, pourquoi la baleine, le plus gros mammifère marin qui soit, doit se contenter d'une alimentation si sommaire. À la lecture de ce texte, portez attention aux points ci-dessous en vous laissant guider par les questions présentées en marge.

A L'univers narratif

C Les rôles des personnages (schéma actantiel)

B Le schéma narratif

D Le vocabulaire

HISTOIRE DE LA BALEINE ET DE SON GOSIER

Il était une fois par la mer, ma Très-Aimée, une Baleine mangeuse de poissons. Elle mangeait le poisson-chat, le poisson-lune, mangeait la sole et la sardine, le merlan (et sa maman), la morue, le mérou, l'anguille qui frétille et le menu fretin. Tous les poissons qu'elle trouvait,
5 dans toute la mer, elle les mangeait avec sa bouche – comme ça! Tant et si bien qu'à la fin il ne resta plus, dans toute la mer, qu'un seul poisson.

C'était un poisson tout petit, mais très rusé. Pour éviter les mauvaises surprises, il nageait toujours un peu en arrière de l'oreille droite de la Baleine. Un jour, celle-ci se dressa sur la pointe de la queue:
10 — J'ai faim, dit-elle.

À quoi le Rusé Petit Poisson répondit de sa voix pleine de ruse:
— Noble et généreux cétacé, as-tu jamais goûté de l'homme?
— Non, dit la Baleine. C'est comment?
— Très bon, dit le Rusé Petit Poisson. Juste un peu filandreux.
15 — Va vite m'en chercher quelques-uns, dit la Baleine en battant de la queue (ce qui fit écumer la mer).
— Un seul devrait suffire, dit le Rusé Petit Poisson. Si tu nages jusqu'à cinquante degrés de latitude Nord par quarante de longitude Ouest (ça, c'est de la magie), tu rencontreras un individu assis sur un
20 radeau, en plein milieu de l'océan.

Il n'a sur lui qu'un pantalon de coutil bleu, une paire de bretelles (surtout, ma Très-Aimée, n'oublie pas les bretelles), et un couteau de poche. C'est un Matelot qui a fait naufrage, mais par honnêteté je dois te prévenir que c'est aussi un homme d'infinies ressources et sagacité.
25 Aussi la Baleine se mit-elle à nager, à nager du plus vite qu'elle pouvait, jusqu'à cinquante degrés de latitude Nord par quarante de longitude

1. **B** Quel problème (élément déclencheur) fait démarrer l'histoire?

2. **D** Que signifie le mot *filandreux*? Le contexte aide-t-il à en déduire le sens?

3. **C** Quels rôles joue le Rusé Petit Poisson dans le conte?

Ouest. Là, sur un radeau, en plein milieu de l'océan, elle rencontra un individu qui n'avait sur lui qu'un pantalon de coutil bleu, une paire de bretelles (rappelle-toi bien les bretelles, ma Très-Aimée), et un couteau
30 de poche. C'était un Matelot qui avait fait naufrage. Tout seul, tout perdu, il barbotait, les pieds dans l'eau. (Avec la permission de sa maman, bien sûr, sans quoi il ne l'aurait jamais fait car c'était un homme d'infinies ressources et sagacité.)

Alors la Baleine ouvrit la bouche si grand, si grand, si grand, que sa
35 mâchoire touchait presque sa queue. Elle avala le Matelot qui avait fait naufrage, le radeau sur lequel il était assis, son pantalon de coutil bleu, les bretelles (que tu te gardes d'oublier), et le couteau de poche. Quand elle eut englouti le tout dans les garde-manger bien chauds et bien sombres de son estomac, elle claqua des lèvres – comme ça, et
40 tourna trois fois sur sa queue.

Mais à peine eut-il atteint le fond des garde-manger bien chauds et bien sombres de la Baleine, qu'en homme d'infinies ressources et sagacité, le Matelot se mit à taper et à sauter. Et il tapa, sauta, valsa, trépigna, gambada, hurla, miaula, rampa, frappa, piqua, gratta, chatouilla,
45 tripota, tricota, batailla tant et tant, d'estoc et de taille (à l'endroit et à l'envers), que la Baleine finit par se sentir fort mal en point. (Tu n'as pas oublié les bretelles, j'espère.)

— Cet homme est bien filandreux. Et puis il me donne le hoquet. Qu'est-ce que je peux faire ? demanda-t-elle au petit poisson.
50 — Tu n'as qu'à lui dire de sortir, répondit le Rusé Petit Poisson.

Sur quoi la Baleine se pencha vers le fond de son gosier et appela le Matelot :
— Sortez de là, et un peu de tenue je vous prie ! J'ai le hoquet.
— Que nenni ! répondit le Matelot. Vous êtes loin, très loin du
55 compte. Quand vous m'aurez ramené jusqu'à mon rivage natal, aux blanches falaises d'Angleterre, je verrai ce que je peux faire pour vous.

Et il se remit à danser de plus belle.

— Tu ferais mieux de le ramener chez lui, dit le Rusé Petit Poisson. J'aurais dû te prévenir que c'était un homme d'infinies ressources et
60 sagacité.

Aussi la Baleine se mit-elle à nager, malgré son hoquet, de toutes les forces de ses nageoires et de sa queue. Quand elle aperçut enfin le rivage natal du Matelot, et les blanches falaises d'Angleterre, elle se rua vers la plage, s'échoua à moitié, ouvrit la bouche tout grand, tout
65 grand, et cria :
— Correspondance pour Winchester, Ashuelot, Nashua, Keene, et toutes les gares jusqu'à Fitch...burg !

À peine eut-elle dit « Fitch... » que le Matelot jaillit de sa bouche.

Mais pendant la traversée, ce Matelot, qui était décidément un homme
70 d'infinies ressources et sagacité, avait sorti son couteau de poche et taillé son radeau en forme de herse à claire-voie. Il y avait attaché ses

4. **A** Aux lignes 34-40, relevez des indices qui témoignent de l'univers merveilleux et fantaisiste que l'auteur met en scène.

5. **C** Quel rôle joue le Matelot dans le conte : aide-t-il la Baleine dans sa quête (allié) ou veut-il l'affronter (opposant) ?

6. **C** Qu'est-ce qui fait du Matelot à la fois une victime et un héros ?

7. **D** Que signifie l'expression *Que nenni !* ? Quels mots le Matelot aurait-il pu employer pour dire la même chose ?

8. **D** Que signifie l'expression *à claire-voie* ?

bretelles (tu comprends maintenant pourquoi il ne fallait pas oublier les bretelles), et l'avait traîné jusque dans le gosier de la baleine, où il était resté coincé! Ensuite il avait récité le Sloka suivant que je m'en
75 vais vous rapporter – au cas où vous ne le connaîtriez pas:

> Par la grâce de mon grillage
> Sera mis fin à ton pillage!

Car le Matelot était aussi poète.

Une fois dehors, il traversa la plage de galets pour regagner la maison
80 de sa Maman (qui l'avait laissé barboter, les pieds dans l'eau); il se maria, et eut beaucoup d'enfants.

La Baleine aussi. Mais depuis ce jour-là, la herse qu'elle avait dans le gosier, et qu'elle ne pouvait ni avaler ni cracher, ne lui permit plus de manger que des poissons minuscules.

85 Voilà pourquoi les baleines d'aujourd'hui ne mangent ni les hommes, ni les petits garçons, ni les petites filles.

Le Rusé Petit Poisson, qui craignait la colère de la Baleine, alla vite se cacher derrière la porte de l'Équateur.

Le Matelot rapporta son couteau de poche à la maison. Quand il
90 traversa la plage, il ne portait plus que son pantalon de coutil bleu. Les bretelles, il avait dû les abandonner. Pour attacher le grillage, tu comprends. Et c'est la fin de cette histoire.

Extrait de Rudyard Kipling, *Histoires comme ça*, traduction de François Dupuigrenet Desroussilles, Paris, © Éditions du Sorbier, 1998, p. 8-30.

9. **B** À quoi l'auteur fait-il référence en disant qu'*il se maria, et eut beaucoup d'enfants*?

10. **B** Quels passages révèlent le dénouement et la situation finale de ce conte?

11. **A** Quel indice confirme qu'il s'agit bel et bien d'un conte explicatif?

Regard sur le texte

A **L'univers narratif**

Le conte propose un univers narratif qui présente les caractéristiques suivantes :

- L'histoire se déroule dans un temps imprécis (ex. : *Il était une fois...*) et dans un lieu indéterminé (ex. : *par la mer*).
- Le merveilleux côtoie le vraisemblable : la baleine peut manger de gros poissons, les poissons parlent la même langue que les humains, etc.
- Les personnages sont stéréotypés et peuvent être de différents types : humains, animaux, génies, objets, etc.
- Il peut y avoir une morale.

Parmi les genres de contes, on trouve le conte explicatif, comme celui du gosier de la baleine. Dans ce type de récit merveilleux, l'histoire racontée a pour objectif principal d'expliquer de façon fantaisiste un phénomène de la nature. Ce genre de conte puise ses origines dans les mythes et légendes que créaient les humains d'autrefois pour expliquer le monde.

B **Le schéma narratif**

L'*Histoire de la baleine et de son gosier* est conforme au schéma narratif, qui comprend cinq composantes essentielles :

- ***Situation initiale*** : la Baleine, qui mange de tout, a avalé tous les poissons de la mer à l'exception d'un seul, le Rusé Petit Poisson ;
- ***Élément déclencheur*** : la Baleine a encore faim, mais ne sait plus quoi manger ;
- ***Déroulement d'actions*** : le Rusé Petit Poisson, qui veut sauver sa peau, propose à la Baleine de manger un Matelot qui, une fois avalé, cherche par tous les moyens à incommoder le mammifère ; prise de hoquet, la Baleine accepte le marché que lui propose le Matelot : elle ramène ce dernier sur le rivage de son pays natal ;
- ***Dénouement*** : bien qu'elle ait expulsé le Matelot, la Baleine reste prise avec le radeau fixé par des bretelles au fond de son gosier ;
- ***Situation finale*** : la Baleine doit désormais se contenter de manger des poissons minuscules ; quant au Rusé Petit Poisson et au Matelot, ils ont la vie sauve !

C **Les rôles des personnages (schéma actantiel)**

Dans un récit, les rôles des personnages sont généralement distribués en fonction d'un schéma, appelé « schéma actantiel », qui met en relation les rôles suivants :

- ***destinateur – destinataire*** ;
- ***sujet – objet*** ;
- ***allié – opposant***.

Ces différents rôles dépendent tous de la « quête d'équilibre » poursuivie par le personnage principal (le *sujet*).

C **Les rôles des personnages** (*suite*)	Dans le conte de Kipling, par exemple, les personnages jouent les rôles suivants : • La Baleine est le *sujet* : elle poursuit une quête d'équilibre dont l'*objet* est de trouver de la nourriture pour satisfaire son grand appétit. • Le Matelot est l'*opposant* de la Baleine : il parvient à empêcher la Baleine de le manger et il réussit à « contrôler » l'appétit du mammifère en modifiant son gosier. • Le Rusé Petit Poisson joue trois rôles : celui de *destinateur*, car c'est lui qui pousse la Baleine à agir, celui de *destinataire*, car il profite de l'action du Matelot, et celui d'*allié*, car il aide la Baleine à trouver de la nourriture.
D **Le vocabulaire**	Les auteurs de récits ont parfois recours à des mots qui ne sont pas connus des lecteurs. Et le contexte n'aide pas toujours à en déduire le sens. Dans le conte de Kipling, par exemple, si l'on ne connaît pas le sens de l'expression *en forme de herse à claire-voie* (en forme de grillage), il est difficile de se représenter comment le Matelot transforme son radeau en une clôture qu'il fixe à la gueule de la Baleine. Pour approfondir sa compréhension d'un récit, il est donc aussi important de résoudre les problèmes de vocabulaire que de dégager le schéma général.

Les univers narratifs, p. 236
Le schéma narratif, p. 237
Le schéma actantiel, p. 238

Approfondir le texte

1 En vous appuyant sur les principales composantes du schéma narratif et du schéma actantiel, résumez en quatre à six lignes l'*Histoire de la baleine et de son gosier*.

2 **a)** Que signifient les expressions ou mots suivants du conte de Kipling ? Formulez d'abord une définition à partir du contexte, puis comparez cette définition avec celle d'un dictionnaire.

1. *menu fretin* (ligne 4)
2. *cétacé* (ligne 12)
3. *sagacité* (ligne 24)
4. *trépigner* (ligne 43)
5. *d'estoc et de taille* (ligne 45)
6. *galet* (ligne 79)

b) Relevez cinq autres mots du conte qu'un ou une enfant ne pourrait probablement pas comprendre, et donnez-en une définition qu'il ou elle serait en mesure de saisir facilement.

c) Proposez des mots de remplacement plus simples, associés aux mêmes champs lexicaux, que l'auteur aurait pu employer. **2.1**

3 a) Qu'est-ce qui relève du merveilleux et qu'est-ce qui appartient au domaine du réel dans ce conte?

b) Faites quelques hypothèses sur les véritables raisons pour lesquelles la baleine ne mange que de petits organismes. Vous pouvez les formuler de la façon suivante:

Si la baleine…, c'est parce que…

c) Validez ces hypothèses en lisant *Le festin des baleines* présenté dans le recueil.

 p. 113-114

Suivez **le guide** 2.1

Les champs lexicaux

Le passage suivant du conte de Kipling comprend plusieurs verbes d'action associés au mouvement.

Et il tapa, sauta, valsa, trépigna, gambada, hurla, miaula, rampa, frappa, piqua, gratta, chatouilla, tripota, tricota, batailla tant et tant, d'estoc et de taille (à l'endroit et à l'envers), que la Baleine finit par se sentir fort mal en point.
(lignes 43 à 46)

On y exprime, entre autres, des façons de:

- se déplacer: *sauter, valser, trépigner, gambader, ramper*;
- donner des coups: *taper, frapper, piquer*;
- toucher: *gratter, chatouiller, tripoter*.

■ Ajoutez à cette liste d'autres verbes que l'auteur aurait pu employer pour exprimer ces mouvements.

 Les dictionnaires, p. 284

 Activités complémentaires

Réagir au texte

1 a) Quel est l'âge idéal pour lire ou se faire raconter cette histoire, à votre avis? Justifiez votre réponse en vous référant au destinataire du conte et à la manière de raconter de l'auteur.

b) Trouvez un passage du texte de Kipling que vous pouvez vous imaginer illustré et proposez un croquis.

2 a) Selon vous, en modifiant le gosier de la Baleine, le Matelot a-t-il réglé un problème de surconsommation? Pourquoi?

b) Dans ce conte, quelle leçon peut-on tirer en ce qui a trait à l'utilisation des ressources de notre environnement?

3 Le ton de ce texte est plutôt humoristique. Quel(s) passage(s) ou quelle(s) situation(s) font sourire?

4 D'après vous, qu'est-ce qu'un ou une enfant apprécierait dans ce conte de Kipling? Choisissez l'énoncé ou les énoncés qui se rapprochent de votre point de vue et justifiez votre choix à l'aide de passages tirés du texte.

A. La simplicité de l'histoire.

B. La présence de dialogues, qui rendent le texte vivant.

C. Le fait que l'auteur s'adresse souvent au lecteur.

Vingt mille lieues sous les mers

Vingt mille lieues sous les mers est à la fois un roman d'aventures, de science-fiction et d'anticipation. Plusieurs fois adapté pour l'écran, ce récit est une histoire à multiples rebondissements. Jules Verne nous y entraîne dans des univers issus de l'imaginaire collectif. Il nous convie aussi à pénétrer dans son riche imaginaire, qui foisonne d'inventions de son époque ou d'engins et de technologies inexistants alors.

Jules Verne

Né en France, à Nantes, Jules Verne (1828-1905) est considéré comme l'inventeur du roman d'anticipation. Il étudie d'abord en droit mais, attiré par les lettres, il se lance dans le théâtre et dans l'écriture. Il connaît son premier succès littéraire avec *Cinq semaines en ballon* (1863). Paraissent ensuite les premiers romans de sa série *Voyages extraordinaires*, qu'il poursuivra durant plus de 40 ans. Plusieurs des romans de cette série sont devenus des « best-sellers » dans le monde entier, par exemple *L'île mystérieuse* (1873-1875), *Le tour du monde en quatre-vingts jours* (1872) et *Michel Strogoff* (1874-1875).

Inspiré par ses multiples voyages, Jules Verne a écrit plus de 80 romans et publié plusieurs ouvrages de vulgarisation scientifique. On lui a rendu de grands hommages : le premier sous-marin atomique de l'histoire a été baptisé le *Nautilus*, en mémoire de son récit *Vingt mille lieues sous les mers*, et un cratère de la face cachée de la Lune porte son nom. Son œuvre a aussi inspiré un grand nombre de films, dont l'un des premiers de l'histoire du cinéma, *Le voyage dans la Lune* (1902) de Georges Méliès.

VINGT MILLE LIEUES SOUS LES MERS

Publié en 1869, *Vingt mille lieues sous les mers* est l'un des chefs-d'œuvre les plus connus de Jules Verne. Joyau de la littérature mondiale, ce récit met en scène le capitaine Nemo et trois de ses « hôtes » qu'il retient prisonniers à bord du *Nautilus*. Au cours de leurs aventures, ils découvrent l'Atlantide et ses trésors engloutis. Dès lors, nos personnages se retrouvent, entre autres, parmi les plantes arborescentes des forêts sous-marines, au cœur d'une grotte où vivent des huîtres géantes, dans le royaume du corail, aux prises avec des poulpes géants, et même dans l'océan Antarctique.

Au moment où Jules Verne écrit ses romans, la révolution industrielle est déjà bien en place. Amorcée un siècle plus tôt en Angleterre, cette révolution du XVIIIᵉ siècle est marquée par l'utilisation à grande échelle de la machine à vapeur. En remplaçant les moulins hydrauliques par des machines à vapeur, on peut désormais obtenir une puissance toujours égale quels que soient le moment et le lieu, et adapter cette puissance à des besoins aussi divers que le pompage de l'eau, le déplacement d'un train ou le fonctionnement d'un appareil à filer la laine.

Les inventions se succèdent en rafale. On exploite à la fois le potentiel de l'électricité, du pétrole, de la chimie et de la mécanique : pile, dynamo, moteur électrique, lampe à incandescence, photographie, matières plastiques, dynamite, moteur à essence, téléphone, télégraphie sans fil, entre autres, font leur entrée sur le marché. C'est dans ce contexte scientifique bouillonnant que Jules Verne, grâce à son excellente connaissance des sciences de son époque, à son imagination fertile et à la rigueur de ses spéculations théoriques, a imaginé, parfois avec une grande justesse, certaines des inventions du siècle suivant.

1969 *Apollo 11.*

1865 Wagon-projectile décrit dans le roman *De la Terre à la Lune.*

1990 Télescope spatial *Hubble.*

1865 Télescope géant décrit dans le roman *De la Terre à la Lune.*

1965 Premier sous-marin nucléaire baptisé *Nautilus.*

1869 Nautilus de *Vingt mille lieues sous les mers.*

- Selon vous, qu'est-ce que la science-fiction ?
- Quels liens peut-on établir entre la science et la science-fiction ?

Lire et comprendre le texte

Dans l'extrait qu'on vous propose de *Vingt mille lieues sous les mers*, Jules Verne décrit un combat légendaire avec des poulpes géants, sous le commandement du capitaine Nemo. À la lecture de ce texte, portez attention aux points ci-dessous en vous laissant guider par les questions présentées en marge.

A L'univers narratif   **C** Les rôles des personnages (schéma actantiel)

B Le schéma narratif   **D** L'insertion de séquences d'autres types dans le récit

LES POULPES

Le 20 avril [1868], nous étions remontés à une hauteur moyenne de quinze cents mètres. La terre la plus rapprochée était alors cet archipel des îles Lucayes, disséminées comme un tas de pavés à la surface des eaux. Là s'élevaient de hautes falaises sous-marines, murailles
5 droites faites de blocs frustes disposés par larges assises, entre lesquels se creusaient des trous noirs que nos rayons électriques n'éclairaient pas jusqu'au fond.

Ces roches étaient tapissées de grandes herbes, de laminaires géants, de fucus gigantesques, un véritable espalier d'hydrophytes digne d'un
10 monde de Titans.

De ces plantes colossales dont nous parlions, Conseil, Ned et moi, nous fûmes naturellement amenés à citer les animaux gigantesques de la mer. Les unes sont évidemment destinées à la nourriture des autres. Cependant, par les vitres du *Nautilus* presque immobile, je n'apercevais
15 encore sur ces longs filaments que les principaux articulés de la division des brachioures, des lambres à longues pattes, des crabes violacés, des clios particuliers aux mers des Antilles.

Il était environ onze heures, quand Ned Land attira mon attention sur un formidable fourmillement qui se produisait à travers les grandes
20 algues.

« Eh bien ! dis-je, ce sont là de véritables cavernes à poulpes, et je ne serais pas étonné d'y voir quelques-uns de ces monstres.

— Quoi ! fit Conseil, des calmars, de simples calmars, de la classe des céphalopodes ?
25 — Non, dis-je, des poulpes de grande dimension. Mais l'ami Land s'est trompé, sans doute, car je n'aperçois rien.

1. **A** Au début de cet épisode, à quel endroit précis le *Nautilus* se trouve-t-il ?

2. **D** Quels éléments décrit-on dans les deux paragraphes ci-contre (lignes 8-17) ?

3. **A** Quel sentiment les personnages ressentent-ils à l'égard des poulpes ?

— Je le regrette, répliqua Conseil. Je voudrais contempler face à face l'un de ces poulpes dont j'ai tant entendu parler et qui peuvent entraîner des navires dans le fond des abîmes. »

[...]

30 Je regardai Conseil. Ned Land se précipita vers la vitre.

« L'épouvantable bête! » s'écria-t-il.

Je regardai à mon tour, et je ne pus réprimer un mouvement de répulsion. Devant mes yeux s'agitait un monstre horrible, digne de figurer dans les légendes tératologiques.

35 C'était un calmar de dimensions colossales, ayant huit mètres de longueur. Il marchait à reculons avec une extrême vélocité dans la direction du *Nautilus*. Il regardait de ses énormes yeux fixes à teintes glauques. Ses huit bras, ou plutôt ses huit pieds, implantés dans sa tête, qui ont valu à ces animaux le nom de céphalopodes, avaient un 40 développement double de son corps et se tordaient comme la chevelure des Furies. On voyait distinctement les deux cent cinquante ventouses disposées sur la face interne des tentacules sous forme de capsules semi-sphériques. Parfois ces ventouses s'appliquaient sur la vitre du salon en y faisant le vide. La bouche de ce monstre – un bec de corne fait comme 45 le bec d'un perroquet – s'ouvrait et se refermait verticalement. Sa langue, substance cornée, armée elle-même de plusieurs rangées de dents aiguës, sortait en frémissant de cette véritable cisaille. Quelle fantaisie de la nature! Un bec d'oiseau à un mollusque! Son corps, fusiforme et renflé dans sa partie moyenne, formait une masse charnue 50 qui devait peser vingt à vingt-cinq mille kilogrammes. Sa couleur inconstante, changeant avec une extrême rapidité suivant l'irritation de l'animal, passait successivement du gris livide au brun rougeâtre.

De quoi s'irritait ce mollusque? Sans doute de la présence de ce *Nautilus*, plus formidable que lui, et sur lequel ses bras suceurs ou ses 55 mandibules n'avaient aucune prise. Et cependant, quels monstres que ces poulpes, quelle vitalité le Créateur leur avait départie, quelle vigueur dans leurs mouvements, puisqu'ils possèdent trois cœurs!

Le hasard nous avait mis en présence de ce calmar, et je ne voulus pas laisser perdre l'occasion d'étudier soigneusement cet échantillon 60 des céphalopodes. Je surmontai l'horreur que m'inspirait son aspect, et, prenant un crayon, je commençai à le dessiner.

[...] d'autres poulpes apparaissaient à la vitre de tribord. J'en comptai sept. Ils faisaient cortège au *Nautilus*, et j'entendais les grincements de leur bec sur la coque de tôle. Nous étions servis à souhait.

65 Je continuai mon travail. Ces monstres se maintenaient dans nos eaux avec une telle précision qu'ils semblaient immobiles, et j'aurais pu les décalquer en raccourci sur la vitre. D'ailleurs, nous marchions sous une allure modérée.

4. **D** Quels mots clés résument le mieux cette description du calmar?

5. **A** Quelles caractéristiques du calmar le font percevoir comme une créature de science-fiction?

« Il marchait à reculons avec une extrême vélocité dans la direction du *Nautilus*. »

Tout à coup le *Nautilus* s'arrêta. Un choc le fit tressaillir dans toute sa
70 membrure.

« Est-ce que nous avons touché ? demandai-je.

— En tout cas, répondit le Canadien, nous serions déjà dégagés, car
nous flottons. »

Le *Nautilus* flottait sans doute, mais il ne marchait plus. Les branches
75 de son hélice ne battaient pas les flots. Une minute se passa. Le capitaine
Nemo, suivi de son second, entra dans le salon.

Je ne l'avais pas vu depuis quelque temps. Il me parut sombre. Sans
nous parler, sans nous voir peut-être, il alla au panneau, regarda les
poulpes et dit quelques mots à son second.

80 Celui-ci sortit. Bientôt les panneaux se refermèrent. Le plafond
s'illumina.

J'allai vers le capitaine.

« Une curieuse collection de poulpes, lui dis-je, du ton dégagé que
prendrait un amateur devant le cristal d'un aquarium.

85 — En effet, monsieur le naturaliste, me répondit-il, et nous allons les
combattre corps à corps. »

Je regardai le capitaine. Je croyais n'avoir pas bien entendu.

« Corps à corps ? répétai-je.

— Oui, monsieur. L'hélice est arrêtée. Je pense que les mandibules
90 cornées de l'un de ces calmars se sont engagées dans ses branches. Ce qui
nous empêche de marcher.

— Et qu'allez-vous faire ?

— Remonter à la surface et massacrer toute cette vermine.

— Entreprise difficile.

95 — En effet. Les balles électriques sont impuissantes contre ces
chairs molles où elles ne trouvent pas assez de résistance pour éclater.
Mais nous les attaquerons à la hache.

— Et au harpon, monsieur, dit le Canadien, si vous ne refusez pas
mon aide.

100 — Je l'accepte, maître Land.

— Nous vous accompagnerons », dis-je, et, suivant le capitaine
Nemo, nous nous dirigeâmes vers l'escalier central.

Il s'ensuit un terrible combat contre les poulpes. Un des marins du Nautilus
est soudain pris dans les tentacules d'un poulpe.

105 Quelle scène ! Le malheureux, saisi par le tentacule et collé à ses ventouses, était balancé dans l'air au caprice de cette énorme trompe. Il
râlait, il étouffait, il criait : « À moi ! à moi ! » Ces mots, *prononcés en
français*, me causèrent une profonde stupeur ! J'avais donc un compatriote
à bord, plusieurs peut-être ! Cet appel déchirant, je l'entendrai toute ma
110 vie !

L'infortuné était perdu. Qui pouvait l'arracher à cette puissante
étreinte ? Cependant le capitaine Nemo s'était précipité sur le poulpe, et,

6. **B** À quelle
composante du
schéma narratif
peut-on associer
l'arrêt du *Nautilus* ?

7. **C** Quel rôle joue
le capitaine Nemo
dans les principales
actions du récit :
celui de destinateur
ou d'allié ?

8. **A** Selon vous,
le combat contre
les poulpes est-il
réaliste ou non ?
Quels indices le
révèlent ?

d'un coup de hache, il lui avait encore abattu un bras. Son second luttait avec rage contre d'autres monstres qui rampaient sur les flancs du
115 *Nautilus*. L'équipage se battait à coups de hache. Le Canadien, Conseil et moi, nous enfoncions nos armes dans ces masses charnues. Une violente odeur de musc pénétrait l'atmosphère. C'était horrible.

[...]

Quelle rage nous poussa alors contre ces monstres! On ne se possé-dait plus. Dix ou douze poulpes avaient envahi la plate-forme et les
120 flancs du *Nautilus*. Nous roulions pêle-mêle au milieu de ces tronçons de serpents qui tressautaient sur la plate-forme dans des flots de sang et d'encre noire. Il semblait que ces visqueux tentacules renaissaient comme les têtes de l'hydre. Le harpon de Ned Land, à chaque coup, se plongeait dans les yeux glauques des calmars et les crevait. Mais mon
125 audacieux compagnon fut soudain renversé par les tentacules d'un monstre qu'il n'avait pu éviter.

Ah! comment mon cœur ne s'était-il pas brisé d'émotion et d'horreur! Le formidable bec du calmar s'était ouvert sur Ned Land. Ce malheureux allait être coupé en deux. Je me précipitai à son secours.
130 Mais le capitaine Nemo m'avait devancé. Sa hache disparut entre les deux énormes mandibules, et miraculeusement sauvé, le Canadien, se relevant, plongea son harpon tout entier jusqu'au triple cœur du poulpe.

«Je me devais cette revanche!» dit le capitaine Nemo au Canadien.

135 Ned s'inclina sans lui répondre.

Ce combat avait duré un quart d'heure. Les monstres vaincus, mutilés, frappés à mort, nous laissèrent enfin place et disparurent sous les flots.

Le capitaine Nemo, rouge de sang, immobile près du fanal, regardait
140 la mer qui avait englouti l'un de ses compagnons, et de grosses larmes coulaient de ses yeux.

Extrait de Jules Verne, *Vingt mille lieues sous les mers*, 1869.

9. **B** Quels sont le dénouement et la situation finale de ce récit?

Reg☉rd sur le texte

A **L'univers narratif**

Dans *Vingt mille lieues sous les mers*, Jules Verne entraîne les lecteurs dans un monde fantaisiste typique de la science-fiction. L'univers narratif de ce genre de récit comporte les caractéristiques suivantes :

- Plusieurs des éléments fictifs peuvent paraître réels, car ils naissent en général d'une extrapolation d'inventions ou de découvertes bien réelles, comme le sous-marin.
- Le fictif est intimement mêlé au réel. Par exemple, les poulpes (ou pieuvres) existent vraiment, mais ils n'ont pas les proportions que prétend Jules Verne, qui les associe aux dimensions des calmars.
- Les personnages sont souvent assez stéréotypés : nous avons ici un aventurier (le capitaine Nemo), un savant et un chasseur (le harponneur Ned Land). Ces personnages, qui ont un rapport hiérarchique typique de l'époque, vivent une gamme d'émotions fortes, à la mesure des aventures qui leur arrivent tout au long du roman.
- L'atmosphère est fréquemment dramatique : aventures risquées, ambiance menaçante, exquises terreurs…

B **Le schéma narratif**

Le chapitre des *Poulpes* est conforme au schéma narratif :

- ***Situation initiale*** : le *Nautilus* se trouve à 1500 mètres de profondeur au milieu de falaises sous-marines ;
- ***Élément déclencheur*** : un poulpe freine l'hélice du sous-marin ;
- ***Déroulement d'actions*** : Nemo et son équipage s'attaquent aux poulpes pour sauver le *Nautilus* ;
- ***Dénouement*** : les poulpes sont vaincus ;
- ***Situation finale*** : Nemo pleure la perte d'un de ses marins.

C **Les rôles des personnages (schéma actantiel)**

Dans ce chapitre, les personnages jouent différents rôles :

- Nemo (le *sujet* et le *destinateur*) veut sauver son sous-marin (l'*objet* de la quête d'équilibre) en tuant les poulpes ;
- Le savant, Conseil et Ned (les *alliés*) aident Nemo à résoudre le problème ;
- les poulpes (les *opposants*) rendent la quête difficile.

D **L'insertion de séquences d'autres types dans le récit**

Pour bien camper leur récit, les auteurs utilisent des séquences autres que narratives. Dans *Les poulpes*, on trouve :

- des ***séquences descriptives***, qui servent à dépeindre le décor (le fond de l'océan) et certains animaux (comme les poulpes) ;
- des ***séquences dialoguées***, qui permettent d'en savoir plus sur les personnages, par exemple ce qu'ils savent des poulpes (lignes 21-29), ce qu'ils pensent de la situation (lignes 85-102), etc.

 Les univers narratifs, p. 236   *Le schéma actantiel*, p. 238   *Le discours rapporté*, p. 252
Le schéma narratif, p. 237   *La description*, p. 240

1 Relevez les passages de l'extrait des *Poulpes* qui précisent les éléments suivants de l'univers narratif :

- le lieu : les différents repères spatiaux décrivant l'endroit exact où se trouve le *Nautilus* ;

- l'époque : les quelques indices permettant de savoir qu'on est au XIXᵉ siècle ;

- les personnages : les relations sociales qu'ils entretiennent et les émotions qu'ils vivent.

2 a) Résumez l'extrait en une dizaine de lignes.

b) Assurez-vous que votre résumé respecte bien les différentes composantes du schéma narratif et du schéma actantiel associés à l'extrait des *Poulpes*. Si ce n'est pas le cas, faites les ajustements nécessaires.

3 Amusez-vous à identifier, dans le texte, les éléments d'ordre géographique, biologique ou technologique qui relèvent, d'une part de la réalité, d'autre part de l'imaginaire de l'auteur.

Suivez le guide 2.2

La formation des mots

Il est souvent possible de trouver la signification d'un mot en examinant sa composition. On peut ensuite valider son hypothèse en consultant un dictionnaire.

Ex. : *tératologique* : térato- (monstre) + -logie (étude) = qui relève de l'étude des monstruosités chez les êtres vivants.

■ Formulez des hypothèses sur le sens des mots suivants, puis vérifiez leur définition dans un dictionnaire.

- *hydrophyte* (ligne 9)
- *céphalopode* (ligne 24)
- *semi-sphérique* (ligne 42)
- *fusiforme* (ligne 49)

 Les mots du français, p. 282
Les dictionnaires, p. 284

 Activités complémentaires

4 a) Pour mieux comprendre le texte, identifiez au moins cinq termes, scientifiques ou non, dont il serait important de définir le sens. Formulez d'abord une définition en fonction du contexte, puis vérifiez vos hypothèses en consultant un dictionnaire. **2.2**

b) Y a-t-il des termes scientifiques que vous n'avez pas trouvés dans un dictionnaire usuel ? Où pourriez-vous en chercher la définition ?

5 **a)** Dégagez le sujet abordé et les principaux éléments décrits dans les passages suivants.

    1. *La terre la plus rapprochée... d'un monde de Titans.* (lignes 2-10)

    2. *C'était un calmar de dimensions colossales... au brun rougeâtre.* (lignes 35-52)

b) Déterminez la ou les fonctions des séquences dialoguées qui suivent en vous inspirant des choix de réponses proposés.

    1. *« Eh bien ! dis-je, ce sont là de véritables cavernes à poulpes... « L'épouvantable bête ! » s'écria-t-il.* (lignes 21-31)

    2. *« Corps à corps ? répétai-je...*
       — Nous vous accompagnerons », dis-je... (lignes 88-102)

A. Présenter de l'information scientifique sur un sujet.	B. Émettre une opinion, un commentaire.	C. Réagir de façon émotive à une situation.	D. Réfléchir à voix haute à propos d'une action à faire.

Réagir au texte

1 Quels sentiments avez-vous éprouvés à la lecture des passages suivants du texte ? Décrivez votre réaction en quelques phrases.

    1. *« L'épouvantable bête ! » s'écria-t-il... C'était un calmar de dimensions colossales... au brun rougeâtre.* (lignes 31-52)

    2. *« En effet... et nous allons les combattre corps à corps. »* (lignes 85-86)

    3. *Quelle scène ! Le malheureux, saisi par le tentacule... C'était horrible.* (lignes 105-117)

2 **a)** Selon vous, pourquoi les gens qui vivaient à l'époque de Jules Verne en savaient-ils si peu à propos des céphalopodes (poulpes et calmars) ?

b) D'après le texte du recueil intitulé *Le Kraken sort des abysses*, sur quels points Jules Verne avait-il tort ou raison ?

    r   p. 110-112

3 On assiste dans l'extrait à un combat contre les poulpes.

a) Selon vous, les poulpes avaient-ils raison d'attaquer le *Nautilus* ? Pourquoi ?

b) Au nom de la science, l'être humain peut-il envahir l'environnement des autres êtres vivants ? Jusqu'où peut-il se permettre d'aller ?

c) Quelles règles devrait se donner l'être humain pour satisfaire ses besoins tout en respectant le milieu marin ?

4 Au début de l'extrait, Jules Verne précise que le *Nautilus* se trouvait à une hauteur de quinze cents mètres. À quelle profondeur les sous-marins d'aujourd'hui, le bathyscaphe par exemple, peuvent-ils descendre ? Consultez une encyclopédie ou Internet pour constater à quel point la réalité a dépassé la fiction du XIXe siècle !

Sindbad le marin est un conte merveilleux qui présente les aventures extraordinaires d'un commerçant arabe voyageant sur des mers inconnues. L'extrait qu'on présente dans le recueil évoque les légendaires cimetières d'éléphants. Cette histoire explique de façon fantaisiste un des phénomènes les plus intrigants du monde des pachydermes.

Schéhérazade

L'ouvrage *Les Mille et une nuits* regroupe une série de contes narrés par le personnage principal de l'histoire, Schéhérazade. Cette jeune femme a épousé le Calife Shahryar, un homme terrible qui s'est juré de tuer toutes ses épouses au lendemain de la nuit de noces pour éviter d'être trompé par elles. Ingénieuse, Schéhérazade parvient à sauver sa vie en racontant chaque soir une histoire dont le Calife ne pourra connaître la fin que le lendemain. Elle raconte ainsi, pendant mille et une nuits, les mille et un récits qui sont rassemblés dans le livre. Ébloui par tant d'intelligence, le Calife accepte finalement de lui laisser la vie sauve.

Ce recueil merveilleux est un récit « à tiroirs », c'est-à-dire qu'on y raconte plusieurs histoires à l'intérieur d'autres histoires. Tous les contes sont inclus dans l'histoire de Schéhérazade, mais ses personnages racontent eux aussi des histoires dans lesquelles d'autres personnages racontent des histoires. Cette construction compliquée permet à Schéhérazade d'étirer le récit à l'infini pour tenir le Calife en haleine !

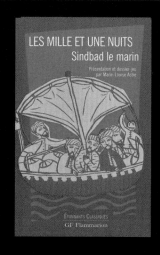

SINDBAD LE MARIN

Avec *Aladin et la lampe magique* et *Ali Baba et les quarante voleurs*, *Sindbad le marin* est un des contes les plus connus des *Mille et une nuits*. Les récits fabuleux qu'on y trouve, peuplés d'animaux exotiques et de créatures imaginaires, racontent l'histoire d'un aventurier qui ne peut rester en place. Malgré tous les malheurs occasionnés par sa curiosité, Sindbad se lance sans cesse dans des voyages qui lui font vivre des aventures rocambolesques, rencontrer mille périls mais aussi faire fortune. L'extrait que vous lirez fait partie de son septième et dernier voyage.

شهرزاد

Schéhérazade

L'ouvrage *Les Mille et une nuits* est considéré comme une œuvre littéraire arabe. Pourtant, les contes qu'il contient viendraient de l'Inde et se seraient transmis par la tradition orale à la Perse (Iran actuel) avant d'être repris par les Arabes. On y trouve également des récits provenant de la mythologie grecque. Cette longue évolution montre bien comment les mythes et les légendes ont pu se transmettre d'une civilisation à l'autre tout en s'enrichissant. Puisque ces récits n'étaient pas écrits, les conteurs devaient avoir une excellente mémoire, mais ils avaient aussi la liberté de les adapter à leur public. Ainsi, chacune des cultures qui a adopté *Les mille et une nuits* au cours de son histoire y a ajouté son grain de sel.

La genèse des *Mille et une nuits*

Manuscrit arabe datant du XIVe siècle.

Le sultan, Schéhérazade et Dinarzade (illustration du peintre oriental Léon Carré).

XVIIIe siècle – *Les mille et une nuits* sont adaptés à la culture européenne par le traducteur Antoine Galland.

Certains récits de l'*Iliade* et de l'*Odyssée*, datant de 900 av. J.-C., sont intégrés aux *Mille et une nuits*.

VIIIe siècle – Le récit est adopté dans le Califat de Bagdad, où on lui donne sa forme définitive.

Le récit est adopté par les Perses : premières versions écrites.

Europe

Grèce

Perse

Bagdad

IIIe siècle – Les premiers contes s'élaborent en Inde (*Les mille contes*).

Égypte

Inde

XIe-XIIe siècles – Les conteurs égyptiens enrichissent le manuscrit en y ajoutant d'autres contes merveilleux et une touche d'humour.

Haroun al-Rachid, calife à Bagdad, fut le héros de plusieurs contes des *Mille et une nuits*.

Les mille et une nuits

- Que connaissiez-vous déjà des célèbres contes des *Mille et une nuits* (personnages, récits, etc.)?
- Avez-vous déjà vu un véritable éléphant? Que vous inspire ce gigantesque animal?

Lire et comprendre le texte p. 99-102

Dans l'extrait de *Sindbad le marin* qu'on vous propose dans le recueil, Sindbad se retrouve entre les mains d'un riche marchand de Bagdad. À la lecture de ce texte, portez attention aux points ci-dessous en vous laissant guider par les questions.

A L'univers narratif

B Le schéma narratif

C Les rôles des personnages (schéma actantiel)

D Le vocabulaire

E L'insertion de séquences d'autres types dans le récit

1. **A** Sur quels faits réels cette histoire s'appuie-t-elle? Avant de répondre, consultez le texte du recueil intitulé *Où se trouve le cimetière des éléphants?*

    p. 103-105

2. **A** Le narrateur de l'histoire de Sindbad s'adresse à deux reprises directement aux personnes qui lisent son récit. Notez ces passages assez typiques des vieux contes.

3. **B** **a)** Esquissez le schéma narratif de l'histoire de Sindbad.

   b) Amusez-vous à raconter cette histoire à rebours, en commençant par la fin. Vous pourrez ainsi mesurer votre maîtrise du texte. Pour réussir cette tâche difficile, ayez en tête le schéma narratif que vous venez d'esquisser.

4. **C** Dans un récit, les personnages jouent souvent plus d'un rôle. Déterminez les rôles du riche marchand et de l'éléphant qui capture Sindbad, et justifiez ces réponses.

5. **D** Cette histoire, comme toutes celles des *Mille et une nuits*, a été traduite il y a très longtemps. Bien que le vocabulaire soit simple, certaines expressions donnent un air vieillot à la narration. Cela est particulièrement vrai dans le cas des verbes suivants:

   - … il me *régala* d'un bon repas… (ligne 31)
   - … *loua* mon adresse… (ligne 31)
   - … et l'*environnèrent* tous… (ligne 43)
   - *Concevez*, s'il est possible… (ligne 53)
   - … afin que je *cessasse*… (ligne 59)

   Récrivez ces extraits en remplaçant le verbe en couleur par un synonyme. Assurez-vous de bien conjuguer le verbe.

6. **E** Plusieurs explications sont données dans le texte. Rédigez une question en *pourquoi* qui permettrait de proposer chacune des quatre réponses suivantes.

   A. Parce que le marchand considère maintenant Sindbad comme un homme libre.

   B. Parce qu'il voulait montrer à Sindbad comment obtenir de l'ivoire sans avoir à tuer ses frères.

C. Parce que dorénavant, il n'aura plus à sacrifier d'esclaves pour obtenir de l'ivoire.

D. Parce que quelqu'un a fini par leur dévoiler le secret.

7. **E** Le texte comporte une courte description d'un lieu qui est très important dans cette histoire. Quel est ce lieu ?

8. **E** Les rapports entre Sindbad et son patron changent au cours du récit. On peut percevoir cette évolution dans les séquences dialoguées, à partir de la ligne 65. Décrivez ce qui a changé dans les paroles du maître.

9. **E** Et si l'éléphant parlait… En tenant compte de l'histoire, rédigez une séquence dialoguée qui fait parler un éléphant. Précisez à quel endroit vous inséreriez cette séquence.

Approfondir le texte

1 Évaluez la durée de l'histoire de Sindbad en vous appuyant sur les indices de temps donnés dans le texte.

2 À quoi attribuez-vous le succès de Sindbad : à la ruse, à la chance, à la force ou à la volonté d'une force supérieure ? Justifiez votre réponse.

3 **a)** À votre avis, pourquoi Sindbad utilise-t-il le pronom « nous » dans le premier paragraphe ?

b) Pourquoi abandonne-t-il ce pronom dès le troisième paragraphe, au profit du « je » ? Présentez votre réponse sous la forme d'une hypothèse.

Réagir au texte

1 **a)** Dans cette très vieille histoire, on décrit deux pratiques qui sont aujourd'hui interdites et contraires à la morale. Quelles sont ces pratiques ?

b) Croyez-vous que ces deux pratiques existent encore aujourd'hui ? Si oui, sur quels renseignements vous basez-vous pour l'affirmer ?

2 Quelle leçon ou morale pourrait-on tirer aujourd'hui de cette histoire ?

3 Quelle image de l'éléphant donne-t-on dans le texte ? À votre avis, cette image est-elle conforme à la réalité ? Justifiez votre réponse.

4 Après avoir lu le texte du recueil intitulé *Où se trouve le cimetière des éléphants ?*, diriez-vous que l'aventure de Sindbad semble basée sur la réalité ou qu'elle relève plutôt du merveilleux ? Justifiez votre réponse.

r p. 103-105

Vous venez de lire un extrait des œuvres suivantes :

manuel, p. 60-62

manuel, p. 68-72

r p. 99-102

1 Que pensez-vous de ces trois textes ? Mettez vos impressions en commun en les situant simultanément, du point de vue de chacun des six aspects suivants, sur une échelle de 1 à 5.

−					+
1	2	3	4	5	

Évaluez :

a) le réalisme de l'histoire
Attribuez 5 à l'histoire qui vous semble la plus vraie.

b) l'intérêt de l'intrigue
Attribuez 5 à l'extrait que vous trouvez le plus captivant.

c) la force des personnages
Attribuez 5 à l'histoire dont les personnages vous semblent les plus héroïques.

d) la complexité du vocabulaire
Attribuez 5 au texte dont le vocabulaire vous paraît le plus difficile à comprendre.

e) la qualité des descriptions
Attribuez 5 à l'extrait dont les descriptions vous semblent les plus détaillées.

f) l'accessibilité du texte
Attribuez 5 à l'extrait que vous jugez le mieux adapté au lecteur ou à la lectrice que vous êtes.

2 Une fois les comparaisons faites, sélectionnez l'extrait qui vous donne le plus envie de lire l'œuvre en entier. Justifiez votre choix en quatre ou cinq lignes.

▶ À vous de jouer

Il était une fois...

L'aspect d'un animal ou d'une plante vous intrigue ? L'origine d'un phénomène naturel vous fascine ? Voici l'occasion de puiser dans votre imaginaire pour expliquer un aspect particulier de la nature, tout comme le faisaient les premiers humains face à l'incompréhensible. Cette explication, exempte de tout fondement scientifique, vous la développerez à l'intérieur d'un conte explicatif.

Quels seront les personnages de votre histoire ? Seront-ils humains, animaux ou s'agira-t-il d'objets ? Quelles aventures extraordinaires vivront-ils ? C'est ce que vous aurez à déterminer.

Et puisque les contes sont destinés à être écoutés, vous organiserez un événement autour de la lecture de ces contes. Vous pourriez réserver du temps de classe pour écouter les contes ou, pourquoi pas, décider de faire connaître vos histoires fantaisistes à des élèves du primaire. Pour vous préparer à cet événement et faire la meilleure lecture possible de votre conte, vous n'aurez qu'à suivre le petit « entraînement » prévu dans la démarche proposée.

◼ | Outils complémentaires

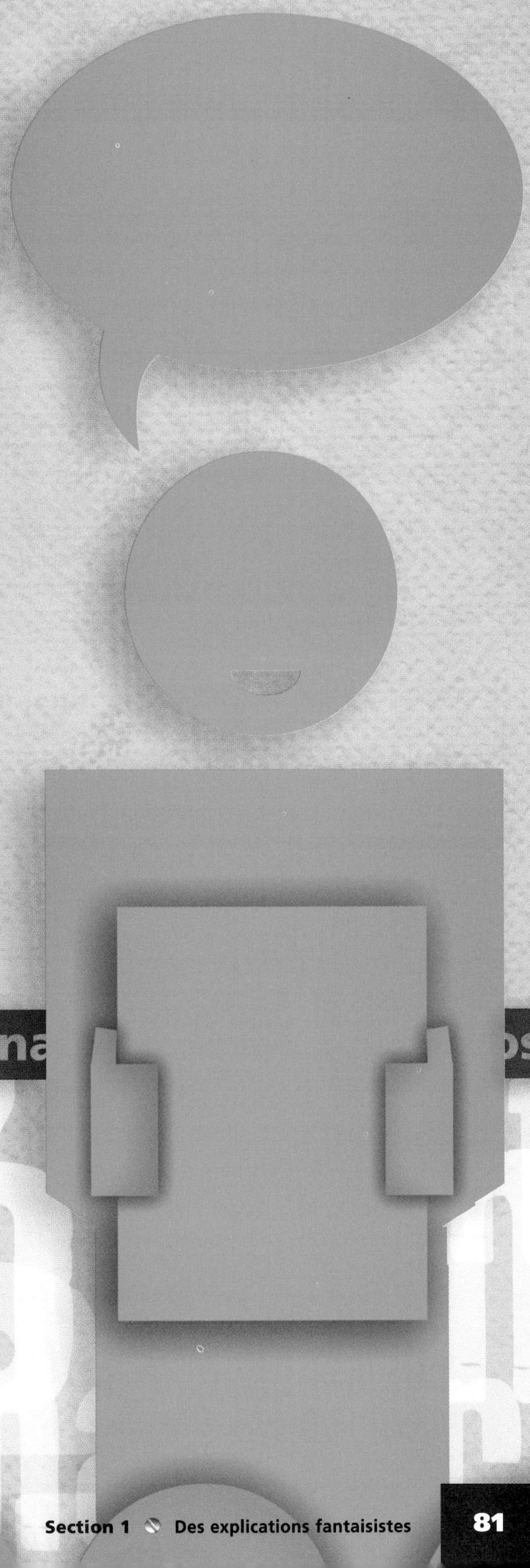

Avant de vous lancer dans la création, identifiez les **particularités du conte explicatif**. Justifiez les affirmations A, B et C à l'aide des contes explicatifs suivants, présentés dans le recueil, et de *Histoire de la baleine et de son gosier*, pages 60-62.

Mwüpüma et Mwüpüp'à, p. 76
L'ours blanc, p. 106-107

A. Les contes explicatifs répondent de façon fantaisiste à un *pourquoi* ou à un *comment* portant sur la nature (ses splendeurs, ses forces, ses mystères et bizarreries…).

B. Les contes explicatifs commencent générale-ment par une formule qui situe l'histoire dans un passé lointain, voire aux origines du monde.

C. Dans les contes explicatifs, il n'est pas rare que la situation finale soit introduite par une formule comme *Et c'est depuis ce temps que…*

1 Pour écrire votre propre conte explicatif, trouvez d'abord la **question** à laquelle votre histoire répondra.

• Amusez-vous à dresser une liste de questions qui commencent par *pourquoi* ou par *comment* et qui portent sur l'origine :

  – des phénomènes en lien avec l'eau, la terre, l'air ou le feu (ex. : *Comment le rocher Percé a-t-il acquis son trou ? Pourquoi certaines montagnes crachent-elles du feu ?*) ;

  – des traits distinctifs des êtres vivants (ex. : *Comment les crabes en sont-ils venus à marcher sur le côté ?*) ;

  – des curiosités du monde végétal (ex. : *Pourquoi les roses ont-elles des épines ?*) ;

  – des phénomènes célestes (ex. : *Pourquoi les étoiles disparaissent-elles le jour ?*).

• Parmi les questions de votre liste, retenez-en une qui vous inspire une explication fantaisiste.

2 Imaginez l'**explication** que vous développerez, puis esquissez-la en complétant la phrase suivante :

Si aujourd'hui…, c'est parce que…

Voici un exemple à partir de l'*Histoire de la baleine et de son gosier* :

Si aujourd'hui la baleine ne mange que de minuscules poissons, c'est parce que, il y a très longtemps, elle s'est retrouvée avec le radeau d'un matelot pris dans le gosier.

3 Faites le **plan** de votre histoire en vous inspirant des questions du tableau.

AVANT Une réalité existait sous une forme que nous ne lui connaissons pas.	Situation initiale	• Au début, quelle sera la situation d'équilibre? • Qui seront vos personnages? • Où et quand se situera l'histoire?
PENDANT Des actions ou des événements transforment cette réalité...	Élément déclencheur	• Qu'est-ce qui viendra perturber l'équilibre et déclencher les actions (problème à résoudre, besoin à combler, projet à réaliser...)?
	Déroulement des actions	• Quelles sont les principales aventures que vivront vos personnages?
	Dénouement	• Qu'est-ce qui viendra mettre un terme à ces aventures?
APRÈS La réalité apparaît telle que nous la connaissons aujourd'hui.	Situation finale	• À la fin, quelle sera la situation d'équilibre?

Le schéma narratif, p. 237
Le schéma actantiel, p. 238

4 Ciblez au moins un thème lié à votre histoire (lieu, personnages, actions...) et construisez une **banque de mots** sur ce thème. La création de ce champ lexical facilitera l'écriture de votre conte.

Planifier | **Rédiger son texte** | Réviser | Présenter

5 Mettez votre plan en mots! Voici quelques conseils pour vous aider à le faire.

Temps verbal principal	• Choisissez un temps qui convient pour un conte. **2.3**
Univers et organisation	• Situez votre histoire dans un passé lointain à l'aide d'une formule comme celles qu'on trouve dans les contes explicatifs (ex.: *Il y a bien longtemps, à l'époque de la création...*). • Pour introduire le déclencheur, servez-vous d'un marqueur comme *Un jour, Or voilà que...* • Liez les actions ou les événements importants à l'aide, selon le cas: - de marqueurs de temps ou de lieu (ex.: ***Mais à peine** eut-elle dit... que...*); - de mots qui marquent un rapport logique, comme la cause et la conséquence (ex.: ***Aussi**, la Baleine se mit-elle à nager...*). • Présentez l'événement qui viendra mettre un terme au développement. • Amenez la situation finale à l'aide d'une formule typique comme celles qu'on rencontre fréquemment dans les contes explicatifs (ex.: *Voilà pourquoi aujourd'hui...*).

Écrire un texte littéraire, p. 298

6 Trouvez un **titre** à votre conte. Ce titre pourrait être votre question, tout simplement (ex.: *Pourquoi la baleine se nourrit-elle de poissons minuscules?*).

Suivez **le guide**

2.3

Le temps verbal principal d'un conte et les temps d'accompagnement

Dans un conte, le temps verbal principal est presque toujours le passé simple. Ce temps du passé contribue à faire paraître l'histoire comme ancienne.

■ Lisez le conte *Mwüpüma et Mwüpüp'à* (p. 76), et illustrez chacun des énoncés suivants par un extrait de ce texte.

1. Le temps verbal principal du texte est celui qui fait avancer le récit : dans la narration, il sert à raconter le déroulement d'actions qui ont lieu à un moment précis.

2. L'imparfait de l'indicatif accompagne le passé simple pour décrire les réalités dont on parle (lieux, personnages, sentiments, etc.) et pour raconter les actions qui durent dans le temps.

3. Le plus-que-parfait est utilisé pour marquer les retours en arrière.

 Les systèmes des temps verbaux dans le texte, p. 248

■ Activités complémentaires

Planifier | **Rédiger** | **Réviser son texte** | **Présenter**

7 En vue d'améliorer votre conte, soumettez-le à la **critique**.

a) Groupez-vous par deux et faites une lecture de vos contes à haute voix. Échangez ensuite sur vos textes au sujet des aspects suivants.

Contenu	• L'histoire apporte-t-elle une explication inventive à une question en *pourquoi* ou en *comment* portant sur la nature ?
Organisation	• Le conte comprend-il les composantes essentielles du schéma narratif ? • Les rôles des personnages sont-ils clairement établis ? • Le temps verbal principal du texte convient-il à l'univers du conte ?
Vocabulaire	• Le vocabulaire est-il riche et varié, en particulier les champs lexicaux liés aux thèmes importants de l'histoire ?
Temps des verbes	• Le temps verbal principal du texte convient-il pour un conte ? • Les temps d'accompagnement sont-ils bien employés ? **2.3**

b) Procédez à l'**amélioration** de votre texte en tenant compte des commentaires que vous venez de recevoir.

8 Vérifiez l'**organisation** de votre texte. Assurez-vous qu'il comporte au moins trois paragraphes : la situation initiale, le développement, la situation finale. Voyez ensuite quelles autres parties de votre récit pourraient former des paragraphes, par exemple chacune des aventures présentées dans le développement.

 Les marques d'organisation du texte, p. 251

Suivez **le guide** 2.4

La formation du passé simple

Le passé simple est employé presque uniquement à l'écrit, dans les textes littéraires ou historiques. Il est parfois malmené par des scripteurs qui l'utilisent rarement.

■ Voici quelques erreurs courantes qu'on peut éviter en connaissant la formation du passé simple et en consultant un ouvrage de référence (surtout pour les cas particuliers). Corrigez ces erreurs.

1. Erreurs de terminaison
   je chanta, tu couras, il réponda, ils rièrent, elles ouvrèrent, il fît, nous finimes

2. Erreurs de radical
   il se découraga, elles apercurent, on éteindit

3. Erreurs de radical et de terminaison
   je recevis, elle prena, il buva

 La conjugaison, p. 288   Activités complémentaires

---

9 Faites une dernière **révision** de votre texte en portant une attention particulière au passé simple. **2.4**

 Réviser son texte, p. 302

Planifier | Rédiger | Réviser | **Présenter son texte**

10 Préparez-vous à faire une **lecture expressive** de votre texte devant le groupe. Voici un entraînement qui vous aidera à rendre votre prestation plus intéressante.

Lisez votre texte quelques fois à voix haute en portant attention aux aspects suivants.

Niveau sonore de la voix	• Testez la portée de votre voix : tout l'auditoire doit vous entendre.
Intonations	• À la façon des conteurs professionnels, variez les inflexions de votre voix. Lisez avec emphase. • S'il y a des dialogues, donnez vie à vos personnages en attribuant une intonation particulière à chacun.
Vitesse de lecture	• Maintenez un bon rythme de lecture : ni trop lent, ni trop rapide. • Annotez votre texte pour marquer les pauses à faire.
Articulation des mots	• Le narrateur de votre histoire est en quelque sorte un personnage. Prêtez-lui une belle diction ! • Annotez votre texte pour marquer les liaisons à faire ou à éviter (ex. : Tant et si bien que…).

11 Ce sera bientôt « l'heure du conte » ! Décidez ensemble du **contexte** dans lequel vous raconterez vos histoires.

- Choisissez un lieu (dans la classe, ailleurs dans l'école ou encore à l'extérieur...).
- Déterminez l'organisation de ce lieu (par exemple, la disposition des bureaux de la classe).

🏃Retour

S'il y a une situation où il faut faire preuve d'imagination, c'est bien au moment d'écrire un conte ! Réfléchissez à votre habileté à faire appel à votre imaginaire pour inventer une histoire...

- À laquelle des situations suivantes vous identifiez-vous le plus ?

  A. Quand je dois inventer une histoire, on dirait que mon imagination est endormie !

  B. L'angoisse de la page blanche, j'ignore ce que c'est. Quand j'écris une histoire, mon imagination s'emballe !

  C. Je mets souvent du temps à trouver des idées pour inventer une histoire, mais une fois en train, je prends plaisir à la rendre toujours plus originale et intéressante.

- Parmi les façons de procéder suivantes, laquelle ou lesquelles utilisez-vous avec succès ou pourriez-vous utiliser afin de stimuler votre imaginaire pour inventer une histoire ?

  ✓ Je lis des textes pour m'en inspirer.

  ✓ Je jette sur papier tout ce qui me vient à l'esprit, sans me censurer.

  ✓ J'observe des images susceptibles de créer dans mon esprit des associations d'idées.

  ✓ J'aborde le texte comme un jeu en me donnant des contraintes farfelues, comme une liste de mots choisis au hasard à utiliser obligatoirement dans le texte.

  ✓ J'invente une histoire spontanément à l'oral pour la retravailler à l'écrit par la suite.

- Connaissez-vous d'autres façons de délier l'imagination ?

Les histoires des tout débuts

D'un peuple à l'autre et d'une religion à l'autre, les croyances varient beaucoup sur la question des origines de la vie. Plusieurs mythes maoris, hindous, tibétains, hurons, inuits et d'autres cultures en témoignent. Renseignez-vous au sujet d'un de ces mythes en fouillant dans les livres et Internet. Interrogez aussi une personne de cette culture, si vous le pouvez. Présentez ensuite le résultat de votre recherche sur une affiche et partagez ces nouvelles connaissances avec les autres.

Conte en scène

Faites la mise en scène d'un conte explicatif qui met en action plusieurs personnages. Modifiez le récit de manière à le rendre plus théâtral, en y insérant des dialogues, notamment. Vous pouvez jouer vous-même les personnages ou encore présenter l'histoire avec des marionnettes. Organisez quelques répétitions pour peaufiner le résultat. Si l'œuvre est réussie, présentez-la à un groupe d'enfants.

Autres textes à explorer

Lisez les trois contes explicatifs suivants du recueil.

r | *Comment Singbonga créa le monde*, p. 70-73
Pourquoi les conifères restent toujours verts, p. 93-95
L'ours blanc, p. 106-107

Quelle explication, à votre avis, est la plus farfelue ? Pourquoi ?

 | Activités d'approfondissement

SECTI⬢N 2

◉ Des explications scientifiques ◉

Nous avons retenu pour cette section trois textes de vulgarisation scientifique traitant de phénomènes aussi fascinants que complexes : l'activité des geysers, le processus d'enlisement dans les sables mouvants et la formation des grottes. En parcourant ces textes, vous découvrirez la façon d'articuler une explication et certains des petits trucs qu'utilisent les vulgarisateurs pour se faire comprendre.

Ce sera ensuite à vous d'expliquer le plus clairement possible une manifestation de la nature qui vous intrigue. Parmi les questions qui vous viendront à l'esprit, vous en retiendrez une que vous éluciderez grâce à la consultation de données scientifiques. Le défi consistera à vulgariser ces données.

Pour prolonger cette exploration de l'univers scientifique, vous pourrez exploiter les activités proposées à la fin de la section. Et n'oubliez pas l'atelier de grammaire : les habiletés qu'il vous permettra de développer sont de première utilité dans la compréhension et l'écriture de textes explicatifs !

(?)

Une personne qui s'intéresse aux questions environnementales doit-elle posséder un bon bagage scientifique, à votre avis ?

Plan

En quoi cette photographie a-t-elle modifié l'idée que les humains se faisaient de leur planète ?

Cette image est l'une des premières photographies de la Terre vue de la Lune. Elle a été prise en 1969 par l'équipage du vaisseau spatial américain *Apollo XI*.

⬡ Explorer

Vous cherchez à savoir pourquoi la Terre présente une telle diversité de merveilles ? Beaucoup de personnes se posent ce genre de question et nombre de chercheurs tentent d'y apporter des réponses. Les textes que nous vous proposons dans les pages suivantes présentent trois phénomènes aussi fascinants que complexes : les **geysers**, les **sables mouvants** et les **grottes souterraines**. Ils vous aideront à comprendre pourquoi ces réalités existent.

Dès l'Antiquité, chez les Mésopotamiens, les Égyptiens, les Grecs et les Romains, certains savants avaient commencé à critiquer les mythes et à formuler des explications scientifiques. Celles-ci visaient à comprendre les phénomènes de la nature en reliant les causes aux effets, grâce à l'observation, au raisonnement et au calcul mathématique.

Ce n'est que très difficilement, et non sans susciter des résistances, que l'approche scientifique a pu s'imposer comme mode d'explication privilégié des faits de la nature. Les premiers médecins qui ont disséqué des cadavres humains pour étudier l'anatomie ont été critiqués par les lettrés : comment pouvaient-ils oser contredire les écrits d'Aristote et d'Hippocrate ? Les théories de Copernic et de Galilée, qui affirmaient que la Terre tourne autour du Soleil et non l'inverse, ont été condamnées par l'Église.

De tout temps, la critique des mythes par la science a été un combat ardu. Il en est ainsi parce que la science démystifie, elle détruit les démons et la magie, elle désenchante le monde et cela est toujours difficile à accepter. Pourtant, lorsqu'on a fait son deuil des histoires fantastiques et de la magie, les réalités du monde telles que nous les présente la science se révèlent tout aussi fascinantes.

Des découvertes qui ont changé le monde

1530	Nicolas Copernic affirme que la Terre tourne autour du Soleil.
1609	Galilée fabrique le premier télescope. Il découvre les anneaux de Saturne et vérifie les théories de Copernic.
1628	William Harvey décrit la circulation sanguine.
1687	Newton énonce la loi de l'attraction des corps célestes.
1787	Antoine Laurent de Lavoisier découvre les corps chimiques simples.
1859	Charles Darwin publie la théorie de l'évolution par la sélection naturelle.
1865	Gregor Mendel découvre les premières lois de la génétique.
1885	Louis Pasteur met au point le vaccin contre la rage.
1915	Alfred Wegener énonce la théorie de la dérive des continents.
1919	Albert Einstein publie la théorie de la relativité généralisée.

Télescope de Galilée (1610).

Newton (1642-1727).

Copernic (1473-1543).

Pasteur (1822-1895).

Selon vous, quelles réponses pourrait-on donner aux questions suivantes :

- Pourquoi y a-t-il beaucoup de geysers dans certains pays et aucun ailleurs ?
- Pourquoi est-il si difficile de se sortir des sables mouvants ?
- Comment se forme une grotte ?

Lire et comprendre les textes

Pour mieux comprendre certains phénomènes de la nature, lisez les articles qui traitent des geysers, des sables mouvants et des grottes souterraines. Au cours de cette lecture, portez attention aux points ci-dessous en vous laissant guider par les questions présentées en marge.

A La structure du texte explicatif

B Les relations de causalité entre les éléments d'information

C Les mots servant à exprimer des relations logiques

D Les procédés explicatifs

Texte 1

LES GEYSERS
Quand la Terre crache de l'eau

Phénomènes spectaculaires, les geysers sont de véritables volcans d'eau qui projettent, de façon continue ou intermittente, d'immenses jets de vapeur et d'eau très chaude. La plupart des geysers sont situés dans des régions volcaniques où le magma est relativement proche de
5 la surface terrestre. On les trouve notamment en Islande, d'où provient le mot *geyser* (signifiant « gerbe jaillissante »), en Nouvelle-Zélande et aux États-Unis, dans le célèbre parc de Yellowstone, qui en compte à lui seul plus de 250.

La formation des geysers

Trois conditions sont nécessaires à la formation des geysers : la
10 présence d'un circuit souterrain où l'eau qui s'infiltre dans le sol peut circuler puis remonter à la surface ; un réservoir, où cette eau peut s'accumuler ; et la proximité d'une poche de magma (roche en fusion) qui réchauffe l'eau emprisonnée.

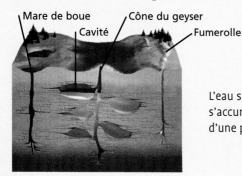

L'eau s'infiltre d'abord dans le sol et s'accumule dans des cavités, à proximité d'une poche de magma.

1. **A** Que fait-on dans l'introduction : on décrit les geysers ou on explique le phénomène ? Quels renseignements sur les geysers présente-t-on ?

2. **B** Pourquoi y a-t-il des geysers à certains endroits seulement du globe ?

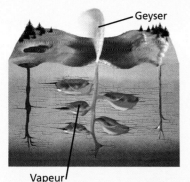

Geyser

Vapeur

Ainsi chauffée, l'eau se transforme peu à peu en vapeur. La pression s'accroît et propulse vers la surface un puissant jet d'eau et de vapeur.

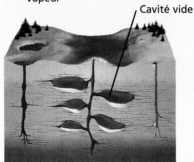

Cavité vide

La durée du phénomène varie de quelques minutes à quelques heures. Le jet d'eau s'affaisse lorsque la cavité ne contient plus d'eau ni de vapeur.

En somme, s'il y a peu de geysers sur Terre, c'est principalement parce qu'ils
15 *supposent la réunion plutôt rare de composantes géologiques très particulières. Si les trois conditions sont remplies – à savoir une infiltration d'eau considérable dans le sol, un réservoir souterrain important, la proximité d'une poche de magma –, il est plus que probable que le phénomène se produise. Mais encore faut-il que les conduits naturels soient étroits et extrêmement*
20 *résistants. Si ces conduits souterrains s'effritent avec le temps, les geysers se transforment alors en sources géothermiques, ce qui est beaucoup moins spectaculaire.*

D'après *Guides de la connaissance – Comprendre la Terre*,
© Les Éditions Québec Amérique inc., 2001. Tous droits réservés.

3. **C** Quel mot de la légende sert à exprimer une conséquence ?

4. **D** À quoi servent les schémas dans la présentation ?

5. **A** Quels renseignements reprend-on dans la conclusion ? Quelle information est nouvelle ?

6. **D** Pourquoi a-t-on choisi de présenter aussi un exemple de geyser avec cette photo ?

Le **Old Faithful** (le Vieux Fidèle) est parmi les plus célèbres geysers du monde. Situé dans le parc de Yellowstone, ce geyser fait preuve d'une surprenante régularité : depuis 1870, il projette des milliers de litres d'eau toutes les 50 à 100 minutes, durant environ quatre minutes.

LES SABLES MOUVANTS

C'est une scène d'horreur comme Hollywood en raffole. Imaginez un homme, seul, marchant à marée basse sur du sable mouillé. Brusquement, son pied droit s'enfonce de quelques centimètres. Pas de quoi paniquer. Il tire fort sur sa jambe et se dégage. Mais son pied
5 gauche s'enfonce à son tour jusqu'à la cheville. Notre homme commence à s'énerver. Han! Il tire de toutes ses forces pour s'extirper du sol. En vain. Le sable est de plus en plus gluant, comme s'il se gorgeait d'eau. L'homme s'enfonce inexorablement. Jusqu'aux genoux. Jusqu'aux cuisses. Jusqu'à la poitrine. Il veut crier, mais il ne peut plus gonfler ses
10 poumons, écrasés par l'étau de sable et d'eau. De toute façon, sa bouche vient de disparaître à son tour, suivie de son nez, puis de ses yeux. Il a sombré. Les sables mouvants se referment sur lui en silence...

Comment le piège se referme

Stop! Arrêt sur image. Ce qui vient de se passer là est vraiment du cinéma, et rien que du cinéma. Une équipe de chercheurs hollandais vient de
15 démontrer que, dans la réalité, notre homme connaîtrait un destin moins funeste. Pour cela, les scientifiques ont recréé en laboratoire d'authentiques sables mouvants. Ils ont ensuite observé comment le piège se mettait en place, et comment il se refermait. Avec des résultats surprenants, vous allez voir. Ces fameux sables sont un mélange de
20 sable et d'argile gorgée d'eau. Les grains de sable sont agglomérés par l'argile humide, qui agit comme un ciment très léger. Cette argile forme une sorte de gel mi-solide mi-liquide, qui a plus ou moins la consistance d'un yaourt.

Enseveli jusqu'à la taille...

Rejouons maintenant la scène d'horreur du début et observons ce qui
25 arriverait réellement à notre quidam se promenant, toujours seul, à marée basse. Il pénètre dans la zone de sables mouvants... En marchant, il exerce une pression sur le sable. Cette force suffit à briser l'empilement fragile des grains stabilisés par l'argile. Et tout s'effondre comme un château de cartes. Comment ça se passe dans le détail? Au
30 sein de l'argile, plusieurs forces de nature électrique s'affrontent. Certaines sont répulsives, d'autres attractives. Tant que personne n'a mis le pied sur le sable, les forces répulsives l'emportent. Les sables mouvants sont «aérés»: il existe beaucoup d'espace entre les particules de sable. Mais la pression exercée par le pied chamboule tout. Le
35 fragile empilement est écrasé au sommet, et c'est une réaction en chaîne qui s'amorce. Les forces attractives dans l'argile l'emportent, les particules d'argile se collent entre elles et n'assurent plus leur rôle de liant. Les grains, qui ne sont plus tenus, s'effondrent étage après étage et se tassent au fond, tandis que l'eau, plus légère que le sable et
40 l'argile, surnage. Comme dans le film, l'homme a l'impression que tout se liquéfie autour de lui. Et plus il bouge, plus cela devient liquide. Il commence à s'enfoncer. Jusqu'aux genoux. Jusqu'à la taille.

Et, ô surprise, c'est tout! Eh oui, les chercheurs sont formels: impossible qu'il soit totalement englouti. Par quel miracle? Aucun. Il est sauvé

1. **A** Quel objectif l'auteur poursuit-il dans l'introduction?

2. **C** Dans les premières phrases du deuxième paragraphe, quels sont les trois verbes qui résument bien certains des moyens employés par les scientifiques pour expliquer des faits?

3. **D** Comment décrit-on les sables mouvants? À quoi les compare-t-on?

4. **A** Sur le plan de l'organisation du texte, qu'indique la question posée à la ligne 29: qu'on est au début, au milieu ou à la fin de l'explication?

⁴⁵ par la poussée d'Archimède. Rappelez-vous, le bon savant de Syracuse avait déterminé que tout corps plongé dans un fluide reçoit de sa part une poussée verticale, dirigée vers le haut, dont la valeur est égale au poids de fluide déplacé. Ici, le fluide, c'est le mélange eau, argile et sable. Sa densité (son poids par unité de volume) est deux fois plus ⁵⁰ élevée que celle de notre corps. Autrement dit, lorsque l'homme s'enfonce dans les sables mouvants, il subit une poussée vers le haut qui devient vite égale à son poids. Et il flotte! Cela se produit lorsque environ la moitié de notre corps, au pire les deux tiers selon la densité des sables, a sombré.

EAU   ARGILE   SABLE

Dégager un pied du sable revient à soulever une voiture de une tonne!

⁵⁵ Qu'en est-il alors du cinéma et des nombreuses légendes populaires qui ont fait la réputation des sables mouvants? Pure invention? Pas forcément. Les sables mouvants se trouvent souvent près des estuaires, où sable, eau et argile sont réunis. Or, dans les estuaires, il y a des marées. Il est fort possible que des personnes prises par les sables à ⁶⁰ marée basse aient ensuite été recouvertes par la marée montante, et soient mortes noyées. Car une chose est sûre, une fois pris au piège, il est extrêmement difficile d'en sortir seul. Un homme enfoncé jusqu'à la taille qui essaierait de lever un pied devrait réaliser le même effort que pour soulever une voiture de une tonne! Pourquoi est-ce si difficile? ⁶⁵ La partie inférieure du corps est complètement entourée de sable très compact. Pour bouger le pied, il faut mettre en mouvement tous les grains qui le cernent. [...]

En définitive, les sables mouvants sont définis par des conditions naturelles précises: un sol granuleux ou sablonneux aggloméré par de l'argile et entière- ⁷⁰ *ment saturé d'eau. Pourquoi un sable mouvant est-il si dangereux? C'est qu'il présente des apparences vraiment trompeuses: il ressemble à s'y méprendre à de la terre ferme alors qu'une pression relativement faible suffit à provoquer une liquéfaction subite, amenant le corps qui a causé cette pression à s'y enfoncer.*

D'après Fabrice Nicot / *Science & Vie Junior* n° 195, décembre 2005.

5. [B] Qu'est-ce qui est à l'origine du changement dans la structure du sable et qu'est-ce que cette modification entraîne?

6. [B] Pourquoi un être humain ne peut-il pas être complètement englouti dans les sables mouvants?

7. [D] De quelle manière le schéma aide-t-il à mieux comprendre l'explication?

8. [C] Quels mots de ce paragraphe servent à lier les phrases entre elles?

9. [A] Quels éléments du texte, parmi les suivants, sont rappelés dans la conclusion?
A. Une description du phénomène
B. Une présentation des causes du phénomène
C. Une précision concernant la principale conséquence

LES GROTTES
Cathédrales naturelles de la Terre

Les grottes sont des cavités souterraines plus ou moins profondes qui se sont formées au fil du temps de manière naturelle. Leur caractère « spectaculaire » tient essentiellement à trois éléments caractéristiques : une voûte souvent garnie de cristaux de calcite, des « colonnes » formées à même le roc et, à l'oc-
5 *casion, un lac souterrain. À cause de leur voûte et de leurs piliers de calcaire solide, on les compare souvent à des cathédrales. Mais comment de telles grottes se sont-elles formées ?*

Les gouffres et les grottes souterraines résultent de l'érosion, principalement chimique, des roches calcaires. Les reliefs calcaires, appelés
10 karstiques, possèdent la particularité d'être solubles dans l'eau. Lorsque la pluie tombe, l'eau réagit avec le gaz carbonique de l'air pour former de l'acide carbonique. Le calcaire est principalement composé d'un carbonate de calcium, la calcite, qui réagit avec cet acide et se transforme en bicarbonate de calcium soluble dans l'eau. Petit à petit
15 et en fonction de la fréquence et de l'intensité des pluies, la roche calcaire se dissout. Les eaux de ruissellement très riches en acide pénètrent dans ses fissures, qui s'agrandissent par dissolution du calcaire et par éclatement de la roche en raison de l'augmentation de la pression. Lorsque ce processus dure plusieurs millions d'années, il
20 se forme des gouffres (celui de Salzburg, en Autriche, atteint la profondeur record de 1 632 m) ou des avens ainsi que des grottes souterraines. La plus grande caverne du monde, située à Sarawak (Malaisie), mesure 700 m de long, 70 m de haut et 300 m de large !

L'écoulement très lent, en goutte à goutte, de l'eau riche en calcaire
25 qui s'infiltre doucement dans les roches, crée les stalactites et les stalagmites. Lorsque la goutte située au niveau de la voûte de la grotte reste longtemps sur place avant de tomber, le calcaire dissous dans l'eau précipite et se durcit. Petit à petit, une colonne « pendante » se forme : c'est une stalactite. Mais lorsque l'eau tombe et s'écrase sur la
30 roche, une réaction identique a lieu. Dans ce cas, il se forme une colonne « montante » : c'est une stalagmite.

Si les grottes sont des phénomènes difficiles à observer, il ne faut surtout pas penser que ce sont les scientifiques d'aujourd'hui, grâce à leurs techniques avancées, qui les ont découvertes. Dès l'époque de la Préhistoire, les humains
35 *en avaient déjà localisé un certain nombre. Pourquoi en est-on aussi sûrs ? C'est que les hommes préhistoriques ont laissé des traces immortelles sur les parois de certaines grottes, des peintures rupestres qui seraient les premières manifestations de l'art primitif. Il est même possible que les grottes aient servi de temples sacrés à nos plus lointains ancêtres. Nous ne serions donc pas les*
40 *premiers à les considérer comme des cathédrales !*

D'après *La planète Terre*, coll. Portail des sciences, Paris, © Larousse 2002.

1. **A** Quelle relation pouvez-vous établir entre le sous-titre et l'introduction ?

2. **B** Quel est le facteur principal à l'origine de la formation d'une grotte ?

3. **B** Comment reformuleriez-vous dans vos mots les réactions chimiques qui produisent l'érosion ?

4. **C** Dans la phrase *Les eaux de ruissellement... la pression* (lignes 16-19), quels groupes de mots désignent soit une cause, soit une conséquence ?

5. **D** Quels exemples l'auteur propose-t-il pour illustrer son explication ?

6. **B** Quelle différence y a-t-il entre une stalactite et une stalagmite ? Comment ces deux sortes de colonnes se forment-elles ?

7. **A** Quelles explications complémentaires offre cette conclusion ?

Regard sur les textes

A La structure du texte explicatif

Un texte explicatif comprend généralement trois parties distinctes :

- *une introduction*, qui présente le fait ou le phénomène à l'étude soit sous la forme d'une description, soit sous la forme d'un questionnement. Il arrive aussi que la question soit implicite ;

- *un développement*, qui expose l'explication dans le détail tout en précisant les différents éléments, c'est-à-dire les causes et les conséquences liées au phénomène en question ;

- *une conclusion*, qui met en lumière certaines conséquences ou qui présente de l'information complémentaire.

B Les relations de causalité entre les éléments d'information

Toute explication demande d'établir des relations de causalité entre les différents éléments d'information. Ces relations logiques sont de deux types :

- *la cause* établit l'origine ou la source du phénomène, autrement dit les raisons ou les facteurs qui expliquent sa présence ;

- *la conséquence* établit l'effet ou le résultat entraîné par un ou plusieurs éléments.

Un bon moyen de repérer ces causes consiste à insérer mentalement un « parce que » devant la séquence perçue comme une explication (ex. : *Le calcaire se dissout... parce que l'eau parvient à s'infiltrer*, parce que *l'eau réagit avec le gaz carbonique de l'air*, etc.).

C Les mots servant à exprimer des relations logiques

Divers types de mots permettent de révéler les relations de cause à effet. Voici les principaux.

- Conjonctions de subordination
  Cause : *parce que, comme*
  Conséquence : *de sorte que, de telle façon que*

- Conjonctions de coordination
  Cause : *car*
  Conséquence : *alors, donc*

- Prépositions
  Cause : *à cause de, en raison de, par*
  Conséquence : *au point de, de façon à, de manière à*

- Adverbes (organisateurs textuels)
  Conséquence : *par conséquent, donc, ainsi*

- Noms
  Cause : *cause, facteur, condition, origine, source*
  Conséquence : *conséquence, effet, résultat*

- Verbes
  Cause : *causer, provoquer*
  Conséquence : *résulter, dépendre, entraîner*

S'il y a plus d'une cause ou d'une conséquence à présenter, on précise le rapport qui existe entre elles par des mots servant à exprimer le temps comme *d'abord, ensuite, premièrement, dans un premier temps, puis*, etc.

D **Les procédés explicatifs**

Divers procédés explicatifs aident à mieux faire comprendre l'information :

- *une représentation graphique* (*schéma ou dessin*) permet d'illustrer concrètement les principaux éléments ; on y recourt dans le texte sur les geysers ;

- *un exemple* aide à illustrer le propos ; on se sert d'un exemple dans le texte des sables mouvants lorsqu'on décrit, comme au cinéma, une personne en train de se faire engloutir ;

- *une comparaison* avec un phénomène plus connu simplifie l'explication ; le texte sur les sables mouvants en comprend plusieurs (ex. : *l'argile humide agit comme un ciment*) ;

- *une définition* aide à comprendre les termes techniques du texte ; chacun des textes que vous venez de lire comporte des définitions (ex. : *les geysers sont de véritables volcans d'eau qui projettent, de façon continue ou intermittente, d'immenses jets de vapeur et d'eau très chaude*).

L'explication, p. 242
Les marques d'organisation du texte, p. 251

Approfondir les textes

Texte 1 : *Les geysers*

1 **a)** Sur le plan de la structure, quelles sont les trois parties du texte ?

b) Proposez un intertitre (différent de celui de l'auteur) qui résumerait bien le contenu de ces trois parties.

2 Relevez parmi les phrases ci-dessous celles qui énoncent une condition de la formation d'un geyser.

A. Un volcan d'eau projette d'immenses jets de vapeur et d'eau chaude.

B. Beaucoup d'eau s'infiltre par un circuit souterrain.

C. Le phénomène a lieu en Islande, en Nouvelle-Zélande ou aux États-Unis.

D. L'eau peut circuler sous terre et remonter à la surface.

E. La « gerbe jaillissante » est spectaculaire.

F. Le réservoir d'eau se trouve à proximité d'une poche de magma.

G. Lorsque la vapeur d'eau crée une augmentation de la pression, l'eau est propulsée à la surface.

Texte 2 : *Les sables mouvants*

3 Relevez les trois phrases qui résument le mieux l'explication donnée dans le texte.

A. Les sables mouvants constituent un mélange de sable, d'argile et d'eau, dont les principales forces sont répulsives.

B. Une pression sur le sable déclenche les forces attractives de l'argile, ce qui produit un effet d'effondrement permettant à l'eau de remonter à la surface.

C. Sous l'effet de ces forces attractives, les particules d'argile se collent entre elles et perdent leur rôle de liant, ce qui occasionne un processus de liquéfaction à la surface des sables mouvants.

D. Il est impossible d'être englouti complètement par les sables mouvants parce que l'argile est trop lourde.

E. Grâce à la poussée d'Archimède, le corps plongé dans le fluide reçoit une poussée verticale équivalente au poids du fluide déplacé, ce qui l'empêche de s'enfoncer complètement.

4 Dans les phrases suivantes, quels sont les mots qui servent à exprimer une cause ou une conséquence relative aux sables mouvants ? **2.5**

Ex. : *Les grains de sable sont agglomérés par l'argile humide…* (lignes 20-21)
   Cause : par l'argile humide   Conséquence : sont agglomérés

1. *En marchant, il exerce une pression sur le sable… Mais la pression exercée par le pied chamboule tout.* (lignes 26-34)

2. *Pourquoi est-ce si difficile* [de se sortir des sables mouvants] *? La partie inférieure du corps est complètement entourée de sable très compact.* (lignes 64-65)

Suivez le guide **2.5**

La phrase passive pour exprimer une relation de causalité

Les paires de phrases suivantes expriment une relation de causalité (cause-conséquence) de deux façons distinctes.

A. Phrase active :   *À long terme, les pluies acides provoquent la dissolution du calcaire.*
   Phrase passive :   *À long terme, la dissolution du calcaire est provoquée par les pluies acides.*

B. Phrase active :   *En tout temps, le poids du corps exerce une pression sur le sable.*
   Phrase passive :   *En tout temps, une pression sur le sable est exercée par le poids du corps.*

1 Quelles différences remarquez-vous dans la structure de ces phrases ?

2 Transformez les phrases de base suivantes en phrases passives.

1. *Une pression accrue propulse vers la surface un puissant jet d'eau et de vapeur.*

2. *Le pied exerce une pression sur le sable.*

3. *L'écoulement très lent de l'eau riche en calcaire crée les stalactites et les stalagmites.*

ⓘ *La phrase de base*, p. 257
Les formes de phrases, p. 261

 Activités complémentaires

5 Précisez, dans chacun des cas suivants, s'il s'agit d'un exemple, d'une définition ou d'une comparaison.

1. *Ces fameux sables sont un mélange de sable et d'argile gorgée d'eau.* (lignes 19-20)

2. *Rejouons maintenant la scène d'horreur du début et observons ce qui arriverait réellement à notre quidam se promenant, toujours seul, à marée basse. Il pénètre dans la zone de sables mouvants...* (lignes 24-26)

3. *Et tout s'effondre comme un château de cartes.* (lignes 28-29)

4. *Il est sauvé par la poussée d'Archimède. Rappelez-vous, le bon savant de Syracuse avait déterminé que tout corps plongé dans un fluide reçoit de sa part une poussée verticale, dirigée vers le haut, dont la valeur est égale au poids de fluide déplacé.* (lignes 44-48)

5. *Dégager un pied du sable revient à soulever une voiture de une tonne!* (intertitre)

Texte 3 : *Les grottes*

6 Placez en ordre chronologique la série des événements associés à la formation d'une grotte.

A. Réaction de l'acide carbonique avec le calcaire.

B. Formation de l'acide carbonique.

C. Pluie.

D. Érosion chimique des roches calcaires.

E. Réaction de l'eau avec le gaz carbonique.

F. Dissolution du calcaire.

G. Transformation de la calcite en bicarbonate de calcium soluble dans l'eau.

H. Éclatement de la roche calcaire.

I. Augmentation de la pression.

7 L'élément surligné de la phrase sert-il à exprimer une cause ou une conséquence ?

1. *Les gouffres et les grottes souterraines résultent de l'*érosion*…* (ligne 8)

2. *…* la pluie tombe*, l'eau réagit avec le gaz carbonique de l'air…* (ligne 11)

3. *… le calcaire dissous dans l'eau précipite et se durcit. Petit à petit,* une colonne « pendante » se forme : c'est une stalactite*.* (lignes 27-29)

8 Relevez dans le texte un exemple des procédés suivants que l'auteur utilise pour mieux faire comprendre l'explication.

- L'exemple

- La définition

Réagir aux textes

1 **a)** Que saviez-vous déjà à propos des geysers, des sables mouvants et des grottes ?

b) Vous ne connaissiez sans doute pas tous ces phénomènes précisément. Dans un court texte, expliquez l'un d'entre eux, puis soulignez les mots qui expriment la cause et la conséquence.

2 **a)** Un texte explicatif sur un phénomène naturel comme les geysers, les sables mouvants ou les grottes vous paraît-il plus intéressant qu'un conte explicatif sur les mêmes phénomènes ? Pourquoi ?

b) Prenez le temps de lire le conte du recueil intitulé *Un monde à rêver*, puis répondez de nouveau à la question précédente.

 p. 80-83

3 Diriez-vous que *l'eau est une formidable « force » de la nature* ? Justifiez votre point de vue en considérant :

- les textes explicatifs que vous venez de lire ;

- les autres connaissances que vous avez sur l'eau ;

- les avantages et les inconvénients que procure cette ressource naturelle à l'être humain.

Comparer les textes

1 Parmi les trois textes explicatifs que vous venez de lire, lequel vous semble :

a) le plus difficile à comprendre ?

b) le plus clair et le mieux illustré d'exemples, de définitions, etc. ?

Justifiez vos réponses en vous appuyant sur le contenu du texte explicatif, sur le degré de difficulté de certaines phrases et/ou sur le vocabulaire employé.

2 Relisez attentivement le texte qui vous semblait le plus difficile et validez-en votre compréhension en tentant d'élaborer un dessin ou un schéma.

3 Faites un survol des différents textes explicatifs présentés dans la deuxième zone du recueil. Proposez l'un de ces textes à chacun des personnages suivants, en fonction de ses besoins, et indiquez pourquoi vous avez choisi ce texte.

r | Zone 2, p. 62-117

A. Jean est un amateur de science-fiction.

B. Huan prépare un voyage écotouristique à Tadoussac.

C. Patricia s'intéresse à tout ce qui touche l'entomologie.

D. Julie enseigne les sciences à l'école secondaire et veut donner des notions de géologie à ses élèves.

E. Mario veut savoir ce qui cause le brouillard, le matin, quand il prend la route pour se rendre au travail.

F. Vanessa se demande ce que veut dire le mot *chlorophylle*.

] Choisissez dans un manuel de science une ou deux pages offrant des explications sur un phénomène scientifique (biologique, environnemental, physique, chimique, etc.). Relevez dans ces pages :

• les procédés explicatifs ;

• les mots qui expriment la cause ou la conséquence.

À vous de jouer

Tout s'explique !

On a longtemps attribué l'activité des volcans hawaïens aux humeurs de la déesse Pélé mais, grâce aux scientifiques, on connaît aujourd'hui l'origine véritable de ces éruptions volcaniques. Toutefois, l'explication n'est pas nécessairement facile à saisir. Pour être compris par le plus grand nombre, les scientifiques ont dû vulgariser leurs savoirs. Dans le cadre de ce projet, nous vous invitons à faire comme ces scientifiques qui fournissent des explications sur divers phénomènes.

Vous vous renseignerez donc sur un phénomène naturel de votre choix que la science est en mesure d'expliquer. En menant une recherche, vous deviendrez en quelque sorte un ou une spécialiste de ce phénomène. Pour vulgariser vos connaissances, vous rédigerez une explication en recourant à divers procédés et à certains moyens visuels (photo, schéma, etc.). Vous pourriez ensuite présenter le fruit de ce travail dans le cadre d'un salon des sciences. Imaginez la somme des connaissances qui serait mise alors à votre disposition lors d'un tel événement !

 Outils complémentaires

xplication démonstration vulgarisation s

1 Jetez un coup d'œil aux deux planifications suivantes qui portent sur le même thème (les volcans), mais qui abordent le sujet de façon fort différente.

Planification de l'élève 1

DES VOLCANS CÉLÈBRES

Intro : Trois des volcans les plus célèbres
Causes de leur célébrité : indice d'explosivité / fréquence des éruptions / conséquences spectaculaires des éruptions, par ex. celle du Vésuve.

Développement : Particularités des volcans Mona Loa, Pinatubo et Vésuve
• Situation géographique
• éruption la + importante de son histoire (date, dégâts, pertes humaines, répercussions...)
•

Conclusion : Avenir des 3 volcans
Quelques prévisions des volcanologues

À PRÉVOIR
• Mappemonde avec épingles sur les 10 volcans les plus célèbres
• Photo du Mona Loa + légende : Contrairement aux deux autres, le Mona Loa est en éruption continuelle.

Planification de l'élève 2

Les volcans explosifs

Introduction
Bla bla sur les volcans explosifs et effusifs
Conséquences désastreuses des explosions volcaniques (ex. mont Mérapi)
Développement
Processus d'une explosion :
1- Le magma s'accumule dans la chambre magmatique et produit des gaz.
2- Les gaz montent dans la cheminée en entraînant le magma.
3- Le magma s'accumule à la sortie de la cheminée.
4- Cette accumulation crée peu à peu un dôme volcanique.
5- Le dôme fait augmenter l'activité magmatique.
6- Cette activité augmente la quantité de gaz.
7- L'explosion se produit.
Conclusion
Bla bla sur la prévention
Surveillance assurée par les volcanologues
(signes avant-coureurs, instruments de mesure, stations d'observation, etc.)

À prévoir pour présentation
• LEXIQUE (magma, chambre magmatique, cheminée, dôme volcanique, cratère...)
• ILLUSTRATION
Coupe d'un volcan avec nom des parties.

a) D'après ces planifications, quel élève ou quelle élève a l'**intention** de transmettre l'information :

- en décrivant quelque chose ?

- en expliquant quelque chose ?

Justifiez votre réponse dans les deux cas.

b) À quelle question l'élève qui prévoit élaborer une explication souhaite-t-il répondre dans le développement de son texte ?

2 Déterminez le **sujet** de votre présentation, qui a pour but d'expliquer un phénomène naturel.

a) Pensez à un phénomène qui suscite une interrogation chez vous. Ce phénomène peut être en lien avec :

- la terre, l'eau, l'air ou le feu (ex. : les explosions volcaniques, les marées) ;

- les êtres vivants (ex. : le changement de couleur du caméléon) ;

- le monde végétal (ex. : la formation de la moisissure) ;

- le monde céleste (ex. : les phases de la Lune).

b) Précisez votre sujet en formulant la **question** que vous tenterez d'élucider au cours de votre recherche. Attention ! Cette question doit porter sur un processus, c'est-à-dire une réalité qui se développe dans le temps.

Exemple : *Pourquoi les volcans explosent-ils après une phase de sommeil ?*
Comment se produit une explosion volcanique ?

3 En vue d'élucider votre question, faites une **recherche documentaire**.

a) Sélectionnez des **sources d'information** fiables. Consultez au besoin une personne-ressource (enseignant ou enseignante de science et technologie, bibliothécaire, etc.) qui pourrait valider ces sources et, éventuellement, alimenter votre recherche.

b) Consultez les sources sélectionnées afin de trouver l'information pour construire votre explication. Au cours de cette recherche :

- songez à un **moyen visuel pour illustrer le processus** que vous désirez expliquer (un schéma, un dessin, un graphique, un tableau…) ;

- dressez un **lexique** (une liste de mots spécifiques qui gagneraient à être définis) ; **2.6**

- prenez en note la **référence bibliographique** des sources où vous puisez vos renseignements.

Prendre des notes, p. 296
Noter une référence, p. 297

Les termes spécifiques et génériques

Dans le texte suivant, des termes spécifiques se trouvent en quelque sorte définis grâce à des génériques (ex. : *chambre magmatique = réservoir*).

■ Relevez les génériques qui peuvent aider à comprendre les spécifiques présentés en couleur.

Comment se produit une explosion volcanique ?

Voici ce qui se passe au cœur du volcan. D'abord, dans un réservoir souterrain appelé chambre magmatique, s'accumule la roche en fusion, le magma. Ainsi enfermé, ce liquide très riche en gaz crée une pression. Sous l'effet de cette pression, les gaz montent par la cheminée (le canal qui mène au cratère), entraînant avec eux une part de magma. Alors qu'il atteint l'orifice, le liquide se fige, formant bientôt un dôme. Enfin, à cause de cette obstruction, la pression augmente, de sorte que le magma se trouve précipité dans la cheminée et fait exploser le dôme. L'effet est comparable au bouchon de champagne qui saute pour laisser échapper les gaz et, avec eux, le liquide.

 Les dictionnaires, p. 284

 Activités complémentaires

4 Faites un **plan** de votre texte principal. Notez sommairement :

- une idée pour présenter votre sujet ;
- les éléments (phases, causes, conséquences…) du processus à expliquer ;
- une idée pour clore votre texte.

 Écrire un texte courant, p. 300

5 Rédigez un **brouillon** de votre texte en suivant les indications ci-dessous.

Introduction	• Décrivez «votre phénomène», montrez-en l'importance, exposez la question à laquelle vous répondrez, etc.
Développement	• Exposez les phases du processus en présentant les causes et les conséquences qui y sont liées. Pour faciliter la compréhension de ces phases, évaluez la possibilité de les présenter sous forme de liste. Ex.: *Voici ce qui se passe au cœur du volcan.* *1. Le magma s'accumule dans la chambre magmatique.* *2. Ainsi enfermé, le magma crée une pression à cause des gaz qu'il contient.* *3. Les gaz montent par la cheminée.* *Etc.* • Gardez à l'esprit les connaissances de vos destinataires sur le sujet: pour les aider à comprendre, utilisez des définitions, des exemples, des comparaisons avec des phénomènes qu'ils connaissent bien, etc.
Conclusion	• Évoquez, par exemple, une incidence sur les êtres vivants ou la planète en lien avec «votre phénomène», des moyens de prévenir un danger, etc.

6 Mettez au point le **moyen visuel** (schéma, dessin, etc.) prévu pour appuyer votre explication.

7 En vue d'améliorer votre texte et le visuel qui l'accompagne, demandez l'**avis d'une personne** qui représente bien vos destinataires sur le plan des connaissances.

a) Demandez à cette personne de se prononcer sur la qualité de votre communication.

Clarté	• Les éléments de l'explication sont-ils formulés clairement et faciles à comprendre? • Dans le texte, y aurait-il lieu d'exploiter davantage la définition, l'exemple et la comparaison? • Le visuel illustre-t-il bien les principaux éléments du processus expliqué dans le texte? Faudrait-il ajouter des indications pour rendre ce visuel plus clair?
Cohérence	• L'explication fait-elle bien ressortir les relations de cause à effet? • Y a-t-il des marques d'organisation qui expriment les relations entre les éléments de l'explication? Ces marques sont-elles justes? Sont-elles placées de façon à faciliter la lecture (en tête de paragraphe ou de phrase, par exemple)? **2.7**

b) Améliorez votre texte en tenant compte des commentaires que vous avez reçus.

8 Faites une dernière **révision** de votre texte.

Réviser son texte, p. 302

Suivez le guide

Les marques d'organisation dans un texte explicatif

Les marques d'organisation servent à créer des articulations dans le texte. Les mots, groupes ou subordonnées qui jouent ce rôle peuvent, par exemple, jalonner les parties d'une explication.

■ À titre d'exemple, relevez les marques qui assurent la progression du processus expliqué dans le texte de la capsule **2.6** (*Comment se produit une explosion volcanique?*, p. 106).

 Les marques d'organisation du texte, p. 251

Activités complémentaires

Planifier | Rédiger | Réviser | **Présenter son texte**

9 Déterminez en groupe le **contexte de communication** dans lequel se tiendra le salon des sciences.

- Choisissez un lieu (dans votre classe, ailleurs dans l'école...).
- Planifiez l'organisation de ce lieu (par exemple, la disposition des bureaux de la classe pour former des stands).

10 Finalisez votre présentation.

- Rassemblez vos documents (textes, images, etc.) et disposez-les de façon logique sur un grand carton. Le titre et le texte principal doivent être lisibles à environ trois mètres.
- Anticipez les questions que l'on pourrait vous poser au cours de l'événement et soyez prêt ou prête à y répondre.

 Prendre la parole devant un groupe, p. 303

Retour

On dit que la fin justifie les moyens... Et vous, quels moyens avez-vous mis en œuvre pour atteindre votre but, soit celui de mettre des connaissances à la portée des autres?

- À quels aspects de la démarche avez-vous accordé le plus d'attention?

  ✓ Bien cerner le phénomène à expliquer, les destinataires de l'explication (leurs connaissances, leurs intérêts...) et le contexte de la présentation.

  ✓ Faire le point sur ses connaissances et cibler des sources d'information fiables pour les vérifier et les enrichir.

  ✓ Trouver des moyens pour rendre l'explication la plus claire possible (choix du vocabulaire, définitions, etc.) et faire preuve de créativité dans l'élaboration des éléments qui soutiennent le texte principal (schémas, tableaux, etc.).

  ✓ Soigner le visuel de la présentation (traitement et disposition des textes, des titres et des autres éléments).

- Ciblez au moins un aspect auquel vous accorderez particulièrement d'importance en vue de mieux réussir un travail similaire, en français ou dans une autre matière.

Zone *plus*

Les grands documentaires

Plusieurs bibliothèques de quartier et clubs vidéo offrent des documentaires scientifiques sur les animaux et sur les grands phénomènes naturels. On diffuse aussi régulièrement ce type d'émissions à la télé. Visionnez quelques-uns de ces documentaires avec des amis en évaluant la qualité des explications qui y sont données. Présentez ensuite aux autres le meilleur de ces documentaires.

En apprendre un peu plus au fil des mois

Réalisez un calendrier « explicatif » pour l'année à venir. Consacrez une grande feuille à chaque mois en prévoyant l'espace nécessaire pour ajouter une question de type *Pourquoi… ?*, suivie d'une courte réponse, accompagnée ou non d'illustrations. Assemblez ces pages à la manière d'un calendrier conventionnel. Pour vous assurer d'obtenir le meilleur résultat possible, faites le travail à plusieurs en misant sur les talents de chacun et chacune pour le dessin, l'écriture, le traitement informatique, la photo, etc.

novembre

Pourquoi le ciel est-il bleu ?

Parce que les molécules qui composent l'atmosphère diffusent le bleu de la lumière qui vient du Soleil.

1	2	1	2	3
4	5	6	7	8	9	10
11	12	13	14	15	16	17
18	19	20	21	22	23	24
25	26	27	28	29	30

Autres textes à explorer

Lisez les trois textes explicatifs suivants du recueil.

(r) *Mystérieux voile*, p. 87
Les piqûres de moustiques, p. 90-92
Le Kraken sort des abysses, p. 110-112

Quel texte fournit, selon vous, les explications les plus claires ? Pourquoi ?

 Activités d'approfondissement

LES SUBORDONNÉES COMPLÉMENTS DE PHRASE EXPRIMANT LA CAUSE, LA CONSÉQUENCE ET LE BUT

Observer

1 Observez la bande dessinée, puis répondez aux questions qui suivent.

a) *Les pêcheurs sont mécontents.* Quelle est **la cause** de ce mécontentement ?

b) *Les pêcheurs vont construire une palissade autour de leurs cuves.* Quel est **le but** de cette entreprise ?

c) *Les pêcheurs veulent transporter la pieuvre, mais elle est trop lourde.* Quelle sera **la conséquence** de cet état de fait ?

2 À quel ensemble ci-contre peut-on associer chacun des termes suivants :

- cause ?
- conséquence ?
- but ?

ENSEMBLE 1	ENSEMBLE 2	ENSEMBLE 3
intention, objectif, visée	origine, raison	effet, répercussion, résultat, impact, solution

Left margin: atelier DE grammaire

DÉFINITIONS

Cause : On exprime la cause quand on montre l'origine d'un fait ou d'une action.

Conséquence : On exprime la conséquence quand on montre le résultat d'un fait ou d'une action.

But : On exprime le but quand on montre ce qu'on cherche à atteindre ou à éviter.

3 Les parties surlignées dans le texte suivant sont des phrases subordonnées. Laquelle de ces subordonnées exprime la cause ? la conséquence ? un but ?

Au voleur !

Cette histoire s'est passée un siècle avant Jésus-Christ, sur la côte andalouse. Elle nous a été rapportée par Pline l'Ancien.

Les pêcheurs locaux étaient fort contrariés parce que, chaque nuit, les poissons disparaissaient des cuves de leurs bateaux. Afin que ces vols nocturnes cessassent,
5 ils dressèrent une palissade autour des cuves. L'obstacle ne gêna pas le voleur de poissons puisque, au petit matin, les hommes trouvèrent de nouveau leurs cuves vides. Les pêcheurs guettèrent donc le larron et furent stupéfaits par le monstre qui se présenta devant leurs yeux. Il s'agissait d'une énorme pieuvre. L'animal se défendit vaillamment et ne succomba qu'après avoir été transpercé par de nom-
10 breux coups de lances et de tridents. Sa tête était de la grosseur d'un tonneau et son corps était de dimensions prodigieuses, de sorte qu'il fallut découper la pieuvre en morceaux pour la transporter. Les hommes voulaient aller montrer le « monstre » au célèbre général Lucius Licinus Lucullus, alors proconsul de l'Andalousie.

D'après R.T.F. Gantès, *Le mystère des pieuvres géantes*,
Paris-Montréal, ©Études Vivantes, 1979.

4 Schématisez la construction des subordonnées de cause, de conséquence et de but surlignées dans le texte *Au voleur !* de la question précédente en classant les mots ou groupes de mots dans un tableau semblable au suivant.

	SUBORDONNÉE COMPLÉMENT DE PHRASE		
	CONSTITUANTS OBLIGATOIRES		**CONSTITUANT(S) FACULTATIF(S)**
SUBORDONNANT	**SUJET**	**PRÉDICAT**	**COMPL. DE PHRASE**

 La subordination, p. 275

5 Parmi les subordonnées compléments de phrase, certaines ont un fonctionnement particulier : elles ont une place fixe dans la phrase.

Tentez de déplacer les subordonnées surlignées dans le texte *Au voleur!* (p. 111). Indiquez ensuite laquelle de ces subordonnées compléments de phrase a un fonctionnement particulier : celle de cause, celle de conséquence ou celle de but ?

6 Consolidez vos connaissances.

a) Quels passages surlignés dans le texte suivant expriment la cause ? la conséquence ? le but ? **2.8**

Comment le poulpe* change-t-il de couleur ?

On dit du poulpe qu'il est le « caméléon de la mer » parce que, à l'instar de ce lézard, il peut changer de couleur. Le poulpe peut en effet se confondre parfaitement aux teintes du fond sur lequel il se pose. Grâce à ce camouflage, le poulpe échappe à la vue de ses prédateurs et de ses proies. Le poulpe peut aussi changer
5 brusquement de couleur pour dérouter un ennemi momentanément... en vue de prendre la fuite. Pas bête, le poulpe ! Mais comment ces métamorphoses sont-elles possibles ?

La peau transparente du poulpe est tapissée de un à deux millions de cellules contenant un pigment. Ces cellules colorées, appelées « chromatophores », se
10 modifient sous l'effet de la contraction ou du relâchement de petits muscles :
• Lorsque ces muscles se contractent, les chromatophores se dilatent de sorte qu'ils deviennent visibles.
• Si les muscles se relâchent au maximum, les chromatophores se contractent si bien qu'ils deviennent invisibles.

15 C'est donc le degré d'expansion des chromatophores qui provoque les changements de couleur du poulpe. Pour que ce mécanisme complexe se mette en œuvre, le poulpe n'a qu'à « ressentir » : le système nerveux contrôle tout. Aussi le commandant Cousteau dit que « le poulpe est l'animal au monde qui cache le moins ses sentiments » !

* Les mots *poulpe* et *pieuvre* sont synonymes.

b) Observez la construction et le fonctionnement des parties surlignées dans le texte. Quels passages sont des subordonnées compléments de phrase ?

 La subordonnée complément de phrase, p. 279

S'exercer

Au besoin, faites quelques activités pour vous exercer avant d'aller plus loin.

Suivez le guide 2.8

L'expression de la cause et de la conséquence à l'aide du deux-points

Le deux-points peut servir à juxtaposer des phrases qui ont un rapport de cause et de conséquence.

 Dans les cas suivants, le deux-points introduit-il une cause ou une conséquence ? Remplacez-le au besoin par un subordonnant ou un coordonnant de cause (ex. : *parce que, car*) ou de conséquence (ex. : *de sorte que, donc*).

1. *Pendant l'incubation de ses œufs, la pieuvre cesse de chasser pour veiller sur sa ponte : peu à peu, son organisme s'affaiblit.*

2. *La mère nettoie sans relâche sa ponte et son nid : aucune saleté ne doit adhérer aux œufs.*

3. *Aussitôt après l'éclosion de ses œufs, la courageuse femelle mourra : son jeûne et les soins apportés à sa ponte lui auront pris toutes ses énergies.*

 La ponctuation, p. 280   Activités complémentaires

Aller plus loin

7 **a)** Répondez aux questions suivantes de façon fantaisiste ou scientifique, en vous référant, au besoin, aux textes du recueil ou à d'autres ouvrages.

- **Comment expliquer l'existence des cimetières d'éléphants ?**
- **Pourquoi les arbres perdent-ils leurs feuilles ?**

b) Utilisez dans votre texte au moins trois subordonnées compléments de phrase :
  – une qui exprime la cause ;
  – une qui marque la conséquence ;
  – une qui énonce un but.

c) Suivez la procédure ci-dessous pour réviser votre texte.

1re étape Surlignez les subordonnées compléments de phrase.

2e étape Assurez-vous que le subordonnant traduit bien le lien à établir (cause, conséquence, but, etc.).

3e étape Vérifiez le mode du verbe de la subordonnée. **2.9**

4e étape Vérifiez l'emploi de la virgule avec la subordonnée placée ailleurs qu'en fin de phrase.

Suivez le guide 2.9

Le mode du verbe des subordonnées de cause, de conséquence et de but

Le mode subjonctif s'emploie souvent dans des subordonnées compléments de phrase.

1 Observez le verbe des subordonnées de cause, de conséquence et de but dans les textes des pages 111-112, puis dites quelle sorte de subordonnée a un verbe au subjonctif.

2 Consultez une grammaire pour confirmer que votre observation précédente est exacte.

 La subordonnée complément de phrase, p. 279   Activités complémentaires

Z3NE

LIBERTÉ D'EXPRESSION

Il suffit de regarder autour de soi pour se rendre compte que les humains n'ont pas tous la même chance. Les injustices sont multiples, diverses, et elles frappent aveuglément… Au fil du temps, bien des artistes ont pris la parole pour dénoncer les situations intolérables résultant de fléaux comme la guerre, le racisme, le sexisme, l'homophobie, la famine, l'intimidation, l'intolérance… Ils ont souvent choisi de s'exprimer par le biais de l'humour, en jouant avec les mots pour mieux railler les responsables de ces grands maux. C'est ainsi que nombre de chansons, de monologues, d'histoires comiques, de poèmes, de caricatures et de pièces de théâtre ont été créés afin de dénoncer la bêtise humaine et conscientiser la société.

Vous verrez, dans les pages qui suivent, différents moyens d'exprimer avec force et éloquence une opinion sur le monde.

SECTION 1 Paroles engagées
SECTION 2 Images-chocs

?

Quels artistes (humoristes, écrivains, chanteurs, etc.), parmi ceux que vous connaissez, ont produit une œuvre engagée ?

SECTION

Bandes dessinées, fables, monologues, chansons, sketches... voilà quelques-uns des «véhicules» qu'empruntent les auteurs pour se moquer des travers humains ou exprimer leur indignation en jouant avec les mots. Dans cette section, vous découvrirez trois œuvres qui, chacune à leur façon, combinent sérieux, humour et ironie pour faire voir les dessous parfois peu reluisants des choses. Des extraits de ces œuvres vous feront connaître les points de vue particuliers de leurs auteurs et leur manière originale de mettre leurs idées en mots.

Ce travail sur la langue se poursuivra lorsque vous vous amuserez à dénoncer à votre tour un problème qui vous touche particulièrement. Ce sera l'occasion de faire connaître certaines de vos observations sur le monde en portant une attention spéciale à la forme de votre message.

D'autres contextes vous seront proposés par la suite pour réfléchir sur l'humour et manipuler les mots avec adresse. Un atelier de grammaire vous aidera aussi à utiliser la subordonnée relative, une sorte de complément du nom souvent utile pour émettre un commentaire perspicace ou caustique.

?

Quelles causes pourraient vous tenir le plus à cœur et vous inciter à prendre position publiquement ?

Quel message les créateurs des *Simpson* voulaient-ils faire passer avec cette scène ?

Créée en 1989, la série américaine *Les Simpson* connaît beaucoup d'adeptes. Cette satire pleine d'humour fait une critique particulièrement sévère du monde occidental.

La grenouille qui se veut faire aussi grosse que le bœuf

est une des nombreuses fables de La Fontaine qui figurent parmi les œuvres incontournables du patrimoine littéraire mondial. De forme conventionnelle pour l'époque, ce court texte d'allure modeste et fantaisiste, au ton subtilement satirique, traite d'un sujet plus sérieux qu'il n'y paraît. En plus de nous faire sourire, il nous porte à réfléchir.

Jean de La Fontaine

Jean de La Fontaine (1621-1695) est issu de la petite noblesse provinciale française. Après des études en droit, il reçoit le titre d'avocat au parlement de Paris. Sans pour autant négliger ses responsabilités professionnelles, il préfère fréquenter les cercles littéraires parisiens, ce qui le conduit à faire ses débuts en poésie. Comme bien d'autres artistes sans grande fortune, il devient le protégé d'un ministre riche et puissant à la cour de Louis XIV.

Peu après, à cause d'un différend entre le roi et son protecteur, Jean de La Fontaine en vient à vivre sous la dépendance de divers mécènes nobles de l'époque. Grâce à leur générosité, il mène une carrière littéraire active : au début, il écrit uniquement des poèmes (ballades, madrigaux, chansons) puis, avec le temps, il rédige des contes, des nouvelles et des fables. À l'âge de 47 ans, il publie son premier recueil de fables, qui reçoit un très bon accueil du public. En 1679 paraît un second recueil, *Nouvelles fables*, qui est considéré à l'époque comme un véritable chef-d'œuvre. Jean de La Fontaine est admis à l'Académie française en 1684.

Illustration d'Adolf Born, extraite de *Fables de La Fontaine*, coll. « Contes et Poèmes », avec l'aimable autorisation des Éditions Gründ.

LES FABLES

Publiées en 1668, les *Fables* de Jean de La Fontaine s'inscrivent dans la continuité des fables classiques de l'Antiquité. Chaque texte est adapté en fonction des particularités du genre humain et des inégalités sociales que La Fontaine observe à son époque.

En lisant une fable, on assiste toujours à une petite comédie mettant en scène quelques personnages, animaux et humains, qui dialoguent souvent entre eux. La personnalité du conteur est révélée par son ton charmant, malicieux, comique, satirique, et par sa manière directe de présenter la morale.

À l'époque de Jean de La Fontaine, au XVIIe siècle, Louis XIV représentait l'autorité suprême en France. Tout au cours de son règne, celui que l'on surnommait le Roi Soleil s'est entouré des plus grands talents de son temps : écrivains, musiciens, peintres, sculpteurs, architectes. À titre de courtisans, ces artistes devaient s'efforcer de séduire le monarque ainsi que les nobles qui avaient les grâces du roi à la cour.

Pour plaire au roi, les écrivains, en particulier les dramaturges comme Molière, Corneille et Racine, avaient tout intérêt à éviter les sujets trop directement liés à la vie politique et aux injustices sociales. C'est pourquoi la plupart d'entre eux se contentaient de critiquer les mœurs de leur époque en mettant en relief, dans leurs textes, des travers individuels.

Cependant, malgré la volonté du Roi Soleil de tout contrôler, il arrivait que la critique morale se transforme en satire sociale, surtout quand on abordait les goûts, les modes ou les valeurs de l'époque. Ainsi, lorsque les amateurs de littérature du XVIIe siècle lisaient par exemple *La grenouille qui se veut faire aussi grosse que le bœuf*, ils comprenaient probablement que la grenouille, tel le bourgeois moyen, risquait d'éclater si elle se prenait pour un bœuf, c'est-à-dire pour un noble très riche. De la même manière, quand Molière a présenté pour la première fois *Le bourgeois gentilhomme*, qui met en scène un homme riche ridicule cherchant à posséder toute la culture dont doit faire preuve tout grand bourgeois du XVIIe siècle, beaucoup de nobles de la cour devaient « rire jaune »...

- Quelles fables avez-vous déjà lues ? Qui les a écrites ? Quels sujets abordent-elles ?
- Selon vous, quelles sont les principales caractéristiques d'une fable ?

Lire et comprendre le texte

La fable suivante présente une satire de la noblesse à l'époque de La Fontaine. Elle met en scène deux animaux : une grenouille envieuse et ambitieuse, et un bœuf de taille imposante. À la lecture de ce texte, portez attention aux points ci-dessous en vous laissant guider par les questions présentées en marge.

A Les figures de style

C Les caractéristiques de la fable classique

B L'interprétation du texte

D Les particularités de la langue

Marc Chagall (1887-1985), *La grenouille qui veut se faire aussi grosse que le bœuf.*

LA GRENOUILLE QUI SE VEUT FAIRE AUSSI GROSSE QUE LE BŒUF

Une Grenouille vit un Bœuf
Qui lui sembla de belle taille.
Elle qui n'était pas grosse en tout comme un œuf,
Envieuse s'étend, et s'enfle, et se travaille
5   Pour égaler l'animal en grosseur,
Disant : Regardez bien, ma sœur ;
Est-ce assez ? dites-moi : n'y suis-je point encore ?
Nenni. M'y voici donc ? Point du tout. M'y voilà ?
Vous n'en approchez point. La chétive Pécore
10   S'enfla si bien qu'elle creva.

Le monde est plein de gens qui ne sont pas plus sages :
Tout bourgeois veut bâtir comme les grands seigneurs,
Tout petit prince a des ambassadeurs ;
Tout marquis veut avoir des pages.

Jean de La Fontaine.

1. **D** Quels mots du titre révèlent qu'on a affaire à un français ancien ?

2. **A** L'expression *de belle taille* signifie-t-elle que la grenouille ne se sent pas de taille ? Expliquez.

3. **A** Pourquoi compare-t-on la grenouille à un œuf ?

4. **A** Quels verbes l'auteur emploie-t-il pour créer une gradation ? Quel effet cela produit-il ?

5. **A** Pourquoi la grenouille s'adresse-t-elle au bœuf en disant *ma sœur* ? Comment se perçoit la grenouille ?

6. **D** Quels mots ou expressions de la fable vous paraissent anciens ?

7. **D** Pourquoi les répliques du dialogue sont-elles difficiles à distinguer ?

8. **B** Quelle est la morale de cette fable ?

9. **B** Selon vous, cette morale s'applique-t-elle encore aujourd'hui ? Pourquoi ?

10. **C** Qu'est-ce que la présentation de ce texte a de particulier ?

11. **C** Comment prononceriez-vous les vers pour qu'ils aient, selon le cas, 8, 10 ou 12 pieds ?

Regard sur le texte

A **Les figures de style**

Pour rendre leur texte satirique, les fabulistes font appel à des figures de style variées. Celles qu'ils utilisent le plus souvent sont :

- la comparaison (ex. : *la Grenouille est* **grosse… comme un œuf**) ;
- l'opposition (ex. : *une* **Grenouille** [*un œuf*] *et un* **Bœuf**) ;
- la métaphore (ex. : *la Grenouille* **creva** [sens propre : éclater, déchirer ; sens figuré : crever d'orgueil, mourir]) ;
- la gradation (ex. : *la Grenouille* **s'étend, et s'enfle, et se travaille**) ;
- l'ironie (ex. : *le Bœuf est* **de belle taille** [il a plutôt une taille imposante]).

B **L'interprétation du texte**

Interpréter un texte, c'est aller au-delà de son sens littéral pour en tirer d'autres significations. Parce qu'il met en évidence les travers humains en vue de s'en moquer, le texte satirique se prête particulièrement bien à ce mode de lecture, qui demande de lire entre les lignes.

La fable que vous venez de lire parle d'une grenouille envieuse qui s'imagine, parce qu'il lui est possible de se gonfler, qu'elle peut atteindre la taille d'un bœuf. On découvre cependant que l'auteur y passe plusieurs messages. À quelles classes sociales La Fontaine associe-t-il ces personnages ? Ces animaux représentent-ils des « stéréotypes » qu'on trouve encore dans notre société ? Quelles leçons le fabuliste cherche-t-il à communiquer au lecteur ?

Répondre à de telles questions mènera forcément à interpréter le texte.

C **Les caractéristiques de la fable classique**

Dans sa forme traditionnelle, la fable présente les caractéristiques suivantes :

- Le texte est court et raconté à la 3e personne.
- L'histoire se conforme au schéma narratif, à l'exception près qu'elle présente toujours une morale.
- Elle met en scène quelques personnages animaux fortement typés.
- On y trouve des dialogues, qui se rapprochent du langage théâtral.
- Elle est écrite en vers rimés regroupés en strophes. La fable de la grenouille comprend des vers de diverses longueurs (8, 10 et 12 pieds).

  Exemple de vers de 8 pieds : *Un/e / gre/noui/lle / vit / un / bœuf /*
  (Lorsque le *e* muet est suivi d'une consonne, il se prononce.)

D **Les particularités de la langue**

Comme La Fontaine a écrit sa fable au XVIIe siècle, il est normal qu'on y trouve des mots, des expressions et des tournures qui n'ont plus cours aujourd'hui. C'est ce qu'on appelle des archaïsmes. Les mots *nenni* (l'équivalent de *non*) et *pécore* (qui signifie *animal* ou *bête*), et la tournure *qui se veut faire* en sont de bons exemples. L'emploi de la ponctuation, dans le dialogue par exemple, diffère aussi. Par contre, l'expression *point du tout*, qui est vieillie, sert encore dans la langue littéraire.

Le schéma narratif, p. 237   *Les figures de style, p. 245*   *Les mots du français, p. 282*
Le texte poétique, p. 244   *Le discours rapporté, p. 252*   *Lire un texte littéraire, p. 294*

Approfondir le texte

1 Résumez la fable de La Fontaine en décrivant chacune de ses composantes : situation initiale, élément déclencheur, déroulement d'actions, dénouement, morale (situation finale).

2 Quel énoncé (A-E) décrit le mieux le point de vue satirique (1-5) adopté par l'auteur dans les expressions qui suivent ?

1. Le Bœuf est *de belle taille*.

2. La Grenouille est grosse... *comme un œuf.*

3. La Grenouille *s'étend, et s'enfle, et se travaille.*

4. Regardez bien, *ma sœur* [en interpellant le Bœuf].

5. La chétive Pécore *s'enfla si bien qu'elle creva.*

A. La Grenouille pense vraiment qu'elle peut ressembler au Bœuf : elle se gonfle et fait des efforts inimaginables pour y arriver.

B. Comme on pouvait s'y attendre, ses efforts n'ont pas pu être récompensés : elle s'est gonflée au point d'exploser !

C. La Grenouille veut tellement être l'égale du Bœuf qu'elle s'imagine faire partie de la même famille.

D. Même si le Bœuf est d'une grosseur démesurée par rapport à elle, la Grenouille se croit vraiment capable de rivaliser avec lui.

E. Elle est beaucoup trop petite comparativement au Bœuf.

3 **a)** Reformulez l'un des vers de la morale.

Exemple : *Le monde est plein de gens qui ne sont pas plus sages : dans la société, beaucoup d'individus ne se voient pas tels qu'ils sont et envient ce qu'ont les autres.*

b) D'après la morale de la fable, que représentent les personnages de la Grenouille et du Bœuf, selon vous ?

4 Décrivez la disposition des rimes dans la fable de La Fontaine.

LA GRENOUILLE QUI SE VEUT FAIRE AUSSI GROSSE QUE LE BŒUF

Une Grenouille vit un Bœuf	A
Qui lui sembla de belle taille.	B
Elle qui n'était pas grosse en tout comme un œuf,	A
Envieuse s'étend, et s'enfle, et se travaille	B
Pour égaler l'animal en grosseur,	A
Disant : Regardez bien, ma sœur ;	A
Est-ce assez ? dites-moi : n'y suis-je point encore ?	A
Nenni. M'y voici donc ? Point du tout. M'y voilà ?	B
Vous n'en approchez point. La chétive Pécore	A
S'enfla si bien qu'elle creva.	B
Le monde est plein de gens qui ne sont pas plus sages :	A
Tout bourgeois veut bâtir comme les grands seigneurs,	B
Tout petit prince a des ambassadeurs ;	B
Tout marquis veut avoir des pages.	A

Suivez le guide 3.1

La ponctuation en poésie

Dans un texte en vers, la ponctuation est souvent libre. À l'époque de La Fontaine, les règles étaient un peu différentes de celles d'aujourd'hui. Ces différences, qui peuvent paraître banales, rendent parfois la lecture plus difficile, et c'est le cas dans *La grenouille qui se veut faire aussi grosse que le bœuf*.

1 Transcrivez le passage dialogué de la fable de La Fontaine en utilisant les règles de ponctuation que vous connaissez.

2 Comparez la ponctuation de cette fable avec celle de Charpentreau, qui s'en inspire (❶ p. 166-167). Quelles différences remarquez-vous ? Formulez à votre façon les règles de ponctuation utilisées de nos jours pour marquer un dialogue.

 La ponctuation, p. 280

Activités complémentaires

1 **a)** Percevez-vous la Grenouille (et ce qu'elle représente) de la même façon que La Fontaine ? Pourquoi ?

b) Quels types de personnes ou quels personnages connus vous font penser à la Grenouille ?

2 Lesquels des proverbes et dictons suivants peut-on associer à la morale de la fable ? Consultez un dictionnaire au besoin.

A. À tout seigneur, tout honneur.

B. L'ambition fait périr son maître.

C. Vouloir, c'est pouvoir.

D. Si l'envie était une fièvre, le monde entier serait malade.

E. Donner un œuf pour avoir un bœuf.

3 Lisez le pastiche de la fable de La Fontaine qu'on vous propose dans le recueil, puis répondez aux questions suivantes.

r | *Le bœuf qui veut se faire aussi petit*
que la grenouille, p. 166-167

a) Les changements apportés à la fable vous surprennent-ils ? Pourquoi ?

b) Le thème abordé vous semble-t-il plus actuel que celui traité dans la fable originale ? Justifiez votre réponse.

c) D'après vous, le pastiche est-il plus satirique que la fable de La Fontaine ? Si vous trouvez que oui, relevez les figures de style qui en accentuent la satire.

d) Quelle fable vous a paru la plus facile à lire ? **3.1**

4 Imaginez que vous devez adapter la fable de La Fontaine à notre société moderne.

a) Quels personnages choisiriez-vous ?

b) Quelle « mise en scène » inventeriez-vous ?

c) Quelle morale dégageriez-vous ?

Les embarrassants abris représente un échantillon savoureux des monologues de Marc Favreau, mieux connu sous le nom de Sol, le clown au *vermouilleux esstradinaire apparte-manteau... beau cinq-pièces, avec porches intérieures... vestibule à carreaux... et revers de fortune... garanti impermouillable... fini à la main, avec du fil à retordre* ! On y apprécie l'humour incomparable de l'auteur ainsi que sa maîtrise inégalée de la langue.

Marc Favreau

Né à Montréal, Marc Favreau (1929-2006) est le créateur de Sol. Après un début de carrière en dessin commercial, il en vient par hasard à toucher au décor de théâtre. Victime du « virus de la scène », il fait son apprentissage du métier d'acteur avec les grands des années 1950. Il entreprend sa carrière à la télévision de Radio-Canada en 1958. Particulièrement intéressé par les émissions pour enfants, il campe le personnage de Sol au cours des nombreuses émissions de *Bim et Sol*, puis de *Sol et Gobelet*. Lorsque l'émission se termine en 1972, Marc Favreau, pour qui Sol est devenu un *alter ego*, décide de faire cavalier seul. Il parcourt alors toutes les scènes du Québec et de l'Europe en proposant différents spectacles d'humour qui frôlent le « flagrant délire ». Avec son personnage, il se bâtit rapidement une renommée internationale.

Parallèlement à sa carrière en solo, Marc Favreau joue plusieurs rôles importants au théâtre. En tant qu'humoriste, le créateur de Sol est considéré comme l'un des plus grands maîtres de toute la francophonie pour ce qui est des jeux de mots en cascade.

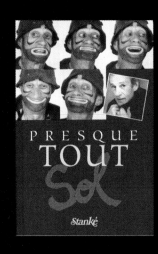

PRESQUE TOUT SOL

Publié en 1995, *Presque tout Sol* regroupe la plupart des monologues que Marc Favreau a présentés au public au cours de sa carrière. Tous les sujets y passent : les inégalités dans le monde, l'éducation, la médecine, la religion, l'économie, le gaspillage, la justice, etc. Dans la langue qu'il se plaît à distordre, ces sujets deviennent *Le fier monde, La colle, Médicalmant parlant, Le dispendieu, Le bout d'jouet, La carte de crédule, La justice sans balance*. Lire les monologues de Favreau permet d'apprécier encore davantage toute la finesse de ses observations sur le monde.

Marc Favreau appartient à une génération d'humoristes remarquables qui nous ont appris, par le biais de l'humour, à réfléchir aux grandes questions sociales et politiques de notre temps. Yvon Deschamps, qui a commencé sa carrière en 1968 dans l'Osstidcho, a inventé, non sans ironie, le personnage type de l'employé canadien-français naïf qui tond gratuitement la pelouse de son patron et le remercie ensuite de l'avoir laissé utiliser sa belle tondeuse. Les Cyniques, qui se présentaient eux-mêmes comme un groupe d'humour « politisé bête et méchant », adoraient s'en prendre aux figures de l'autorité comme les policiers et les prêtres. Clémence DesRochers a été la première à aborder les préoccupations féministes de façon humoristique. Des imitateurs comme Claude Landré et Jean-Guy Moreau montaient sur scène pour se moquer des personnalités politiques de l'époque.

Dans les années 1980, cette tradition de l'humour québécois engagé s'est poursuivie avec des artistes comme Daniel Lemire et Rock et Belles Oreilles. Aujourd'hui, l'humour québécois a quelque peu délaissé la satire politique et sociale, mais certains artistes, comme les Zapartistes et Boucar Diouf, poursuivent dans cette voie.

Les Zapartistes.

Clémence DesRochers.

Daniel Lemire.

Yvon Deschamps à l'Osstidcho.

Boucar Diouf.

- Qu'est-ce qui rend un jeu de mots efficace ? Comment expliquez-vous qu'il déclenche le rire ?
- Si on se fie au jeu de mots proposé dans le titre, quel sera le sujet du monologue *Les embarrassants abris* ?

Lire et comprendre le texte

Dans l'extrait suivant, Sol aborde habilement un sujet grave. Le langage qu'il emploie, sous des dehors empreints d'ignorance, d'insouciance et de naïveté, est un véritable délire verbal faisant preuve d'une parfaite maîtrise de l'art du jeu de mots. À la lecture de ce texte, portez attention aux points ci-dessous en vous laissant guider par les questions présentées en marge.

A Les figures de style

B L'interprétation du texte

C Les caractéristiques du monologue

D Les jeux de mots

LES EMBARRASSANTS ABRIS

Tout le monde rêve d'être à l'abri.
Tout le monde veut s'assurer d'être couvert...
C'est fou ! Personne est jamais à l'abri...
Tu te penses tranquille chez toi, mais y a toujours
les murmures mitoyens...
y a toujours un voisin
qui te promène sa concorde à linge devant le nez...
qui te tape jusqu'à minuit
sur les nerfs... et sur le plafonnier...

[...]

Pour avoir la paix faut rien avoir.
Pas de voisins, pas d'histoires,
pas de murs, pas de fenêtres...
et pas de fenêtres... pas de jalousies !

Rien avoir... être léger léger...
C'est en rêvant de ça que tu te réveilles
un beau matin au fond de ton village.
Tu te dis : « J'en peux plus de traîner de l'arrière-pays ! »

Alors tu vends ta guitare,
tu grattes les fonds de terroirs
et tu quittes la raison paternelle, et tu pars...
mais tu pars pas tant tellement loin,
ton rêve c'est pas de partir au soleil
et te payer un mois d'extravagances
en califournaise ou en plorine...

1. **B** Quelle est l'idée principale du premier paragraphe ?

2. **D** Savez-vous ce qu'est un mur mitoyen ? Comment comprenez-vous le jeu de mots *murmures mitoyens* ?

3. **C** Dans ce premier paragraphe, qu'est-ce qui révèle qu'il s'agit d'un texte oral ?

4. **A** Quelle figure de style l'auteur emploie-t-il pour donner du rythme au deuxième paragraphe ?

5. **C** À qui le « tu » fait-il référence dans ce monologue ?

6. **B** Quelle est l'idée principale développée dans les lignes 18 à 24 ?

25 Non, ton rêve c'est la ville.
T'as entendu des voix : « Arrive en ville... arrive en ville ! »
et tu te retrouves au terminus tout le monde descend !
C'est elle... c'est la ville
qui t'entraîne dans sa grande bougeotte...
30 tu te laisses aller, tu étrennes la rue Sainte-Vitrine
tu suis la foule qui se défoule qui te refoule...
tu flottes dans l'urbain tourbillon
c'est agréable... Mais ça peut pas durer.
Un beau matin ça y est, t'as beau tourner
35 et retourner tes poches, c'est toujours le même trou !
Waff ! c'est pas grave, y a qu'à faire comme les autres
et se mettre à travailler.
Et tu te mets à sercher, et c'est là que tu vois :
c'est pas si simple, t'es pas tout seul
40 les autres aussi ils serchent
et ils trouvent pas... et toi non plus...
y a rien à faire...

Pourtant tout ce que tu veux
c'est te faire une petite piastre au soleil !
45 T'es pas venu là pour rester oiseux à rien faire,
tu veux pas te faire traiter de vagabond à rien,
de comédien errant... de parfainéant !
Alors tu serches, tu traînes sur le frottoir,
tu transpires la ville d'un bout à l'autre
50 et tu serches...

[...]

Et tu marches encore, et tu serches...
tu serches un subterfuge pour dormir...
et la lune te suit, elle fait comme toi
elle change de quartier la lune
55 elle profite de la nuit...

Et tu serches... et si tu trouves rien, tu passes
et tu repasses ta nuit, dans un parc à fontaines...
et tu t'endors, sur un banc pudique
en rêvant d'une belle étoile

[...]

60 Faut savoir s'arrêter, savoir
que pour s'en sortir, faut entrer quelque part.
Y a toujours un quelque part qui t'attend...
surtout quand t'as plus rien
même pas de quoi t'acheter du savon,
65 que t'as atteint le seuil de la propreté...
Y a toujours des amis, des amis dépanneurs
qui sentent la soupe chaude,

7. **D** Quelle expression populaire Sol prend-il au pied de la lettre ?

8. **A** Quelles figures de style l'auteur emploie-t-il aux lignes 31 et 32 : une comparaison, une métaphore ou une gradation ?

9. **B** **D** Que pense Sol au sujet de la ville ? Relevez les jeux de mots qui révèlent son point de vue.

10. **C** Qu'est-ce qui appartient plus à l'oral qu'à l'écrit dans le paragraphe qui commence à la ligne 25 ?

11. **D** Comment comprenez-vous les jeux de mots *vagabond à rien* et *parfainéant* (lignes 46 et 47) ? De quelle manière ces expressions sont-elles formées ?

12. **D** Comment Sol joue-t-il avec le sens du mot *quartier* ?

13. **D** De quelle expression Sol s'est-il inspiré pour créer le jeu de mots *le seuil de la propreté* ?

qui te payent une brosse... une brosse à dents bien sûr...
avec du gentifrice...
70 qui te passent un savon...
qui te trouvent un patron...
qui te laissent aller...
Et quand tu sors de là, tu repars comme à neuf.

C'est mieux que partir à zéro !

Extrait de Marc Favreau, *Presque tout Sol*, Montréal,
© Les éditions internationales Alain Stanké, 1995, p. 304-309, 20, 305.

14. **B** **D** D'après les jeux de mots qu'il utilise, que pense Sol des gens qui viennent en aide à ceux qui *serchent* ?

Regard sur le texte

A **Les figures de style**

Pour rendre leur texte comique, les humoristes font généralement appel à des figures de style variées. Sol, par exemple, utilise :

- la comparaison (ex. : *et la lune te suit, elle fait comme toi elle change de quartier la lune*) ;
- l'opposition (ex. : *pour s'en sortir, faut entrer quelque part*) ;
- la métaphore (ex. : *tu flottes dans l'urbain tourbillon*) ;
- la répétition (ex. : *Alors tu serches [...] et tu serches... et tu serches...*) ;
- l'ironie (ex. : *et la lune te suit, elle fait comme toi [...] elle profite de la nuit...*).

B **L'interprétation du texte**

Dans *Les embarrassants abris*, Sol aborde deux grands thèmes, qui correspondent au double sens véhiculé par le titre du monologue :

- « les abris embarrassants », c'est-à-dire les irritants liés au logement modique, comme la promiscuité, le bruit, les voisins, etc. ;
- « les embarrassants sans-abri », c'est-à-dire les personnes qui sont aux prises avec le problème de l'itinérance et qui dépendent des autres pour survivre.

C'est à travers un enchaînement ininterrompu de jeux de mots que Sol, derrière lequel se cache Marc Favreau, pose des questions tout en révélant ce qu'il pense : *Pourquoi tout le monde n'a-t-il pas droit à un logement décent ? Pourquoi la ville est-elle considérée comme un rêve pour plusieurs ? De quoi la campagne est-elle si éloignée ? Comment doit-on s'intégrer dans la société ? De quelle manière peut-on venir en aide aux personnes qui souffrent d'inadaptation sociale ?*

C **Les caractéristiques du monologue**

Le monologue est une situation de communication particulière qui présente les caractéristiques suivantes :

- Le texte met en scène un personnage qui tient un « discours » devant un auditoire.
- Le personnage s'adresse généralement à l'ensemble des spectateurs (à l'aide du pronom « vous »), mais il peut arriver qu'il se parle à lui-même (à l'aide des pronoms « je » ou « nous »). Dans *Les embarrassants abris*, Sol s'adresse aux destinataires en employant le pronom « on », ou encore le « tu » impersonnel de la langue courante.
- Comme il s'agit d'une communication orale, les transcriptions de monologues comportent nécessairement des marques du langage oral, par exemple : *t'as, y a ; faut ; c'est pas grave ; Waff !*
- Le texte est souvent rédigé en langue familière ou même populaire. Sol, cependant, utilise une variété de langue plutôt « standard », parfaitement comprise par tous les auditoires de la francophonie.

D **Les jeux de mots** Sol crée ses jeux de mots en faisant appel à différents procédés de formation :

- exploitation de la polysémie (deux sens possibles) d'un mot ou d'une expression (ex. : *des amis qui* sentent la soupe chaude) ;

- remplacement d'un mot par un autre aux sonorités semblables (ex. : *se faire une petite* **piastre** *au soleil*) ;

- combinaison de mots dérivés (ex. : *la foule qui se* **défoule** *qui te* **refoule**) ;

- fusion de mots pour obtenir un mot-valise ; cette fusion peut s'appuyer sur une syllabe commune (ex. : *parfainéant = parfait + fainéant*) ou être le résultat d'un ou de deux mots tronqués (ex. : *califournaise = Californie + fournaise*) ;

- changement (ajout ou remplacement) d'une ou de plusieurs sonorités dans le mot (ex. : *la rue Sainte-* Vi *trine*, par allusion à la rue Sainte- Ca therine, artère commerçante de Montréal) ;

- emploi d'une prononciation ou d'une expression enfantine (ex. : *sercher, pas tant tellement loin*).

Le texte poétique, p. 244
Les figures de style, p. 245
Les variétés de langue, p. 253
Les mots du français, p. 282
Lire un texte littéraire, p. 294

Approfondir le texte

1 **a)** Trouvez, dans le monologue de Sol, un deuxième jeu de mots pour illustrer chacun des procédés de formation décrits ci-dessous. **3.2**

b) Reformulez les jeux de mots que vous avez trouvés pour faire connaître votre interprétation.

PROCÉDÉ DE FORMATION	EXEMPLE DE JEU DE MOTS	REFORMULATION DU JEU DE MOTS
Recours à la polysémie (deux sens possibles d'un mot ou d'une expression)	*s'assurer d'être couvert*	On désire avoir un toit sur la tête (être couvert) et, comble de chance, avoir les moyens d'être couvert par une bonne assurance (s'assurer d'être couvert).
Remplacement d'un mot par un autre aux sonorités semblables	*tu grattes les fonds de terroirs*	Quand on n'a plus d'argent, on gratte les fonds de tiroirs. Quand on ne se sent plus à sa place à la campagne, on a l'impression que c'est un fond de terroir (région rurale éloignée).
Formation d'un mot-valise par fusion de mots	*les murmures mitoyens*	Si l'on n'a pas les moyens de se payer autre chose qu'un loyer très modique, peut-on avoir la paix quand les murs (mitoyens) sont en carton et qu'on n'a presque plus d'intimité tellement on entend les voisins ?
Changement de une ou plusieurs sonorités dans un mot	*oiseux à rien faire*	Si on est oisif, on ne fait rien, un peu comme un oiseau sur une branche.

2 Identifiez les figures de style employées par Sol dans les passages suivants.

1. *[...] et tu pars...*
   mais tu pars pas tant tellement loin,
   ton rêve c'est pas de partir au soleil (lignes 20-22)

2. *[...] c'est la ville*
   qui t'entraîne dans sa grande bougeotte... (lignes 28-29)

3. *[...] tu repars comme à neuf.*
   C'est mieux que partir à zéro ! (lignes 73-74)

3 Comment interprétez-vous les énoncés suivants tirés du monologue de Sol ? Proposez quelques exemples pour illustrer votre point de vue.

Exemple : *Tout le monde rêve d'être à l'abri.* (ligne 1)

– *On rêve tous d'avoir une maison pour être bien au chaud et en sécurité.*

– *On voudrait tous être à l'abri de la maladie,*
du chômage, de l'impôt... ; chacun rêve d'être
à l'abri des problèmes que la vie lui réserve.

1. *Personne est jamais à l'abri...* (ligne 3)

2. *Pour avoir la paix faut rien avoir.* (ligne 10)

3. *Faut savoir s'arrêter, savoir*
   que pour s'en sortir, faut entrer quelque part. (lignes 60-61)

4. *Y a toujours un quelque part qui t'attend...* (ligne 62)

Suivez **le guide** 3.2

La polysémie

Dans un texte humoristique, certains mots ont parfois deux sens : le jeu de mots est alors créé par un simple glissement de sens. C'est grâce à la polysémie des mots que Marc Favreau parvient à nous surprendre et à nous faire rire.

Ex. : *[...] pas de fenêtres... pas de jalousies !*

Le terme *jalousie* renvoie à deux sens qui se font concurrence :
- un dispositif de fermeture de fenêtre constitué de lattes parallèles et mobiles.
- un sentiment hostile envers quelqu'un.

■ Expliquez de quelle façon Sol joue avec la polysémie dans les exemples suivants. Consultez un dictionnaire au besoin.

1. *elle fait comme toi elle change de quartier la lune*

2. *des amis dépanneurs qui sentent la soupe chaude*

3. *qui te passent un savon*

 Les dictionnaires, p. 284

Activités complémentaires

4 Relevez dans le monologue quelques éléments qui ont un effet humoristique :

a) deux exemples de prononciation comiques ;

b) deux tournures syntaxiques amusantes ;

c) quatre expressions populaires ;

d) deux tournures enfantines utilisées dans un contexte inusité.

Réagir au texte

1 Notez un passage du monologue qui vous porte à réfléchir à un problème tout en vous faisant sourire. Précisez la réflexion que ce passage vous suggère.

2 Que trouvez-vous de *vermouilleux* et de *très énormément esstradinaire* dans le langage de Sol ? Dans *Les embarrassants abris* ou d'autres monologues de *Presque tout Sol*, relevez quelques passages, jeux de mots ou expressions que vous trouvez amusants, vraiment drôles, surprenants...

3 Lisez l'un des deux monologues d'Yvon Deschamps présentés dans le recueil. Ensuite, comparez ce texte avec le monologue de Sol en répondant aux questions suivantes.

r *La mémoire,* p. 159
Les adolescents (Le grand tarla), p. 160

a) Quel monologue trouvez-vous le plus drôle ? Pourquoi ?

b) Quel humoriste traite le sujet abordé de la façon la plus satirique ?

c) Comment Yvon Deschamps s'y prend-il pour faire de l'ironie ?

d) Selon vous, quel sujet est le plus délicat à traiter avec humour ? Pourquoi ?

e) Sur le plan de la langue, quel monologue vous paraît le plus efficace pour faire rire ?

Amère America est le premier grand succès de l'auteur-compositeur-interprète Luc De Larochellière. Cette chanson, dont le titre repose sur un jeu de mots grinçant, décrit le malaise qu'éprouve l'auteur en tant que Nord-Américain face aux inégalités qui divisent la planète. Elle illustre une triste réalité de l'économie mondiale : le pillage des richesses naturelles de pays pauvres pour le bien-être des grandes puissances américaines et européennes.

Luc De Larochellière

Luc De Larochellière est né à Laval en 1966. Adolescent, il entreprend des cours de guitare classique et écrit ses premières chansons. On le découvre en 1985, alors qu'il participe au Festival de la chanson de Granby. Âgé seulement de dix-neuf ans, il fait déjà preuve d'une grande maturité. Il récidive l'année suivante et recueille les grands honneurs dans la catégorie auteur-compositeur-interprète. Deux ans plus tard, son premier album, *Amère America* (1988), remporte un grand succès. Le Félix qu'il reçoit en 1989 prépare le terrain pour l'album suivant, *Sauvez mon âme* (1990). Une des pièces de cet album, *Cash City*, fait même le Top-50 en France. Plutôt que de continuer à exploiter une recette à succès, Luc De Larochellière enregistre en 1993 *Los Angeles*, un album différent, plus dérangeant, moins populaire que ses précédents. Il renoue avec le succès en 2000 avec *Vu d'ici*, puis *Quelque chose d'animal* (2004). Dans son album *Voix croisées* (2006), il reprend ses plus grands succès en duo avec des artistes qu'il admire, tels que Gilles Vigneault, Daniel Boucher et Lynda Thalie.

Atelier IN 16, offert par les Disques Victoire.

AMÈRE AMERICA

Présentée pour la première fois en 1988, *Amère America* fait partie des chansons coup de poing de Luc De Larochellière. Il y aborde certaines des injustices de notre époque en exprimant son indignation face à l'exploitation des travailleurs et aux inégalités dans les rapports entre le nord et le sud de l'Amérique.

Cette chanson est reprise aujourd'hui dans son album *Voix croisées*. Lancé en 2006, cet album regroupe les plus grands succès de Luc De Larochellière, dont *La route est longue* (1988), *Chinatown Blues* (1988), *Cash City* (1990), *Le mur du silence* (1993), *Monsieur D.* (1996), et *Pour en finir... avec la nuit* (2000).

La chanson *Amère America* de Luc De Larochellière illustre l'inégalité dans les rapports humains et l'exploitation dont sont victimes certains travailleurs, notamment dans le secteur du café.

L'économie mondiale actuelle repose sur le modèle libéral selon lequel le libre jeu de l'offre et de la demande fixe les prix en fonction de l'intérêt que portent les « demandeurs » à une denrée et l'urgence des « offreurs » à écouler leur marchandise. C'est ainsi qu'une denrée rare et largement convoitée sera en principe vendue d'autant plus cher. Cependant, les choses ne se passent pas toujours ainsi. Les producteurs de café doivent vendre rapidement leur récolte, car leur survie économique en dépend. Les distributeurs, qui disposent d'énormes capitaux, ne sont jamais pressés ni d'acheter ni de vendre. Cette attitude leur permet de dicter les prix, ce qui leur garantit le plus grand profit possible.

L'idée d'un commerce équitable du café a été formulée en 1860 par un courtier hollandais, Eduardo Doutes Dekker. Le principe consiste à mettre directement en relation les producteurs du sud et les torréfacteurs du nord, ce qui a pour effet d'éliminer toute surenchère dans les prix. Il en résulte de meilleures conditions commerciales pour les producteurs et la garantie, pour les consommateurs, qu'un juste prix a été versé à ces derniers. Même s'il gagne en popularité, le commerce équitable du café repose encore sur l'adhésion des consommateurs aux principes sur lesquels il est fondé. Il ne représente donc, pour l'instant, qu'une part marginale du commerce du café mondial.

~ 300 av. J.-C.	Un berger éthiopien, Kaldi, constate que le café est un excitant.
XIVᵉ siècle	Les Arabes utilisent le café comme médicament.
XVᵉ siècle	Le café devient chez les musulmans une boisson que l'on consomme par plaisir.
XVIIᵉ siècle	Le café commence à se répandre en Europe à partir de Constantinople.
1669	L'ambassadeur de Turquie introduit le café à la cour de Louis XIV.
1687	Invention du moulin à café.
1732	Jean-Sébastien Bach compose sa célèbre *Cantate du café* où il ridiculise les rigoristes qui condamnent la nouvelle « manie » de boire du café.
XVIIIᵉ siècle	Pour répondre à la demande, les puissances européennes se tournent vers leurs colonies pour produire du café. La culture du café fait alors son apparition en Indonésie (Hollande), en Martinique (France), dans les Caraïbes, en Amérique centrale, en Colombie (Espagne) et au Brésil (Portugal).

La récolte du café aujourd'hui.

Plant de café.

- À votre avis, d'où viennent les denrées que vous consommez au petit-déjeuner?

- Quel effet cela vous fait-il de savoir que les gens qui travaillent dans les plantations de café, de banane ou de cacao sont souvent très mal payés? Cela vous indiffère? vous révolte? vous pousse à agir? vous décourage?

Lire et comprendre le texte   🄵 p. 129-130

Dans la chanson *Amère America* qu'on vous propose dans le recueil, Luc De Larochellière s'adresse directement aux producteurs de café. À la lecture de ce texte, portez attention aux points ci-dessous en vous laissant guider par les questions.

A Les figures de style   **C** Les caractéristiques de la chanson

B L'interprétation du texte   **D** Les jeux de mots

1. **D** Pourquoi l'auteur a-t-il associé les mots *Amère* et *America*?

2. **A** Quelle métaphore l'auteur utilise-t-il pour dire aux gens de son pays qu'ils devraient s'inquiéter, parce que leur monde est fragile?

3. **A** L'auteur termine son premier couplet par *J'bois ma tasse de café sans trop me salir les mains.*

   a) Pourquoi insiste-t-il sur le fait qu'il ne se salit pas les mains?

   b) Quelle autre formule métaphorique, parmi les suivantes, aurait-il pu employer dans son texte? Justifiez votre réponse.

     A. Je prends les choses en main.

     B. J'ai une main de fer dans un gant de velours.

     C. Je m'en lave les mains.

4. **B** Au quatrième couplet, on lit: *Car la balle qui te tue…* Le personnage auquel on fait référence est-il vraiment mort? Que veut dire le chansonnier?

5. **B** À la ligne 30, l'auteur dit que les guerres sont bonnes pour l'économie. Pourquoi peut-on affirmer que Luc De Larochellière fait preuve d'ironie dans ce passage?

6. **A** L'auteur oppose souvent deux réalités dans son texte. Présentez ces réalités dans un tableau semblable au suivant en mettant en évidence les groupes de mots qui s'opposent.

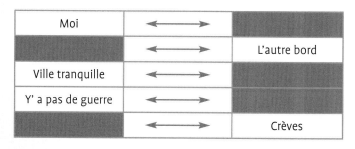

	⟷	
Moi		
	⟷	L'autre bord
Ville tranquille	⟷	
Y' a pas de guerre	⟷	
	⟷	Crèves

7. **C** Portez une attention particulière à l'organisation du texte.

   a) Examinez le refrain, les couplets, les syllabes et les rimes, puis décrivez comment la chanson est structurée.

   b) Décrivez la façon dont les aspects abordés dans les couplets alternent.

8. **D** Quel jeu de mots l'auteur a-t-il sans doute voulu faire en répétant avec insistance le mot *concerné*?

Approfondir le texte

1 **a)** En s'adressant au cueilleur de café, Luc De Larochellière emploie un langage familier. Relevez quelques exemples qui le démontrent.

   b) Selon vous, pourquoi est-il aussi familier avec lui?

2 On aborde dans cette chanson les thèmes de la pauvreté et de la violence. Pour le démontrer, dressez la liste des mots (champs lexicaux) qui se rapportent à chacun de ces thèmes.

Réagir au texte

1 **a)** La chanson est écrite au « je ». Pouvez-vous vous identifier au personnage, représenté par l'auteur, qui exprime son indignation? Justifiez votre réponse.

   b) Pouvez-vous vous identifier au personnage du travailleur agricole? Justifiez votre réponse.

2 Essayez d'imaginer l'allure de chacun des deux personnages de la chanson. Quelle image vous faites-vous d'eux?

Vous venez de lire un extrait des œuvres suivantes :

manuel, p. 121

manuel, p. 128-130

r p. 129-130

1 Que pensez-vous de ces trois textes ? Mettez vos impressions en commun en les situant simultanément, du point de vue de chacun des cinq aspects suivants, sur une échelle de 1 à 5.

    1   2   3   4   5

Évaluez :

a) la poésie du texte
Attribuez 5 au texte le plus imagé.

b) la complexité du texte
Attribuez 5 au texte le plus facile à interpréter.

c) la forme du texte
Attribuez 5 au texte le plus classique dans sa structure, le moins éclaté.

d) la richesse des jeux de mots
Attribuez 5 au texte dans lequel on joue le plus avec les sons, la polysémie, etc.

e) l'actualité du propos
Attribuez 5 au texte le plus actuel, qui s'applique le mieux aux situations d'aujourd'hui.

2 Une fois les comparaisons faites, sélectionnez l'extrait qui vous donne le plus envie d'explorer l'œuvre complète. Justifiez votre choix en quatre ou cinq lignes.

À vous de jouer

Mégaphone

Vous aimeriez dénoncer une injustice, mais vous trouvez qu'il y a peu de place pour vous faire entendre ou vous craignez que l'on ne vous prenne pas au sérieux ? Qu'à cela ne tienne ! Nous vous proposons de prendre le taureau par les cornes : recourir à l'humour ou à la satire pour dénoncer un problème, qu'il soit familial, scolaire, environnemental ou social. Votre but ? Faire réfléchir, provoquer des discussions... en faisant sourire !

Pour créer ce message, vous vous inspirerez du texte d'un auteur ou d'une auteure de renom (fabuliste, monologuiste, etc.). Vous vous amuserez à en imiter le style et l'univers. Avant de vous lancer dans l'écriture, vous aurez donc deux choix déterminants à faire : cibler une réalité qui vous paraît inacceptable et sélectionner le texte qui déterminera la forme de votre message.

Après avoir rédigé votre texte, vous pourriez le présenter à vos camarades de classe ou encore à un plus large public, à la façon des Zapartistes, dont les membres enchaînent sketches, parodies de chansons et monologues humoristiques pour faire connaître leurs préoccupations au sujet de la société.

 Outils complémentaires

Avant de choisir le problème que vous dénoncerez et le texte dont vous vous inspirerez, comparez les fables suivantes :

– *La grenouille qui se veut faire aussi grosse que le bœuf* (Jean de La Fontaine), p. 121 ;

– *Le bœuf qui veut se faire aussi petit que la grenouille* (Jacques Charpentreau), présenté dans le recueil.

 p. 166-167

- Qu'y a-t-il de commun entre ces deux fables ?

- Quelles différences observez-vous sur les plans du contenu et de la présentation ?

- Selon vous, quel travail a dû faire Jacques Charpentreau avant d'écrire sa fable ?

1 Déterminez le **sujet** de votre texte, c'est-à-dire la situation que vous voulez dénoncer.

Au besoin, inspirez-vous des thèmes abordés dans la zone 3 du recueil : la mondialisation, les rapports sociaux, les rapports de force, les conflits générationnels, le paraître.

 Zone 3, p. 118-173

2 Quels **destinataires** avez-vous l'intention de toucher plus particulièrement avec le problème que vous aborderez dans votre texte : les jeunes de votre âge, les enseignants, les parents, les élus de votre municipalité, les concepteurs de publicité… ? Donnez quelques caractéristiques de vos destinataires.

3 Choisissez le **texte** dont vous emprunterez le style et l'univers.

Pour faire votre choix,

- référez-vous à votre recueil, qui présente toutes sortes de textes humoristiques, satiriques et poétiques : des chansons, des monologues, des contes, des poèmes, etc ;

 Zone 3, p. 118-173

- cherchez du côté des auteurs que vous connaissez bien et qui proposent un regard critique sur la société : des humoristes, des chansonniers, des auteurs-compositeurs, etc.

4 Faites quelques **lectures** du texte que vous avez retenu (ou quelques **écoutes** si le texte est enregistré) en vue d'en dégager les principales caractéristiques.

Genre
- Quelle organisation particulière présente le texte (ex. : *La chanson comporte des couplets et un refrain, la fable ou le conte respecte le schéma narratif*, etc.) ?
- Qui est le narrateur ? Y a-t-il un autre personnage ? Quelles sont leurs caractéristiques ?

Langue
- Le texte traduit-il la langue orale ? Relevez des indices.
- Quelle variété de langue emploie-t-on dans le texte (soutenue, standard, familière, populaire) ? Relevez quelques mots, expressions ou tournures caractéristiques de ce registre.
- Le texte comprend-il des mots, des expressions ou des tournures qui le distinguent : des archaïsmes, des anglicismes, une façon de parler propre à une catégorie de personnes (les jeunes, les enfants, les habitants d'une région, etc.) ? Relevez-les. **3.3**
- Quels types de procédés rendent le texte humoristique, satirique ou poétique ? Relevez les figures de style, les jeux de mots, les tics de langage, etc.

 Les figures de style, p. 245
Les variétés de langue, p. 253
Les mots du français, p. 282

5 Précisez votre **sujet**. Jetez sur papier des idées en lien avec le problème que vous souhaitez dénoncer. Au besoin, enrichissez vos connaissances sur ce problème en consultant des textes courants (par exemple, un article d'encyclopédie, de journal ou de magazine).

Suivez **le guide** 3.3

Le choix des mots

Lorsqu'on souhaite produire un effet particulier, il est important de choisir judicieusement ses mots.

Voici divers mots, tournures ou expressions provenant de textes de la zone 3 du recueil.

C'est-tu un doré qu'on avait pris ? – Est-ce que je suis stupide ? – du manger – des drôlesses – se foutre la gueule par terre – perdre de l'oseille – des messieurs bedonnants – une créature de clip – Tu crèves de faim – Il trépasse – des vêtements tout crottés – Il n'avait cure de ses soldats – Pauvre enfant, grandir de même… – se chicaner – un frigidaire – surfer

■ Attribuez au moins l'une des étiquettes suivantes à chaque mot ou tournure de la liste :
- langue populaire, familière, courante, littéraire ;
- usage ancien (*vieux* ou *archaïsme*) ;
- usage nouveau (*néologisme*) ;
- emprunt à l'anglais (*anglicisme*) ;
- propre au français du Québec (*québécisme*).

Dans le doute, consultez un dictionnaire qui indique ces étiquettes, comme *Le Petit Robert*.

 Les variétés de langue, p. 253
Les mots du français, p. 282
Les dictionnaires, p. 284

 Activités complémentaires

RUGGIERI

Planifier | **Rédiger son texte** | Réviser | Présenter

6 Rédigez un **brouillon** de votre texte en suivant les indications ci-dessous.

- Empruntez la forme et l'organisation du texte que vous avez choisi.

- Adaptez le texte au problème que vous souhaitez dénoncer, par exemple créez d'autres personnages, utilisez d'autres mots en respectant les particularités de la langue utilisée dans le texte (la variété de langue notamment).

- Inventez de nouvelles figures de style, de nouveaux jeux de mots, etc.

7 Inspirez-vous du **titre** du texte original pour formuler celui de votre texte.

8 En vue d'améliorer votre texte, soumettez-le à la **critique**.

a) Groupez-vous par deux et faites une lecture de vos textes à haute voix. Discutez ensuite des aspects suivants.

Contenu **Point de vue** **Organisation**	• Le sujet est-il bien exploité? • Le point de vue sur le sujet est-il bien défini? • Les conventions du genre (fable, monologue, chanson, etc.) sont-elles bien respectées? • Le narrateur et les personnages sont-ils bien campés? • L'enchaînement des idées ou des événements est-il facile à suivre?
Langue	• La variété de langue est-elle appropriée et constante? • Quelles sont les plus belles inventions sur le plan de la langue? • Quels sont les jeux de mots ou les figures de style à retravailler?
Effet	• Le texte fait-il rire ou sourire? • Le rythme des jeux de mots est-il soutenu? • Quel procédé mériterait d'être exploité davantage pour produire l'effet recherché?

b) Faites les **modifications** qui s'imposent pour améliorer votre texte.

9 Faites une dernière **révision** de votre texte afin d'être en mesure de le présenter.

Réviser son texte, p. 302

10 Déterminez en groupe la façon dont vous présenterez vos textes. En ferez-vous une lecture, tout simplement? Monterez-vous un petit spectacle de variétés?

11 Déterminez en groupe le **contexte** dans lequel vous présenterez vos textes.

• Choisissez un lieu (dans la classe, ailleurs dans l'école, au centre culturel de votre localité, etc.).

• Planifiez l'organisation de ce lieu (dans le cas d'un spectacle en classe, par exemple, créer un espace pour former une scène, prévoir un espace en retrait pour les coulisses, etc.).

12 Préparez votre présentation.

- Réfléchissez aux aspects qui touchent la langue orale (voix, intonation, rythme, débit, prononciation) et pensez à votre gestuelle (attitudes, regards, gestes, mimiques, etc.).

- Si vous montez un spectacle, prévoyez peut-être un costume, des accessoires, etc.

 Prendre la parole devant un groupe, p. 303

Retour

Dénoncer un problème sur le ton de l'humour ou de façon poétique représente tout un défi ! Faites un retour sur cette façon particulière d'exprimer un point de vue.

- Sur l'échelle suivante, situez l'effet qu'a suscité votre présentation engagée. Basez votre évaluation sur les réactions de votre auditoire (critique positive ou négative, degré d'attention, etc.).

Effet œuf  Effet bœuf

    1   2   3   4   5

- Parmi les productions des autres élèves, lesquelles jugez-vous les plus intéressantes ?

- Quels aspects de ces productions contribuent à produire sur vous un effet positif ?
  - ✓ La nature du problème dénoncé
  - ✓ La clarté et la richesse du point de vue présenté
  - ✓ Le genre de texte choisi (monologue, chanson, sketch, conte, etc.)
  - ✓ La qualité artistique du texte (choix de mots, tournures de phrases, figures de style, jeux de mots, etc.)
  - ✓ S'il y a lieu, la manière de rendre le texte à l'oral (lecture, interprétation, mise en scène, etc.)

- Pour produire votre texte, qu'avez-vous fait concrètement pour cerner le problème que vous dénoncez (par exemple, lire des textes pour tenir compte de plusieurs aspects du problème, discuter avec diverses personnes pour connaître leurs points de vue sur le problème) ? Était-ce suffisant ?

- Ciblez au moins un aspect auquel vous porterez particulièrement attention en vue de produire un meilleur effet lorsque vous aurez à nouveau l'occasion d'exprimer votre point de vue.

« Yo ! »

À l'origine, le rap visait à dénoncer la ségrégation raciale ou la misère des quartiers noirs aux États-Unis. Il a beaucoup évolué avec les années, mais quelques artistes ont préservé son caractère militant. Informez-vous sur ces rappeurs engagés, puis tentez vous-même l'expérience du rap. Ayez le verbe rythmé, faites des jeux de mots, créez un vocabulaire sur mesure. Profitez de la grande liberté qu'offre le rap. Enregistrez le résultat sur un fond de musique. Amusez-vous !

Les humoristes sous la loupe

Analysez en équipe le travail d'un ou d'une humoriste de votre choix. Lisez ses textes, visionnez ses spectacles, écoutez ses disques et consultez son site Web pour cerner le type d'humour que cette personne pratique ainsi que ses thèmes de prédilection. Son humour est-il fondé sur le cabotinage, des jeux de mots subtils, une satire grinçante, des réflexions enfantines, etc. ? Comparez son style avec celui des humoristes retenus par les autres équipes pour déterminer celui ou celle qui porte le regard le plus critique sur la société.

Lise Dion, une humoriste québécoise.

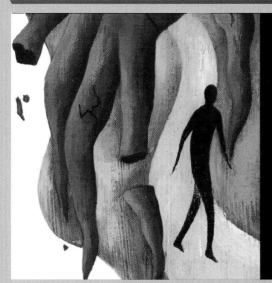

Autres textes à explorer

Lisez les textes suivants du recueil.

(r) *Chanson des cireurs de souliers*, p. 137-138

La main du bourreau finit toujours par pourrir, p. 146

La mémoire et *Les adolescents (Le grand tarla)*, p. 159-160

Lequel trouvez-vous le plus efficace ? Quel texte fait la critique la plus juste d'un problème de société ?

 Activités d'approfondissement

SECTI2N

Images-chocs

Les photos et illustrations satiriques n'ont pas toutes le même effet sur nous. Certaines nous font sourire et même rire jaune, alors que d'autres nous laissent indifférents. Pourquoi ? Parce qu'on ne connaît pas nécessairement les faits qui sont à l'origine de ces images. Comprendre le message, en déceler le comique ou l'ironie suppose, en effet, qu'on sache de quoi il est question.

Dans cette section, vous aurez la chance d'examiner une caricature à la lumière de faits et d'opinions énoncés dans divers textes. Ensuite, ce sera à vous de choisir une caricature pour la présenter à d'autres. Votre tâche consistera à mettre cette caricature en contexte, c'est-à-dire à retracer les faits qui l'ont inspirée, en vue de vous permettre ainsi qu'à vos destinataires d'établir les liens nécessaires pour bien la comprendre.

D'autres situations vous inviteront à vous exprimer sur le monde qui vous entoure. L'atelier de grammaire portant sur la subordonnée relative vous aidera, au besoin, à rendre vos textes plus percutants.

?

Quelle définition donnez-vous au mot *caricature* ? À quoi sert ce moyen d'expression ?

Plan

Explorer

À vous de jouer

Zone *plus*

Atelier de grammaire

Suzie, Éthiopienne, ne parle ni français ni anglais. Ses patrons lui ont confisqué ses papiers. Elle travaille à leur domicile plus de 12 h/j, 7j/7, sans sortir, sans voir personne et sans recevoir de salaire. **Bravo Suzie !**

amnistie.qc.ca/traite

LA TRAITE DES FEMMES NI ICI, NI AILLEURS

Comment réagissez-vous à ce qui se passe dans votre quartier, dans votre localité, dans votre pays et ailleurs dans le monde ? Il y a fort à parier que différents faits vous interpellent ou vous dérangent. Quel effet ont les médias sur vous ? Est-ce que les événements et les injustices qu'ils dénoncent vous font réfléchir ? Pour vous aider à cultiver votre jugement critique, nous vous invitons maintenant dans l'univers de la caricature. Quoi de mieux qu'un clin d'œil satirique pour dénoncer un sujet d'actualité !

Extrait du site <www.cartoonstock.com>

Extrait de Plantu, *Les cours de caoutchouc sont trop élastiques*, © Librairie François Maspero, Paris, 1982.

Extrait du site <www.cartoonstock.com>

Extrait de Plantu, *Les cours de caoutchouc sont trop élastiques*, © Librairie François Maspero, Paris, 1982.

C'est lors des grandes catastrophes qu'on mesure vraiment l'efficacité des moyens de communication. Les attentats de New York en 2001, le tsunami asiatique de 2004 et l'inondation de La Nouvelle-Orléans en 2005 ont démontré clairement que la télévision, la radio et le Web permettent aujourd'hui de suivre les événements en direct. La planète entière a assisté à ces drames. Et tout le monde a été touché par les images-chocs qui ont été diffusées.

Certaines catastrophes attirent pourtant beaucoup moins l'attention des médias. C'est le cas notamment des problèmes criants de sous-alimentation qui affligent des millions de personnes à travers le monde. C'est le cas aussi du sida, qui tue chaque année près de trois millions de personnes, des guerres civiles, qui déracinent des populations entières, et des travaux forcés, qu'on impose aux enfants. Combien d'autres horreurs, quotidiennes et sournoises, restent méconnues ou ignorées des médias ?

- Qu'est-ce qui retient votre attention dans l'actualité?
- Selon vous, à quoi servent les caricatures d'un journal ou d'une revue?

Lire et comprendre les textes

Pour interpréter une caricature et l'apprécier à sa juste valeur, il est nécessaire de connaître le ou les sujets d'actualité auxquels elle se réfère.

1 Observez la caricature ci-dessous en vous posant les questions suivantes.

a) Où et quand la scène se passe-t-elle?

b) À quoi les faits présentés à la radio font-ils référence?

c) Quelle opinion les personnages formulent-ils?

Caricature

TSUNAMI

Illustration Boris.

2 En quelques mots, quelle est votre interprétation spontanée de cette caricature?

3 Pour vous assurer de bien comprendre la caricature de Boris, lisez l'ensemble des articles qui décrivent l'essentiel du contexte. Au cours de cette lecture, portez attention aux points ci-dessous en vous laissant guider par les questions présentées en marge.

A La présentation des faits

B L'expression de l'opinion

C Les marques de modalité

Texte 1

AFRIQUE SUBSAHARIENNE : 23 PAYS EN SITUATION D'URGENCE ALIMENTAIRE

Les conflits armés et les mauvaises conditions climatiques sont les principales causes de l'insécurité alimentaire.

23 juillet 2003, Rome – En Afrique subsaharienne, 23 pays sont en situation d'urgence alimentaire, indique un nouveau rapport publié aujourd'hui par la FAO. [...] Les principales causes de ces situations d'urgence sont la guerre civile, la sécheresse, les déplacements de population et les crises économiques.

Afrique de l'Ouest

En Afrique de l'Ouest, la production alimentaire et les activités économiques dans plusieurs pays côtiers continuent d'être perturbées par la guerre civile.

1. **A** Qu'est-ce qui laisse croire que les faits rapportés sont fiables et crédibles ?

2. **A** Dans la présentation des faits, met-on l'accent sur la succession des événements ou sur les relations de cause à effet ? Quel indice le révèle ?

Au Libéria, la persistance des affrontements armés qui limitent l'accès à la majeure partie des zones de production agricole et provoquent des déplacements de population massifs est la principale cause de l'in-
15 sécurité alimentaire. La production agricole est désorganisée par la recrudescence des combats, ce qui laisse anticiper une nouvelle chute de la production rizicole cette année. Quelque 200 000 personnes déplacées en provenance des régions du nord, du nord-ouest et du centre vivaient dans des camps dans les faubourgs de Monrovia. À la
20 suite des récentes escalades de violence, la plupart d'entre elles ont fui vers le centre-ville où elles vivent dans des conditions extrêmement difficiles et dépendent de l'aide alimentaire.

Malgré une amélioration en Côte d'Ivoire, la situation alimentaire demeure critique, principalement dans les zones contrôlées par les
25 rebelles au nord et à l'ouest. Dans le nord, l'accès à la nourriture est très difficile pour les producteurs de coton qui n'ont pas pu vendre leur récolte à cause du conflit. Dans l'ouest, les familles agricoles ont un accès limité à leurs terres, car les civils sont victimes d'attaques continuelles et, de ce fait, sont déplacés. La reprise des hostilités au
30 Libéria a amené un nouvel afflux de réfugiés. Plus d'un million de personnes ont été déplacées par le conflit.

Extrait de FAO Salle de presse, Organisation des Nations Unies pour l'alimentation et l'agriculture. <www.fao.org/french/newsroom/news/2003/20863-fr.html>

N.B. La situation était relativement la même au moment du tsunami asiatique, en décembre 2004.

3. **A** Quelles sont les principales conséquences de la guerre civile au Libéria ?

4. **A** Comment les faits sont-ils présentés dans les lignes 12 à 22 : en ordre chronologique, selon des repères spatiaux ou selon des relations de cause à effet ? Quelles marques d'organisation du texte le révèlent ?

5. **B** **C** L'auteur adopte-t-il un point de vue plutôt objectif ou subjectif ? Justifiez votre réponse en relevant quelques mots ou expressions qui en témoignent.

Texte 2

APRÈS LE *TSUNAMI*

La méga-secousse tellurique de Sumatra, plus les raz-de-marée géants qui ont frappé, le 26 décembre 2004, les côtes de l'océan Indien ont provoqué l'une des catastrophes les plus colossales de l'histoire. La tragédie humaine – 150 000 morts, 500 000 blessés, 5 millions de
5 personnes déplacées, selon des chiffres provisoires – atteint une ampleur rarement connue. S'ajoute à cela le caractère international du désastre : huit pays asiatiques et cinq pays africains ont été frappés le même jour par le cataclysme. Et environ 10 000 ressortissants de quelque 45 autres pays du monde sont morts ou portés disparus (dont
10 2000 Suédois, 1000 Allemands, 700 Italiens, 500 Autrichiens, 200 Français, 200 Néo-Zélandais, mais aussi des Mexicains, des Colombiens, des Brésiliens, des Philippins...).

La présence d'Occidentaux et le nombre élevé de victimes parmi eux ont contribué au retentissement planétaire de la catastrophe, survenue,
15 par effroyable contraste, en pleine période des fêtes de fin d'année.

1. **C** Au lieu de *méga-secousse*, quel mot le journaliste aurait-il pu utiliser pour exprimer le fait de façon plus neutre ?

2. **A** Quels sont les principaux faits rapportés dans le premier paragraphe ?

3. **A** Quel lien ces faits ont-ils entre eux : une relation de temps, de comparaison ou de cause à effet ?

Cela a également entraîné une couverture médiatique de dimension exceptionnelle, que la tragédie n'aurait certainement pas suscitée – et c'est regrettable – si elle avait été circonscrite à sa seule dimension asiatique.

20 Tout ceci produit un formidable choc émotionnel qui atteint profondément les opinions publiques occidentales. Une commotion tout à fait légitime devant tant de détresse humaine, tant de destructions et tant de désolation. Elle s'est traduite par une forte volonté d'aider, et par une chaleureuse dynamique de solidarité. Rarement auparavant,
25 selon les organisations humanitaires, une générosité d'une telle ampleur – aussi bien publique que privée – ne s'était manifestée.

Extrait de Ignacio Ramonet, « Catastrophe permanente, Après le tsunami », *Le monde diplomatique*, 7 janvier 2005. <www.monde-diplomatique.fr/dossiers/tsunami>

4. **B** Dans ce paragraphe, quelles sont les opinions émises sur la couverture médiatique ?

5. **C** Quels mots le journaliste utilise-t-il pour exprimer son point de vue ?

6. **B** Les raisons évoquées pour expliquer le choc émotionnel ressenti appuient-elles l'opinion du journaliste ou les faits qu'il rapporte ?

7. **C** Dans le dernier paragraphe, relevez les mots qui servent à exprimer l'opinion de l'auteur sur la réaction de la population.

UNE HEURE OU DEUX…

Depuis le 26 décembre, tout le monde connaît le sens du mot tsunami. Au début, nous avons tous trouvé les images spectaculaires, ces vagues énormes, déferlantes, nous laissaient stupéfaits, bien au chaud derrière notre écran plat acheté à grands frais pour Noël. Mais rapide-
5 ment, la puanteur des cadavres en décomposition et la dévastation apocalyptique nous sont apparues plus nauséabondes que lointaines.

Le tsunami est passé et aujourd'hui, je regarde, comme la mer, les dons se gonfler. Je pourrais retourner derrière ma fenêtre plate, celle-là même qui m'a fait découvrir cette horreur dans toutes ses couleurs, […]
10 et me dire que ces quelque 4 milliards $ devraient bien suffire. Mais j'en suis incapable, j'ai besoin de faire ma part si petite soit-elle dans cet océan de dons.

Je vous propose de vous joindre à ce mouvement de solidarité et de donner une heure ou deux de votre salaire à l'organisme de votre
15 choix. Ces petits dons, presque anodins, seront certainement d'un grand secours pour plus d'une personne dans cette mer de sinistrés. Ensemble, nous pouvons contribuer à sauver des gens comme vous et moi.

Claude Perron
Québec

Extrait de Place publique, Carrefour des lecteurs, *Le Soleil*, 9 janvier 2005.

1. **A** Pourquoi l'auteur de cette lettre ouverte affirme-t-il que tout le monde connaît le sens du mot tsunami depuis le 26 décembre ?

2. **C** Comment l'auteur décrit-il la réaction des Québécois à l'égard du tsunami ? Quels mots du texte nous révèlent cette réaction ?

3. **B** Comment l'auteur justifie-t-il sa position à l'égard de l'aide humanitaire ?

DES PAUVRES QUI SONT GÉNÉREUX

Le Mozambique, l'un des pays les plus pauvres de la planète, a réussi à amasser un peu plus de 12 000 $ US en dons privés pour les victimes du tsunami en Asie du Sud. Une grande partie de cette somme provient de dons privés faits spontanément par des gens qui ont été
5 choqués par cette catastrophe naturelle et ses conséquences, a fait savoir la Croix-Rouge. En plus de petites sommes d'argent, les dons comprenaient aussi des vêtements et des appareils ménagers.

AP, « Mozambique, Des pauvres qui sont généreux », *La Presse*, 29 janvier 2005.

1. **B** D'après le titre, ce texte sera-t-il plutôt objectif ou subjectif ?

2. **A** Que signifie le sigle AP mentionné comme source de cet article ?

3. **A** Dans quel ordre les événements rapportés se sont-ils déroulés ? Quels indices permettraient de les remettre en ordre chronologique ?

RAZ-DE-MARÉE OU RAZ DE MISÈRE ?

Vous en voulez, des bonnes questions ?

Pourquoi le tsunami et pas le Darfour ou le Rwanda hier ?

Pourquoi le tsunami et pas le naufrage quotidien de l'Afrique ?

C'est pas pour faire un match entre un tsunami et une guerre, entre un
5 tsunami et une famine, entre le tsunami et le sida, mais rappelons tout
de même que CHAQUE JOUR, sur la planète, meurent de faim – ou des
suites immédiates de la faim – environ 100 000 personnes. Chaque
jour. Cent mille personnes. C'était quand déjà, le tsunami ? Le 26 ?
Disons il y a 12 jours. Un million deux cent mille morts de faim depuis
10 le 26. Pas un mot. Pas un sou. Pas un article. Pas une photo. Pas un
envoyé spécial.

Pourquoi les raz-de-marée et pas les raz de misère ?

Parce que le raz-de-marée est un bon spectacle ? Parce qu'on vit dans
une société de spectacle et que ça nous prend de l'action, pour être
15 ému ?

Parce que les raz-de-marée, pour terribles qu'ils soient, ont un début et
une fin comme les films d'horreur, alors que les raz de misère ça ne
finit jamais ?

Parce que c'est plus facile de faire la charité que de faire la justice ?

Extrait de Pierre Foglia, « Peau de lapin », *La Presse*, 8 janvier 2005.

1. **A** Sur quels faits l'auteur appuie-t-il son opinion ?

2. **A** Comment relie-t-il ces faits : par comparaison ou par ordre chronologique ?

3. **C** Quels moyens Foglia emploie-t-il pour augmenter la subjectivité de son point de vue ?

4. **B** Exprimez dans vos mots la position prise par le journaliste.

Regard sur les textes

A La présentation des faits

Un texte informatif présente toujours des faits concrets : événements, phénomènes, catastrophes, incidents, initiatives, accidents, etc. Ces faits sont généralement décrits à l'aide d'un vocabulaire dénotatif, de données statistiques ou de références servant à en appuyer le caractère objectif.

On peut établir des relations logiques entre ces faits en mettant l'accent sur :

- le déroulement chronologique, comme on le fait dans le texte 3 avec les marques de temps *Depuis le 26 décembre, Au début, Mais rapidement, et aujourd'hui* ;
- des repères physiques, comme dans le texte 1, où l'on recourt à des marques de lieu comme *En Afrique de l'Ouest, Au Libéria, Dans le nord*, etc. ;
- les causes et leurs conséquences, avec des marques d'explication comme *parce que, car, étant donné que, par conséquent, c'est pourquoi* ;
- leurs ressemblances ou leurs différences, avec des marques de comparaison telles que *entre... et, alors que, tandis que, comme*, etc.

B L'expression de l'opinion

Exprimer son opinion, c'est prendre position, de manière implicite ou explicite, par rapport aux faits dont il est question. Dans le texte 3, par exemple, l'auteur présente en d'autres mots la position suivante : *quand on est vraiment sensibilisé à une catastrophe, on doit faire sa part, si petite soit-elle.*

Pour faire valoir cette opinion et convaincre les destinataires, on recourt généralement à des justifications, à des raisons et à des arguments. Ces moyens de persuasion sont souvent accompagnés d'exemples, d'anecdotes, de descriptions, de citations, de questions, etc. L'auteur du texte 3 utilise une justification qu'il illustre d'exemples concrets.

C Les marques de modalité

Dans un texte courant, le point de vue exprimé peut être objectif (neutre), c'est-à-dire exempt de jugement de valeur et d'opinion personnelle. Il peut aussi être subjectif (engagé), c'est-à-dire empreint d'expressivité et d'appréciation critique. Diverses marques de modalité permettent de révéler un point de vue subjectif, notamment :

- le vocabulaire appréciatif (ex. [texte 2] : *méga-secousse, l'une des catastrophes les plus colossales*) ;
- certaines constructions de phrases, comme les phrases interrogatives, exclamatives, négatives et emphatiques (ex. [texte 5] : *Pourquoi les raz-de-marée et pas les raz de misère ?*) ;
- les verbes exprimant un doute, une probabilité ou une possibilité (ex. : *sembler, paraître, devoir, pouvoir*, etc.) ;
- l'emploi de temps et de modes verbaux particuliers, tels le conditionnel, le subjonctif et le futur antérieur (ex. [texte 3] : *ces quelque 4 milliards $ devraient bien suffire*).

La description, p. 240 *La justification, p. 243* *Les marques d'organisation du texte, p. 251*
L'explication, p. 242 *Le point de vue, p. 247*

La caricature et les textes courants

1 **a)** À la lumière des textes que vous venez de lire, tentez de dégager l'information essentielle afin de présenter le contexte auquel le caricaturiste fait référence dans la caricature de la page 152.

b) Décrivez le caractère satirique et cynique de la caricature de Boris.

c) Relevez quelques passages des textes 1 à 5 qui livrent une opinion similaire à celle du caricaturiste.

Texte 1 : *Afrique subsaharienne : 23 pays en situation d'urgence alimentaire*

2 Les passages suivants du texte présentent un point de vue objectif de la situation en Afrique subsaharienne. Transformez ces phrases de manière à livrer un point de vue subjectif.

1. *En Afrique de l'Ouest, la production alimentaire et les activités économiques dans plusieurs pays côtiers continuent d'être perturbées par la guerre civile.* (lignes 9-11)

2. *La production agricole est désorganisée par la recrudescence des combats, ce qui laisse anticiper une nouvelle chute de la production rizicole cette année.* (lignes 15-17)

3. *Dans l'ouest, les familles agricoles ont un accès limité à leurs terres, car les civils sont victimes d'attaques continuelles et, de ce fait, sont déplacés.* (lignes 27-29)

Texte 2 : *Après le tsunami*

3 Relevez dans le texte des marques de modalité qui révèlent le point de vue de l'auteur :

   – quatre noms   – cinq adjectifs   – trois adverbes

4 Relevez tous les éléments de la phrase suivante qui concourent à exprimer un point de vue subjectif. Au besoin, utilisez des manipulations syntaxiques pour dégager l'information. **3.4**

Cela a également entraîné une couverture médiatique de dimension exceptionnelle, que la tragédie n'aurait certainement pas suscitée – et c'est regrettable – si elle avait été circonscrite à sa seule dimension asiatique. (lignes 16-19)

Texte 3 : *Une heure ou deux...*

5 Quels mots l'auteur emploie-t-il pour se désigner lui-même en même temps que les destinataires de sa lettre ouverte ?

6 L'auteur s'est inspiré du thème de la mer pour créer des formules-chocs qui accentuent son point de vue. Repérez trois de ces formules métaphoriques.

7 L'auteur est loin d'être cynique. Prouvez-le en relevant les mots du texte qui composent un champ lexical portant sur la générosité et la bonté.

Texte 4 : *Des pauvres qui sont généreux*

8 Récrivez le texte en accentuant le point de vue exprimé. Choisissez-en un tout à fait objectif ou très subjectif.

Texte 5 : *Raz-de-marée ou raz de misère ?*

9 **a)** Pourquoi y a-t-il autant de phrases interrogatives dans le texte de Pierre Foglia ?

b) Pourquoi y a-t-il autant de phrases non verbales ?

10 Quel néologisme permet à l'auteur de faire valoir son point de vue sur une situation intolérable ? Comment l'auteur a-t-il créé ce néologisme ?

11 Quelle est la différence entre l'opinion présentée dans le texte 3 et celle qui est exprimée dans ce texte ?

Suivez **le guide** `3.4`

Le recours aux manipulations syntaxiques en lecture

Pour arriver à dégager l'information essentielle d'un texte, il est souvent utile de recourir à des manipulations syntaxiques afin de mieux en comprendre les passages difficiles. À titre d'exemple, prenons la phrase suivante et faisons-lui subir quelques transformations.

> *Au Libéria, la persistance des affrontements armés qui limitent l'accès à la majeure partie des zones de production agricole et provoquent des déplacements de population massifs est la principale cause de l'insécurité alimentaire.* (texte 1, lignes 12-15)

Effacement

Au Libéria, la persistance des affrontements armés ~~qui limitent l'accès à la majeure partie des zones de production agricole et provoquent des déplacements de population massifs~~ *est la principale cause de l'insécurité alimentaire.*

Remplacement

Ils [les affrontements armés] *limitent l'accès à la majeure partie des zones de production agricole.*

Ils [les affrontements armés] *provoquent des déplacements de population massifs.*

Déplacement ou encadrement

Ce qui est la principale cause de l'insécurité alimentaire, c'est la persistance des affrontements armés.

Ce sont les affrontements armés qui limitent l'accès à la majeure partie des zones de production agricole.

Ce sont les affrontements armés qui provoquent des déplacements de population massifs.

■ Appliquez les manipulations syntaxiques de votre choix à la phrase suivante pour mieux la comprendre.

> *Quelque 200 000 personnes déplacées en provenance des régions du nord, du nord-ouest et du centre vivaient dans des camps dans les faubourgs de Monrovia ; à la suite des récentes escalades de violence, la plupart d'entre elles ont fui vers le centre-ville où elles vivent dans des conditions extrêmement difficiles et dépendent de l'aide alimentaire.* (texte 1, lignes 17-22)

 Les manipulations syntaxiques, p. 255   Activités complémentaires

Réagir aux textes

1 a) Aviez-vous bien saisi le sens de la caricature de la page 152 au premier coup d'œil ? Qu'est-ce qui rend cette caricature difficile à comprendre ?

b) À quel point les textes 1 à 5 aident-ils à mieux comprendre le sens de la caricature ? Lesquels vous ont livré le plus d'information pertinente ?

c) Comment qualifieriez-vous cette caricature : drôle ? sarcastique ? satirique ? grinçante ? dérangeante ? Justifiez votre réponse.

2 D'après vous, à quoi servent les caricatures qu'on présente dans les journaux : à divertir les lecteurs ? à se moquer des gens au pouvoir ? à faire passer un message ? à alléger le contenu aride du journal ? Justifiez votre réponse.

Comparer les textes

1 Tentez d'évaluer, en pourcentage, la proportion faits / opinions dans chacun des textes que vous venez de lire.

Exemple : *Pour le texte 1 : 95 % de faits et 5 % d'opinions.*

Continuez l'exercice pour les textes 2, 3, 4 et 5. Faites-le également pour la caricature. Discutez de ces résultats avec d'autres élèves.

2 a) Pour bien comprendre l'actualité, préférez-vous les textes d'opinion ou les textes présentant des faits ? Pourquoi ?

b) Dans quelle situation faut-il privilégier la lecture de textes présentant surtout des faits ?

c) Dans quelle situation préférera-t-on lire des textes présentant surtout des opinions ?

3 Survolez les textes présentés dans la troisième zone du recueil, puis répondez aux questions suivantes.

r Zone 3, p. 118-173

a) Quels sont les trois textes les plus factuels (qui présentent le plus de faits) ? Comment les avez-vous repérés ?

b) Quel est le texte courant le plus subjectif, autrement dit celui dont le point de vue est le plus engagé ? Justifiez ce choix.

4 Feuilletez un journal pour y repérer :

a) les articles qui présentent des faits de façon objective ;

b) la page qui présente la caricature ;

c) les parties qui présentent des textes exprimant des opinions.

⚡ À vous de jouer

Derrière la caricature

La caricature de presse, voilà le cœur de ce projet. Comme vous le savez sans doute, ce type de caricature est un dessin humoristique qui offre une interprétation d'un thème (par exemple, la pauvreté) ou d'un événement précis de l'actualité (par exemple, un séisme, une élection, une guerre). Il s'agit en quelque sorte d'un *commentaire visuel* sur ce thème ou cet événement. C'est une caricature de ce genre dont vous aurez besoin pour démarrer votre travail.

Lorsque vous aurez trouvé une caricature qui vous fait sourire, qui vous secoue, que vous avez du mal à décoder…, vous entreprendrez des recherches pour identifier les faits qui ont inspiré le ou la caricaturiste. Dans un texte descriptif, vous fournirez ensuite quelques clés de lecture pour aider les lecteurs qui resteraient perplexes devant cette caricature. Vous exposerez enfin le fruit de votre travail en classe ou dans un autre lieu de votre choix.

 Outils complémentaires

1 **a)** Choisissez une **caricature de presse**. On trouve ce type de caricature :

- dans les quotidiens, en page opinion (dite *page éditoriale*) ;

- dans certains magazines, en particulier ceux qui traitent d'actualité ;

- sur les sites Internet des quotidiens et de certains magazines ;

- dans des recueils de caricatures ou sur les sites Internet des caricaturistes eux-mêmes (Serge Chapleau, André-Philippe Côté, Garnotte, Marc Beaudet, Pascal Élie, Aislin, Bado, Boris, Plantu, etc.).

 … et même dans le recueil.

b) Notez la **source** de cette caricature (nom du journal, de la revue, du site Internet…) et sa **date de parution**.

 Noter une référence, p. 297

2 Cernez le **sujet** de votre caricature.

a) Indiquez :

- le domaine auquel elle appartient (actualité régionale, nationale, internationale) ;

- le secteur qu'elle touche (politique, santé, société, économie, éducation…).

b) Observez le dessin et, s'il y a lieu, le texte qui l'accompagne. Ensuite, répondez sommairement aux quatre questions suivantes, selon les connaissances que vous possédez sur le thème ou l'événement traité.

Quoi ?	Sur quel thème ou quel événement la caricature attire-t-elle l'attention ? Quelle place ce thème ou cet événement tient-il ou a-t-il tenu dans l'actualité ?
Quand ?	Peut-on situer ce thème ou cet événement dans le temps ? Si oui, précisez.
Où ?	Peut-on situer ce thème ou cet événement en un lieu ? Si oui, précisez.
Qui ?	Qui la caricature met-elle en scène ? À qui fait-elle référence ?

Voici, à titre d'exemple, la « lecture » d'une caricature :

Quoi ? *Les paroles qui viennent de la télévision indiquent qu'il est question d'un tsunami, d'aide humanitaire, de mobilisation mondiale, de solidarité…*

Quand ? *Il doit s'agir du tsunami qui a eu lieu en décembre 2004. – La scène se passe après l'événement, au moment où le monde se mobilise pour aider les victimes de ce tsunami (on voit un hélicoptère à la télé).*

Où ? *La scène se déroule dans une région désertique. – Le tsunami s'est évidemment produit ailleurs, à proximité d'un océan (l'océan Indien).*

Qui ? *Les gens représentés semblent très pauvres. Deux d'entre eux souhaitent que les conditions soient réunies (tsunami, affluence de touristes) pour avoir droit au même élan de solidarité. – Il est question de l'ONU.*

Illustration Boris.

3 Après cette première observation, vous constatez sans doute qu'il vous faut préciser certains aspects de votre caricature. Bâtissez votre terrain d'enquête en formulant quelques **questions pour connaître ou préciser les faits** à l'origine de la caricature.

Voici des exemples de questions en lien avec la caricature de Boris :

– *Que représentent au juste les personnages dans le désert ?*

– *Qu'est-ce que l'ONU précisément ?*

– *Quand et où exactement a eu lieu le tsunami dont il est question ?*

– *Quelles conséquences et quel impact cet événement a-t-il eus ?*

4 Partez en **quête d'information** en vue d'établir les faits directement liés à votre caricature.

a) Trouvez des **sources** écrites (journaux, publications sur Internet, etc.) ou orales (télévision, personnes de votre entourage, etc.) qui sont crédibles et aussi neutres que possible.

– Une source crédible est notamment reconnue par un grand nombre de personnes. La page Web personnelle d'une personne inconnue, par exemple, n'est pas une source crédible.

– Une source neutre n'est pas porteuse d'une vision particulière. Le site d'un parti politique, par exemple, n'est pas une source neutre.

b) Consultez les sources sélectionnées et ne retenez que les **faits**. Pour vous aider à départager les faits des opinions, portez attention aux mots qui révèlent l'objectivité (ex. : *une catastrophe qui a fait* <u>*entre 216 000 et 232 000*</u> *morts et disparus,* <u>*selon différentes évaluations*</u>) ou la subjectivité (ex. : *une catastrophe* <u>*profondément affligeante*</u>).

| Choisir | Planifier | **Rédiger son texte** | Réviser | Présenter |

5 Rédigez un **brouillon du texte principal** qui accompagnera votre caricature.

- Ce texte doit être court et descriptif, car il sera lu dans le cadre d'une exposition.

- Il doit répondre aux questions *Quoi ? Quand ? Où ?* et *Qui ?* (Vous pouvez présenter l'information de façon suivie ou dans un tableau.)

- Il doit présenter de façon objective des faits uniquement liés à la caricature.

6 Malgré les faits que vous rapportez dans votre texte, certaines personnes pourraient ne pas saisir la drôlerie ou l'ironie de votre caricature. Rédigez à leur intention un très **court texte** que vous apposerez au **verso de votre caricature**. Ces personnes n'auront qu'à tourner la caricature pour enfin comprendre !

Ce court texte :

- met en relief les aspects de la caricature qui produisent un effet humoristique ;

- précise le message du ou de la caricaturiste (son point de vue).

Voici un exemple en lien avec la caricature de Boris.

RECTO

Quoi ? Les paroles qui viennent de la télévision indiquent qu'il est question d'un tsunami, d'aide humanitaire, de mobilisation mondiale, de solidarité...

Quand ? Il doit s'agir du tsunami qui a eu lieu en décembre 2004. – La scène se passe après l'événement, au mor[...] pour aider les victim[...] hélicoptère à la télé).

Où ? La scène se déro[...] désertique. – Le tsun[...] produit ailleurs, à pr[...] Indien).

Qui ? Les gens représ[...] Deux d'entre eux sou[...] soient réunies (tsun[...] pour avoir droit au n[...] Il est question de l'O[...]

Illustration Boris.

VERSO

Ces Africains qui souffrent de la pauvreté jalousent les victimes du tsunami à cause de la grande attention médiatique et de l'aide importante qu'elles reçoivent... Ils se mettent à souhaiter un tsunami... (en plein désert !) avec des touristes, puisque cela semble intéresser les médias. Cette situation montre combien la misère de ces gens est grande !

Avec sa caricature, Boris veut rappeler que si les victimes du tsunami bénéficient d'une aide humanitaire généreuse, d'autres gens dans le besoin n'ont pas droit à l'attention des médias ni à la même générosité.

7 **a)** Faites une première **révision** de votre texte principal en vue de l'améliorer. Portez attention aux aspects suivants.

Point de vue	• Votre texte est-il exempt de marques de subjectivité?
	• Les faits que vous rapportez sont-ils tous vérifiables? Pouvez-vous les appuyer à l'aide de sources crédibles?
Précision de l'information	• Compte tenu des connaissances supposées de vos destinataires, les faits sont-ils suffisamment précisés? **3.5**
	• Votre texte, qui doit être court, présente-t-il des répétitions ou des renseignements superflus?

b) Faites les **modifications** qui s'imposent pour améliorer ce texte.

8 Faites une dernière révision de votre texte descriptif. Révisez également le texte que vous placerez au verso de la caricature en vous attardant particulièrement sur la langue.

 Réviser son texte, p. 302

Suivez le guide **3.5**

Les compléments du nom

Dans une description, les compléments du nom apportent parfois des renseignements essentiels à la compréhension des destinataires.

1 Les phrases suivantes contiennent chacune un complément du nom qui définit une réalité possiblement méconnue de personnes de votre âge. Relevez ces compléments du nom.

1. *Le 26 décembre 2004, un tsunami (une vague très haute qui pénètre profondément dans les terres) fait plus de 200 000 morts et disparus.*

2. *En plein cœur de la saison touristique, qui s'étale de novembre à mai, un tsunami frappe les côtes de l'océan Indien.*

3. *En Afrique subsaharienne, aussi appelée Afrique Noire, 23 pays vivent une crise alimentaire.*

2 Les compléments que vous deviez relever sont détachés du reste de la phrase. Précisez de quelle façon ils le sont.

 Les groupes de mots, p. 268
Les fonctions syntaxiques, p. 271

 Activités complémentaires

9 Déterminez en groupe le **lieu** dans lequel vous présenterez vos caricatures (dans la classe, ailleurs dans l'école, à la bibliothèque municipale, etc.).

10 Préparez votre **présentation**.

- Collez sur un grand carton votre texte principal et fixez la caricature au carton de façon qu'il soit possible de lire le texte au verso (celui qui explique l'effet de la caricature).

- Notez la source de la caricature.

- Ajoutez un titre neutre qui annonce le sujet de la caricature.

Attention! L'ensemble doit être lisible à une distance raisonnable.

⁂Retour

Tout le monde dit qu'Internet est extraordinaire pour trouver de l'information. Mais êtes-vous efficace lorsque vous utilisez ce média? Voici un petit test pour évaluer vos connaissances et habiletés...

- Distinguez les réalités suivantes, qui sont propres à Internet, en en donnant une brève définition.
  - *Moteur de recherche*   – *Page Web*
  - *Site Internet*   – *Cybercarnet*
  - *Forum de discussion*   – *Hyperlien*

- Connaissez-vous les particularités suivantes des requêtes sur un moteur de recherche?
  - Il est généralement possible de choisir la langue de recherche, le lieu (Web mondial, Web francophone, etc.) et le type de documents recherchés (textes, images, etc.).
  - Il est inutile d'utiliser des déterminants et des prépositions (*le*, *la*, *les*, *avec*, *sur*, *dans*, etc.), ainsi que des majuscules : le moteur n'en tient pas compte.
  - Il suffit de placer une suite de mots entre guillemets pour trouver des pages qui présentent ces mots dans l'ordre demandé (ex.: «*caricatures de presse*»).
  - On peut utiliser le symbole «-» devant un terme pour l'exclure de la recherche.

- Lorsque vous faites une recherche d'information dans Internet, comment vous y prenez-vous?
  - ✓ J'utilise des termes qui mènent rapidement vers des liens intéressants.
  - ✓ Je conserve le fil de mes idées d'un hyperlien à l'autre.
  - ✓ Je vérifie qui est l'auteur ou l'auteure d'un site ou d'un texte (un particulier, un organisme officiel, une entreprise privée...) et la date de publication ou la dernière mise à jour.

- D'après les réponses que vous venez de donner, où vous situez-vous sur l'échelle suivante?

Internaute du dimanche   ⊟   1   2   3   4   5   ⊞   Superinternaute

- Quel moyen pourriez-vous utiliser pour améliorer votre connaissance d'Internet et vos compétences pour y chercher de l'information?

Une revue de l'actualité

Lisez les journaux pendant une semaine, puis faites une rétrospective de l'actualité. Pour égayer la présentation, décernez des prix symboliques aux principaux acteurs de la scène politique, choisissez les héros et les « zéros » de la semaine, déterminez la bonne et la mauvaise nouvelle des derniers jours, etc. N'hésitez surtout pas à donner votre opinion sur ce qui s'est passé dans le monde, au pays, ou dans votre communauté...

La parole est à vous

Il y a sûrement dans votre localité une situation que vous aimeriez dénoncer, par exemple le manque d'espaces verts, la pollution par le bruit, la pauvreté grandissante, la sécurité des routes pour les cyclistes et les piétons, ou encore l'absence de planchodromes dans votre localité. En vous inspirant des lettres brèves et frappantes qu'on envoie dans les journaux, exprimez votre opinion haut et fort en dénonçant les faits qui vous indignent. Si le cœur vous en dit, envoyez cette lettre ouverte à la rédaction d'un quotidien ou d'un hebdomadaire. On voudra peut-être la publier !

La voix de BEAUMONT

88¢ + taxes + 1$ — Le mardi 13 mars 2008

Courrier des lecteurs

Aidons-nous vraiment les déshérités ?

Les mesures prises par nos gouvernants sont malheureusement une goutte d'eau dans la mer quand il s'agit de lutter contre la pauvreté, qui touche de plus en plus de gens. Je souhaiterais sincèrement que, comme société, nous nous donnions tous les moyens possibles pour essayer d'éradiquer ce fléau qui culmine dans l'itinérance. Comment ? Eh bien, peut-être y a-t-il lieu de commencer par des allocations familiales plus généreuses, des exonérations fiscales pour les gagne-petit et les familles monoparentales, et des aides financières indexées au coût de la vie pour ceux et celles qui sont dans l'incapacité de travailler.

Shira Akoka, Saint-Georges

Mon opinion

Autres textes à explorer

Lisez les trois textes suivants du recueil.

 Pays pauvres et pays riches, p. 121-124

Une situation qui s'aggrave, p. 132-133

Intimidation et taxage, p. 143-144

Lequel de ces textes vous conscientise le plus aux injustices qui sévissent dans nos sociétés ?

▢ Activités d'approfondissement

LA SUBORDONNÉE RELATIVE

Observer

1 Lisez le texte encadré, puis déterminez si les énoncés 1 à 4 sont vrais ou faux. Justifiez votre réponse à l'aide d'exemples tirés du texte.

1. L'effacement d'un complément du nom ne change rien au sens de la phrase.

2. Il est généralement impossible de déplacer un complément du nom.

3. Un complément du nom est utile pour apporter des précisions.

4. Un complément du nom est toujours construit de la même façon.

> ### Oui ou non ?
>
> Je dis non aux fusils chargés de haine,
> Non au pouvoir auquel on s'accroche,
> Non aux chenilles des chars d'assaut,
> Non aux prisons pour contestataires.
>
> Je dis oui aux dons qui vont du nord vers le sud,
> Oui au pouvoir de l'entraide,
> Oui aux papillons de la paix,
> Oui à la liberté de dire non.

Explorer

~~~ **DÉFINITION**

Subordonnée relative : Phrase insérée dans un groupe du nom au moyen d'un pronom relatif (*qui*, *que*, *dont*, *où*...). Elle a la fonction de complément du nom.

2 **a)** Quels compléments du nom surlignés dans le texte *Oui ou non ?* ci-dessus sont des subordonnées relatives ? Justifiez vos choix à l'aide de la définition.

b) Comparez les subordonnées surlignées dans la phrase ci-dessous.

> *J'aimerais que la beauté soit à la portée de tous,*
> *comme ces arcs-en-ciel que la nature offre gracieusement.*

Laquelle est une subordonnée relative ? Justifiez votre affirmation à l'aide de la définition.

3 À l'origine de toute subordonnée relative, il y a une phrase autonome. Pour vous en assurer, observez les exemples du tableau de la page suivante, qui présente des subordonnées relatives et les phrases autonomes dont elles sont issues.

atelier DE grammaire

SUBORDONNÉES RELATIVES (SURLIGNÉES)	PHRASES AUTONOMES CORRESPONDANTES
Je connais des pays…	
– ***où*** *des enfants travaillent du matin au soir.*	→ *Dans ces pays, des enfants travaillent du matin au soir.*
– ***dont*** *les populations sont muselées.*	→ *Les populations de ces pays sont muselées.*
– ***qui*** *sont dépossédés de leurs ressources les plus vitales.*	→ *Ces pays sont dépossédés de leurs ressources les plus vitales.*
– ***que*** *la guerre ravage et affame.*	→ *La guerre ravage et affame ces pays.*

Les pronoms relatifs, en gras, remplacent les groupes de mots encadrés. Identifiez les caractéristiques de ces groupes, puis complétez les énoncés suivants à l'aide des pronoms relatifs *où*, *dont*, *qui* et *que*.

A. Le pronom relatif ▒▒▒ remplace un groupe du nom sujet.

B. Le pronom relatif ▒▒▒ remplace un groupe du nom complément direct du verbe.

C. Le pronom relatif ▒▒▒ remplace un groupe prépositionnel qui commence par « de », qu'il soit complément indirect du verbe, complément du nom ou de l'adjectif.

D. Le pronom relatif ▒▒▒ remplace un groupe prépositionnel complément indirect du verbe ou complément de phrase qui indique le temps ou le lieu.

4 Observez les phrases ci-dessous, puis dites pourquoi le « que » est mal utilisé dans les phrases incorrectes. Servez-vous de vos observations précédentes pour formuler votre explication.

Phrases incorrectes ⃠	Phrases correctes ○
1. ⃠ Un peuple peut en venir à taire des épisodes **qu'**il n'est pas fier dans son histoire.	1. ○ Un peuple peut en venir à taire des épisodes **dont** il n'est pas fier dans son histoire.
2. ⃠ Il y a eu une période d'environ 200 ans **que** l'esclavage se pratiquait au Canada français.	2. ○ Il y a eu une période d'environ 200 ans **où** l'esclavage se pratiquait au Canada français.

5 **a)** Dans le tableau suivant, le pronom relatif « qui » est précédé d'une préposition, sauf dans les deux derniers cas. Trouvez la préposition manquante au début de ces énoncés et justifiez votre choix.

SUBORDONNÉES RELATIVES (SURLIGNÉES)	PHRASES AUTONOMES CORRESPONDANTES
J'ai un ami…	
– *avec **qui** j'échange des idées sans craindre d'être jugée.*	→ *J'échange des idées avec cet ami (GPrép) sans craindre d'être jugée.*
– *sur **qui** je peux compter lorsque rien ne va plus.*	→ *Je peux compter sur cet ami lorsque rien ne va plus.*
– *… **qui** je dis tout, ou presque.*	→ *Je dis tout, ou presque, à cet ami.*
– *… **qui** j'accepte tout, ou presque.*	→ *J'accepte tout, ou presque, de cet ami.*

b) Trouvez la préposition manquante au début des deux derniers énoncés de la série suivante et justifiez votre choix.

SUBORDONNÉES RELATIVES (SURLIGNÉES)	PHRASES AUTONOMES CORRESPONDANTES

Je connais des mots...

GPrép

- *avec **lesquels** on ne joue pas* .   → *On ne joue pas* ⬚avec ces mots⬚.
- *contre **lesquels** on doit lutter* .   → *On doit lutter* ⬚contre ces mots⬚.
- *... **lesquels** je me battrais* .   → *Je me battrais* ⬚pour ces mots⬚.
- *... **lesquels** le monde serait triste* .   → *Le monde serait triste* ⬚sans ces mots⬚.

c) Complétez l'énoncé suivant.

Les pronoms *qui* et *lequel* précédés d'une préposition (ex. : ▨▨▨▨, ▨▨▨▨, ▨▨▨▨) remplacent un groupe prépositionnel complément (du verbe, de phrase...) qui commence par la même ▨▨▨▨.

6 Dans la phrase suivante, on peut utiliser indifféremment les mots « de + qui », « dont » ou « de + lequel » (*duquel, desquels, desquelles, de laquelle*).

> *J'aime cette personne **de qui / dont / de laquelle** j'accepte tout, ou presque*.

Par contre, il est incorrect d'utiliser une préposition (*de, à, avec*) + « qui » dans les phrases suivantes. Selon vous, pourquoi le « qui » ne convient-il pas dans les phrases incorrectes ?

Phrases incorrectes 🚫   **Phrases correctes** ◯

1. 🚫 Je connais des mots **de qui** il faut se méfier.

1. ◯ Je connais des mots **desquels / dont** il faut se méfier.

2. 🚫 Je connais un mot **avec qui** on ne plaisante pas.

2. ◯ Je connais un mot **avec lequel** on ne plaisante pas.

S'exercer   ▣   Activités complémentaires

Au besoin, faites quelques activités pour vous exercer avant d'aller plus loin.

Aller plus loin

7 Voici des mots tirés de la *Convention internationale des droits de l'enfant* (ONU, 1989).

Bonheur	Justice	Personne mineure
Discrimination	Liberté	Relations familiales
Égalité	Négligence	Respect
Enfant	Parents	Tolérance
Exploitation	Personne humaine	Victime

a) Choisissez au moins six mots ou expressions de cette liste et constituez-vous un lexique personnel en suivant les consignes ci-dessous.

– Définissez chaque mot ou expression en vos propres termes. Amusez-vous : rien ne vous empêche de prendre le ton de l'humour ou de l'ironie !

– Utilisez au moins une subordonnée relative dans chaque définition.

– Variez les pronoms relatifs : *qui* (*à qui, de qui,* etc.), *que, dont, où, lequel* (*auquel, duquel, desquels,* etc.).

Exemple :

Personne humaine : Personne qui n'est ni animale ni extraterrestre *et* dont on ne reconnaît pas toujours les droits fondamentaux, en particulier si elle est âgée de moins de dix-huit ans*.*

b) Suivez la procédure ci-dessous pour réviser les subordonnées relatives dans votre texte.

1ʳᵉ étape Surlignez les subordonnées relatives.

2ᵉ étape Vérifiez l'emploi des pronoms relatifs. En cas de doute :

– construisez une phrase autonome à partir de la subordonnée ;

– observez le groupe de mots à remplacer et identifiez ses caractéristiques (fonction, construction, sens particulier : lieu, temps, personne…) ;

– consultez les règles d'emploi des pronoms relatifs.

 La subordonnée relative, p. 276

3ᵉ étape S'il y a lieu, vérifiez les accords avec :

– le pronom relatif *qui* sujet (accord du verbe, de l'adjectif attribut du sujet, du participe passé employé avec *être*) ;

– le pronom relatif *que* complément direct (accord du participe passé employé avec *avoir*). **3.6**

Suivez le guide 3.6

L'accord du participe passé employé avec *avoir*

Le participe passé employé avec *avoir* s'accorde avec le complément direct si ce complément est placé avant le verbe. Dans ce contexte, le complément direct est souvent un pronom, par exemple le pronom relatif « que ».

1 Nommez d'autres pronoms qui peuvent aussi avoir la fonction de complément direct du verbe.

2 Relevez les participes passés employés avec *avoir* dans le texte suivant et justifiez leur accord.

Les droits de l'enfant

La *Convention internationale des droits de l'enfant,* que le Canada a signée avec 191 autres pays, est le traité le plus ratifié de toute l'histoire. Cependant, parce qu'elle interdit la peine de mort pour les mineurs, les États-Unis n'ont pas adhéré à cette Convention. En décembre 2003, 25 États conservaient encore la peine capitale applicable aux enfants. Bien que les États-Unis l'aient abolie en janvier 2005, ils n'ont toujours pas signé la Convention.

 Les fonctions syntaxiques, p. 271
Les accords, p. 286

 Activités complémentaires

Z4NE

SOUS ENQUÊTE

Nous sommes tous quelque peu voyeurs. C'est ainsi que nous ralentissons, par exemple, pour observer la scène d'un accident de la route, que nous nous délectons des faits divers relatés dans les quotidiens, et que le compte rendu d'un procès nous visse devant notre téléviseur.

Cet engouement pour le spectaculaire se manifeste aussi dans l'intérêt que nous portons aux œuvres de fiction. Dans la littérature et le cinéma, ce sont les romans policiers qui ont le plus large lectorat, et les films à suspense l'auditoire le plus fidèle. Ce besoin d'éprouver des sensations fortes, par exemple à travers les tribulations d'une enquêteuse opiniâtre ou la narration d'une mésaventure peu banale, s'explique de plusieurs façons. Il découle d'abord et avant tout du goût que nous avons tous en général de mettre un peu de piquant dans la monotonie de notre existence.

Dans les pages qui suivent, vous découvrirez différents textes relatifs à l'univers fictif du polar et à celui, bien réel, de l'actualité policière.

SECTION ① L'intrigue policière
SECTION ② L'actualité policière

?

Que pensez-vous de la fascination qu'exercent les histoires policières sur les gens ?

SECTI⓵N

L'intrigue policière

La peur, l'angoisse, la mort, la violence, le mal… voilà ce qui est au cœur du genre policier. Pour attiser votre goût du mystère, nous vous proposons dans cette section deux romans à suspense et un roman à énigme. En parcourant les extraits de ces romans, vous observerez comment les auteurs captent l'attention des lecteurs dès les premières lignes, puis les plongent dans des atmosphères prenantes tout en mettant en place l'intrigue.

Cette incursion dans la littérature de mystère vous fournira quelques clés pour relever un fameux défi : écrire un court récit policier. À cette occasion, vous expérimenterez deux façons de faire que de nombreux auteurs de polars ont éprouvées : l'exploitation du fait divers pour inventer une histoire et l'écriture à quatre mains…

D'autres idées vous offriront par la suite la possibilité de poursuivre cette exploration de l'univers sombre du policier. Un atelier de grammaire sur mesure vous aidera à utiliser les phrases passives, qui peuvent être utiles lorsqu'on veut éviter de révéler l'identité de la personne qui a accompli une action (un meurtre, par exemple).

Vous êtes dans une salle d'attente pour quelques heures encore… Devant vous se trouvent un vieux journal relatant une chasse à l'homme et un roman policier. Lequel choisissez-vous ? Pourquoi ?

Plan

📖 Explorer

🏃 À vous de jouer

➕ Zone *plus*

ⓐ Atelier de grammaire

Ces deux hommes arrivent trop tard... Un rusé criminel, qui signe ses méfaits de façon à narguer ses poursuivants, vient de leur échapper. *La Marque jaune* (1956) est un album de la série *Blake et Mortimer*, créée par le dessinateur belge Edgar P. Jacobs.

L'affaire Jennifer Jones est un roman policier à suspense destiné aux adolescents. Au fil de la lecture, on plonge peu à peu dans le passé d'une enfant qui a commis une «erreur» qu'elle ne pourra jamais réparer. Une fois libérée, cette meurtrière devient la victime des médias qui s'acharnent sur l'affaire et qui l'empêchent de se construire un avenir.

Anne Cassidy

Née à Londres en 1952, Anne Cassidy a commencé à écrire dans la trentaine. Après avoir travaillé comme enseignante pendant quelques années, elle se consacre entièrement à l'écriture. En moins de 18 ans, elle publie près de 40 livres. Plusieurs de ses titres s'adressent aux adolescents, dont la série des *Enquêtes de Patsy Kelly* qui comprend, entre autres, *Affaires de famille* (1997), *Mort accidentelle* (1997), *Rendez-vous nocturne* (1998) et *Pas de temps à perdre* (1999). Passionnée de romans policiers, Anne Cassidy se concentre sur le récit à suspense à tendance psychologique. Dans ses livres, on ne cherche pas nécessairement à découvrir qui est le ou la coupable, mais plutôt à cerner les causes du meurtre et ses conséquences sur la vie quotidienne des gens. C'est le cas de *L'affaire Jennifer Jones*, qui lui a mérité en 2004 le Prix du meilleur livre pour adolescents, en Angleterre.

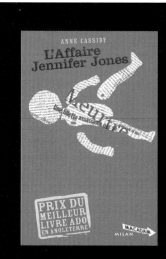

L'AFFAIRE JENNIFER JONES

L'affaire Jennifer Jones, paru en Angleterre en 2004 sous le titre *Looking for JJ*, explore les tréfonds de l'âme humaine dans ce qu'elle a de plus tourmenté. Au début du roman, rien ne laisse présager que la protagoniste a un passé aussi sombre. Il s'agit d'une histoire de meurtre, mais on ne sait pas vraiment pourquoi l'affaire Jennifer Jones préoccupe autant Alice Tully. Il y est question de repentir, de réflexion sur le caractère dramatique d'un infanticide, de la lente descente aux enfers d'une meurtrière particulièrement accablée par les médias.

L'affaire Jennifer Jones rappelle deux histoires vraies qui sont arrivées en Angleterre au cours des dernières décennies. En 1968, à l'âge de 11 ans, Mary Bell est reconnue coupable du meurtre de deux jeunes garçons. Libérée à 23 ans, elle est harcelée par le public et les médias. En 1993, deux garçons de 10 ans, Robert Thomson et Jon Venables, sont reconnus coupables de l'assassinat de James Bulger, 2 ans. Après leur procès, plus de 300 000 personnes signent une pétition pour qu'ils soient emprisonnés plus longtemps que les 10 années prescrites. Libérés en 2001, ils ont droit à une nouvelle vie protégée par l'anonymat, tout comme Mary Bell quelques années plus tôt.

Les crimes commis par des enfants suscitent incompréhension et inquiétude, car on a du mal à imaginer comment quelqu'un ayant commis des atrocités à un si jeune âge pourrait se réformer et devenir une autre personne une fois adulte. En outre, à cause de leur côté spectaculaire, ces crimes sont davantage médiatisés que ceux qui sont commis par des adultes. Il faut pourtant rappeler que le phénomène de la criminalité infantile n'est pas nouveau : au début du XXe siècle, celle-ci défrayait les manchettes ; c'était vrai aussi dans les années 1950, avec la vogue des « blousons noirs ». Dans les deux cas, l'opinion publique a réclamé des mesures plus sévères à l'égard des enfants criminels.

Dans le film *La Fureur de vivre*, James Dean incarne le type parfait du « blouson noir », ce mouvement de jeunes délinquants qui semaient l'inquiétude dans les années d'après-guerre.

Meurtrier à l'âge de 11 ans, Nathaniel Abraham est le plus jeune accusé à avoir été jugé devant un tribunal pour adultes aux États-Unis. Ironiquement, son procès a eu lieu au moment où l'on célébrait le centenaire du premier tribunal pour mineurs aux États-Unis, qui remonte à 1899. Reconnu coupable d'homicide involontaire le 13 novembre 1999 par la cour de Pontiac, au Michigan, Nathaniel Abraham a toutefois purgé sa peine dans un centre de détention pour mineurs.

- Quel sens donnez-vous au mot «suspense»? Proposez quelques exemples de textes littéraires ou de films pour appuyer votre définition.
- Selon vous, comment produit-on un effet de suspense?

Lire et comprendre le texte

L'extrait des deux premiers chapitres de *L'affaire Jennifer Jones* met en scène de manière assez habile la situation de départ d'une histoire policière à suspense. À la lecture de ce texte, portez attention aux points ci-dessous en vous laissant guider par les questions présentées en marge.

A L'intrigue policière

C La narration

B Les caractéristiques des personnages

D Le discours rapporté

UNE ÉTRANGE OBSESSION

1

Tout le monde recherchait Jennifer Jones. D'après les journaux, elle représentait un danger pour les enfants, il valait mieux qu'elle reste derrière les barreaux. Et la population avait le droit de savoir où elle se trouvait. Certains journaux du week-end avaient même
5 exhumé le gros titre d'autrefois: «Œil pour œil...».

Alice Tully dévorait tous les articles qu'elle trouvait sur ce sujet. Frankie, son petit ami, en était sidéré. Il n'arrivait pas à comprendre ce qui la fascinait tant. Pendant qu'elle lisait, il l'enlaçait et l'embrassait dans le cou. Alice essayait de le repousser mais il ne se laissait pas faire,
10 et le journal finissait par terre, tout froissé. Alice ne pouvait pas résister à Frankie. Il était plus grand et plus fort qu'elle, mais le problème n'était pas là. La plupart des gens étaient plus grands et plus forts qu'elle. Alice était petite et mince; elle achetait souvent ses vêtements à moindre prix dans les rayons pour enfants. À côté d'elle, Frankie était
15 un géant. Il aimait l'emporter dans ses bras, surtout lorsqu'ils se disputaient, c'était sa façon à lui de faire la paix.

Elle était heureuse avec lui.

Cependant, pour lire les articles concernant Jennifer Jones, elle préférait mille fois être seule. Mais elle devait attendre que Rosie, chez
20 laquelle elle habitait, soit partie travailler. Rosie était assistante sociale, elle avait de nombreuses personnes à voir et faisait de longues journées, ce qui laissait beaucoup de temps libre à Alice. Quoi qu'il en soit, les articles sur Jennifer Jones n'étaient pas publiés quotidiennement. Ils arrivaient par vagues. Parfois, ils surgissaient en première

1. **B** Qu'apprend-on sur Jennifer Jones dès le début du roman?

2. **D** Cette information est-elle fiable? Pourquoi?

3. **B** Quels aspects de la personnalité d'Alice l'attitude de Frankie dévoile-t-elle?

4. **B** En vous basant sur la séquence descriptive du deuxième paragraphe, quelle(s) impression(s) Alice vous laisse-t-elle?

5. **A** **B** Dans les quatre premiers paragraphes, quels sont les comportements d'Alice qui vous paraissent étranges?

²⁵ page, en gros titres arrogants qui s'imposaient au regard. Mais il leur arrivait aussi d'être insignifiants, dans une page intérieure, nuage bavard planant à la frontière des nouvelles et suscitant un intérêt très moyen.

³⁰ Au moment du meurtre, tous les journaux en avaient parlé pendant des mois. Et le procès avait fait couler beaucoup d'encre. Des dizaines d'articles avaient analysé l'affaire sous tous les angles : les événements de ce jour terrible à Berwick Waters ; le contexte ; les familles des enfants ; les rapports scolaires ; les réactions des habitants ; les lois concernant les enfants meurtriers. Certains journaux populaires se
³⁵ concentraient sur les aspects les plus sordides : tentatives pour cacher le crime, détails du corps de la victime, mensonges des enfants. Alice Tully n'avait rien lu à l'époque. Elle était trop jeune. Cependant, depuis six mois, elle ne laissait passer aucun article, et la question sous-jacente restait la même : comment une petite fille de dix ans
⁴⁰ pouvait-elle tuer un autre enfant ?

Dans les semaines qui avaient précédé le 9 juin, jour du dix-septième anniversaire d'Alice Tully, les articles étaient réapparus : Jennifer Jones avait fini par être libérée après avoir purgé une peine de six ans pour meurtre (le juge avait parlé précisément de « carnage »).
⁴⁵ Elle avait été mise en liberté conditionnelle, ce qui signifiait qu'elle pouvait retourner en prison à tout moment. Maintenant, elle habitait loin du lieu de son enfance, sous une nouvelle identité, et personne ne pouvait savoir qui elle était, ni ce qu'elle avait fait.

[...]

Elle s'assit et lissa le journal. Les gros titres auxquels elle s'attendait
⁵⁰ lui sautèrent aux yeux.

En gros caractères :

Jennifer Jones
libérée au bout de six ans.
Et la justice ?

⁵⁵ Elle prit une poignée de céréales. Sa main tremblait. C'était toujours la même histoire qu'elle lisait depuis plusieurs semaines. Fallait-il libérer Jennifer ? Devait-elle rester en Grande-Bretagne ? Était-elle un danger pour les enfants ? Il y avait un côté revanchard : les parents de la petite fille morte essaieraient-ils de retrouver Jennifer ?

⁶⁰ Comme toujours, le journal donnait un bref résumé de ce qui s'était passé ce jour-là à Berwick Waters. L'article était exactement comme les autres. Alice les avait tous lus. Si quelqu'un le lui avait demandé, elle aurait probablement pu les réciter par cœur. Une journée lumineuse de mai, six ans plus tôt. Le soleil était éclatant,
⁶⁵ mais une brise aigrelette bousculait les buissons et les fleurs, les faisant osciller de-ci de-là. Quand le vent s'était calmé, le soleil était devenu plus chaud et, pendant un instant éphémère, on aurait pu croire que c'était l'été.

6. **A** Quels éléments de l'intrigue (*qui ? quoi ? quand ? où ? comment ? pourquoi ?*) la couverture médiatique du procès révèle-t-elle ?

7. **B** Quel(s) moyen(s) a-t-on mis en place pour permettre la réinsertion sociale de Jennifer Jones ?

8. **D** D'après ce titre, quelle est la position des médias à l'égard de la meutrière, Jennifer Jones ?

9. **B** **C** Quels indices permettent d'affirmer qu'Alice en sait beaucoup trop pour une simple lectrice de journaux ?

Jennifer Jones
libérée au bout de six ans.
Et la Justice?

La ville de Berwick. À quelques kilomètres de la nationale qui
70 menait à Norwich. Il y avait une rue principale avec des boutiques et
un pub, des rues et des rues bordées de maisons et de modestes jardins
bien alignés. Derrière la petite école et le parc, la route quittait la ville,
passait devant la gare désaffectée et continuait en direction de Water
Lane. Une rangée de cottages, qui avaient appartenu à la municipalité ;
75 huit en tout, bordant la route.

[...]

Trois enfants surgirent d'un portail, à l'arrière d'un des jardins, et
empruntèrent le sentier qui menait à Berwick Waters, à un kilomètre
et demi. Ils marchaient d'un pas décidé, vers un but précis. Le lac de
Berwick Waters était une retenue artificielle créée une dizaine d'années
80 plus tôt par la Compagnie des eaux. Il mesurait plus de trois kilomètres
de longueur et il était entouré de bois et de quelques aires paysagères
de pique-nique. Le lac était profond, et les enfants n'avaient pas le droit
d'y aller seuls. Certaines personnes prétendaient que des bandes de
chats sauvages avaient vécu dans le coin et avaient été noyées pendant
85 que le barrage se remplissait. On disait que parfois, dans la journée,
quand le silence était absolu, on pouvait entendre leurs cris. La
plupart des gens n'y croyaient pas, mais beaucoup d'enfants étaient
impressionnés par cette histoire.

En ce jour de mai, il faisait froid, et les trois fillettes essayaient de
90 se réchauffer en serrant leurs bras autour d'elles et en tirant les manches
de leur sweat-shirt pour empêcher la bise coupante de se frayer un
chemin sous leurs vêtements. Cinq minutes plus tard, comme il faisait
trop chaud, elles ôtèrent leur sweat-shirt et le nouèrent solidement
autour de leur taille. Elles étaient trois, parties des cottages bordant la
95 ville en direction de Berwick Waters. Plus tard ce jour-là, seules deux
d'entre elles étaient revenues.

Alice Tully connaissait cette histoire, elle aurait pu écrire un livre
à ce sujet. Elle baissa les yeux sur ses céréales. Elle n'en avait mangé
que la moitié. Prenant sa cuillère, elle continua, mâchant vigoureuse-
100 ment, avalant lentement. Elle sentit à peine le goût de la nourriture.
L'article se terminait par une citation d'un porte-parole du ministère
de l'Intérieur : « Comme toute autre affaire criminelle, le cas de
Jennifer Jones a été soigneusement examiné. Selon l'opinion de
chaque personne consultée, la jeune fille ne présente aucun danger
105 pour les enfants. Par conséquent, elle a été mise en liberté surveillée et
vit actuellement dans un environnement protégé. Toute idée ou tout
acte de vengeance seraient complètement déplacés et feraient l'objet
de poursuites sévères. »

Où était Jennifer Jones ? C'était la question que tout le monde se
110 posait, et il n'y avait dans le pays qu'une poignée de gens capables d'y
répondre. Alice Tully en faisait partie.

10. **A** **C** Quels éléments vous paraissent les plus importants dans le retour en arrière que fait le narrateur (lignes 76-96) ?

11. **A** **B** Que révèle le comportement d'Alice Tully après la lecture du journal ? Selon vous, pourquoi réagit-elle ainsi ?

12. **B** **D** Comment le porte-parole du ministère de l'Intérieur perçoit-il Jennifer Jones ? Cette perception est-elle semblable à celle des médias ou en diffère-t-elle ?

13. **A** Quel indice révèle qu'Alice Tully est très impliquée dans l'affaire Jennifer Jones ?

Il fallut plusieurs jours à Alice pour remarquer l'homme à la veste de cuir. Elle avait dû le servir chaque fois qu'il était venu, mais elle n'en était pas sûre. Cette semaine, elle travaillait dans l'équipe du matin au
115 *Coffee Pot*, et commençait à sept heures. Laurence, Julien et elle servaient chaque jour des centaines de clients. La plus grosse affluence avait lieu entre sept heures trente et huit heures. [...]

L'homme était assis près de la fenêtre, dans la salle réservée aux fumeurs. Il prenait un grand cappuccino et un muffin. Il buvait
120 lentement et, quand il eut fini, il vint commander une autre tasse. Chaque matin, il s'installait à la même table, où il restait environ une heure et demie. Cela ne dérangeait pas Alice. Il y avait une dizaine de tables dans le café et, sauf à l'heure du déjeuner, la moitié seulement étaient occupées. Si un client avait envie de s'attarder, lire le journal,
125 travailler sur son ordinateur ou feuilleter un magazine, cela ne posait aucun problème. Le café était situé à deux cents mètres environ de la station de métro. Les gens attendaient souvent une personne avec laquelle ils avaient rendez-vous, quand ils ne venaient pas tout simplement passer un moment.

130 Le jour où l'homme à la veste de cuir vint s'asseoir pour la troisième matinée consécutive, Alice l'observa attentivement. D'âge moyen, il était très grand, et trop volumineux pour les petites chaises du *Coffee Pot*. Ses cheveux commençaient à s'éclaircir sur le sommet de son crâne, mais ceux qui lui restaient étaient longs et il les retenait en
135 queue-de-cheval sur la nuque. Devant lui étaient éparpillés des objets qu'il avait sortis d'un sac à dos usagé, posé par terre : un appareil photo, un bloc-notes, un atlas et quelques dossiers. Il restait peu de place pour sa tasse en carton et sa pâtisserie. La plupart du temps, il regardait par la fenêtre et prenait des notes. Alice se demanda s'il était
140 écrivain.

[...]

Quelques journaux traînaient sur des tables. Pendant qu'elle les repliait, elle croisa le regard de l'homme à la veste de cuir. Tenant sa cigarette entre le pouce et l'index, il lui adressa un signe de tête cordial. Quand il partit, Julien nettoya sa table et revint au comptoir avec un
145 morceau de papier à la main.

— Le gros type à la queue-de-cheval, il a oublié ça. Mets-le derrière le comptoir, il va peut-être revenir.

Alice le prit. Il y avait quelques mots griffonnés et de petits dessins.

— C'était sur la chaise en face de lui. Il a dû glisser de la table.
150 Regarde, il y a des numéros de téléphone, il en a peut-être besoin.

Mais Alice se moquait des numéros de téléphone. En haut de la page, trois noms étaient écrits et soulignés plusieurs fois :

« Jennifer Jones », « Michelle Livingstone », « Lucy Bussell ».

14. B Comment Alice Tully gagne-t-elle sa vie ?

15. A B D'après cette description, quel genre de métier pourrait exercer l'homme à la veste de cuir ?

16. A B Comment traduisez-vous la réaction d'Alice à la découverte de ces trois noms ?

Alice plia le papier en deux et encore en deux. Elle entendait
155 Laurence et Julien parler derrière elle, mais elle n'avait aucune idée de
ce qu'ils pouvaient se raconter. [...]

L'appartement n'était qu'à cinq minutes de là mais elle accéléra le
pas. Elle voulait s'y retrouver seule avant que quelque chose n'explose
en elle.

[...]

160 Le lendemain, quand l'homme à la veste de cuir arriva, elle attendit
que l'affluence soit passée avant de se diriger vers lui, la feuille de papier
à la main.

— Vous l'avez oubliée hier. J'ai pensé que c'était peut-être important.

Elle la lui tendit. La feuille était striée de pliures. L'homme parut à
165 la fois étonné et content.

— Merci beaucoup, je me demandais où elle était passée.

— Êtes-vous journaliste ? demanda nonchalamment Alice.

— Non.

— Je me demandais, avec ces noms, si vous faisiez une enquête sur
170 cette fille, celle qui vient juste d'être libérée.

— Bien vu, dit-il. En fait, je suis détective privé. Je recherche
Jennifer Jones, mais pas pour un article de journal.

Il se tapota le bout du nez et retourna à ses papiers.

Les lèvres d'Alice se retroussèrent en un sourire forcé, découvrant
175 ses dents. Elle hocha la tête comme si l'inconnu venait de dire quelque
chose de banal. Mais au fond d'elle, elle se sentait anéantie.

17. **B** **D** Qu'est-ce que cette conversation vous apprend sur l'homme à la veste de cuir ?

18. **A** **B** D'après vous, pourquoi Alice a-t-elle une réaction aussi vive ?

Reg⊚rd sur le texte

A **L'intrigue policière** L'élément clé d'un roman policier est l'intrigue. On doit en fait la découvrir au fil de la lecture. Sans intrigue, impossible de créer la tension nécessaire pour éveiller chez les lecteurs le malaise ou l'angoisse qui les poussera à vouloir résoudre l'énigme. Voici les questions que peut susciter l'intrigue :

- *Qui ?* ▶ Qui est Jennifer Jones ? Et la victime ? Y avait-il des témoins ?
- *Quoi ?* ▶ Que s'est-il passé ? Était-ce un crime sordide ?
- *Quand ?* ▶ Quand et dans quelles circonstances le meurtre s'est-il produit ?
- *Où ?* ▶ À quel endroit le crime a-t-il été commis ? Qu'est-ce que la scène du crime avait de particulier ?
- *Comment ?* ▶ Comment les parents de Jennifer Jones ont-ils réagi ? Et les médias ?
- *Pourquoi ?* ▶ Pourquoi a-t-elle commis un meurtre à cet âge ? Pourquoi y a-t-il encore des articles à ce sujet ?

Une intrigue bien ficelée ne donne pas de réponses explicites à toutes ces questions. Elle laisse le lecteur libre de faire ses propres déductions.

B **Les caractéristiques des personnages** Pour faire avancer l'intrigue le plus lentement possible, le narrateur décrit généralement les personnages par touches successives, en s'attardant surtout sur leurs particularités psychologiques et sociales. Dans les deux premiers chapitres de l'extrait, par exemple, on découvre Alice Tully et Jennifer Jones à travers leurs expériences passées, leurs réactions aux événements, leurs attitudes à l'égard des autres, leurs sentiments, la perception que les autres ont d'elles, etc.

C **La narration** Les romans policiers sont souvent écrits à la troisième personne, car seul un narrateur « omniscient », qui sait tout des personnages (*omni-* : tout ; *-science* : savoir), peut contrôler les éléments de l'intrigue. Véritable complice des auteurs, ce narrateur se complaît à proposer des indices ou à brouiller les pistes pour tenir les lecteurs en haleine. Par son intermédiaire, on accède aussi au monde intérieur des personnages. C'est lui, par exemple, qui nous apprend qu'Alice Tully adore dévorer les articles de journaux à propos de Jennifer Jones, qu'elle est heureuse avec Frankie, mais qu'elle préfère être seule pour lire ces articles.

D **Le discours rapporté** Le narrateur omniscient a l'avantage de pouvoir exprimer de multiples points de vue en faisant intervenir différentes « voix » au fil de son récit. Dans *Une étrange obsession*, on apprend ainsi ce que les journalistes pensent de Jennifer Jones, ce qui est ressorti du procès, ce que les témoins ont déclaré, ce que croit la population en général, etc. Ces interventions appartiennent au discours rapporté.

- *Discours rapporté* direct : titres ou passages de journaux (ex. : *Œil pour œil...* [ligne 5]), paroles émises telles quelles par certains personnages (ex. : *le juge avait parlé précisément de « carnage »* [ligne 44]), dialogues qui créent un effet de « temps réel » et qui remplissent une fonction précise, comme faire avancer l'action par l'intermédiaire d'un personnage (ex. : *Le gros type à la queue-de-cheval, il a oublié ça.* [ligne 146]) ou mener l'enquête en interviewant un « suspect » (ex. : *Êtes-vous journaliste ?* [ligne 167]).

D Le discours rapporté (*suite*)

- ***Discours rapporté indirect*** : paroles faisant référence à des échanges antérieurs (ex. : *Il n'arrivait pas à comprendre ce qui la fascinait tant.* [lignes 7-8]), à des opinions ou à des pensées formulées (ex. : *Alice se demanda s'il était écrivain.* [lignes 139-140]).

- ***Discours rapporté indirect libre*** : paroles ou écrits évoqués de façon sous-entendue (ex. : *Des dizaines d'articles avaient analysé l'affaire sous tous les angles : les événements de ce jour terrible à Berwick Waters...* [lignes 30-32]).

La narration, p. 239
La description, p. 240
Le discours rapporté, p. 252

Approfondir le texte

1 Notez, dans un tableau semblable au suivant :

a) trois passages du chapitre 1 qui dévoilent une partie de l'intrigue. (Comme l'indique la capsule **4.1** de la page suivante, les retours en arrière révèlent parfois des éléments de l'intrigue.)

b) la ou les questions que ces indices soulèvent.

PASSAGES DU TEXTE	QUESTIONS SOULEVÉES
Tout le monde recherchait Jennifer Jones. D'après les journaux, elle représentait un danger pour les enfants, il valait mieux qu'elle reste derrière les barreaux. (lignes 1-3)	– Quel crime a bien pu commettre Jennifer Jones pour qu'on veuille la garder en prison ? – Pourquoi l'a-t-on libérée si elle représente un «danger public» ? – Où Jennifer Jones peut-elle se cacher ? Comment se fait-il qu'on n'arrive pas à la trouver ?

Les retours en arrière dans la narration

Dans un roman policier, l'histoire racontée à une période donnée est souvent interrompue par des retours en arrière décrivant des événements antérieurs au temps du récit. Ceux-ci contribuent à alimenter l'intrigue. Deux indices principaux permettent d'identifier les retours en arrière :

- les temps de verbes : si le récit est au passé (simple ou composé), on emploie alors le plus-que-parfait ;
- les marques d'organisation du texte, qui précisent le moment du passé auquel on se réfère.

■ Identifiez les trois retours en arrière du premier chapitre de l'extrait *Une étrange obsession*. Précisez dans chaque cas les principaux indices qui vous ont permis de repérer ce passage.

 Les systèmes des temps verbaux dans le texte, p. 248
Les marques d'organisation du texte, p. 251

Activités complémentaires

---

2 Dressez un portrait d'Alice Tully en répondant aux questions suivantes. Justifiez vos réponses à l'aide d'éléments du texte.

a) Dans le chapitre 1, quelles caractéristiques psychologiques d'Alice Tully le narrateur présente-t-il ?

b) Dans le chapitre 2, quelles autres caractéristiques d'Alice découvre-t-on à travers ses relations avec les autres ?

3 Dans le chapitre 1, le narrateur présente Jennifer Jones en utilisant la « voix » des médias.

a) Relevez cinq passages comportant un discours rapporté par les médias (discours direct ou indirect libre) à propos de l'affaire Jennifer Jones.

b) À l'aide de ces passages, dressez le portrait qu'on en fait.

4 À travers quel personnage le narrateur présente-t-il son point de vue sur la meurtrière ? Comment la perçoit-il ? Justifiez votre réponse en relevant quelques passages du texte.

Réagir au texte

1 **a)** Formulez quelques hypothèses sur la nouvelle identité de Jennifer Jones.

b) Relevez les indices du texte sur lesquels vous vous appuyez pour faire ces hypothèses.

2 **a)** Comment qualifieriez-vous la manière dont les médias couvrent l'affaire Jennifer Jones ?

b) Selon vous, cela représente-t-il bien la façon de faire des médias en général ? Justifiez votre réponse en l'illustrant d'exemples concrets tirés de faits divers.

3 Si vous aviez à insérer un passage dialogué dans cet extrait de *L'affaire Jennifer Jones*, où ajouteriez-vous ce texte ? Rédigez ce dialogue en veillant à le mettre au service du déroulement de l'histoire.

4 En vous appuyant sur le contexte historique de la page 179, diriez-vous que le personnage de Jennifer Jones est vraisemblable ? Pourquoi ?

5 D'après vous, les médias sont-ils tenus de tout rapporter ? En ce qui concerne l'affaire Jennifer Jones, respectent-ils le droit à la vie privée ? Portent-ils atteinte à la réputation de Jennifer Jones ? Justifiez vos réponses.

La maison du guet

La maison du guet a consacré Mary Higgins Clark comme auteure de romans policiers dès sa parution. Il faut dire que ce récit est mené avec l'habileté des grands maîtres du suspense. Il comporte une intrigue bien ficelée et met en place une action aux multiples rebondissements.

Mary Higgins Clark

Née à New York en 1929 de parents d'origine irlandaise, Mary Higgins perd son père à l'adolescence. Dès la fin de ses études secondaires, elle commence à travailler pour aider sa famille. D'abord secrétaire, elle devient agente de publicité, puis agente de bord. Mariée à 20 ans, elle se met à écrire des nouvelles qu'elle envoie aux journaux, mais les refus sont nombreux. Son mari meurt subitement en 1964. Elle se met alors à écrire des scénarios pour la radio. Après une tentative de publication d'un premier livre, qui sera un échec, elle se tourne vers l'écriture du roman à suspense. À 45 ans, elle publie enfin son premier roman, *La maison du guet*, qui devient immédiatement un best-seller. À la suite de cet immense succès, elle publie année après année des romans toujours aussi appréciés du grand public, comme *La nuit du renard*, qui remporte le Grand Prix de la littérature policière en 1980. La « reine du suspense », qui compte près de 40 romans à son actif, est l'auteure du genre qui a vendu le plus de romans à suspense aux États-Unis.

LA MAISON DU GUET

Paru en 1975 sous le titre *Where are the Children?*, *La maison du guet* raconte une histoire troublante. Pour échapper à son passé, Nancy a changé de nom, de ville et d'apparence. Sept ans s'écoulent sans anicroche. Mais voilà qu'un article du journal de la région où elle vit relate un procès pour meurtre qui avait fait couler beaucoup d'encre en Californie. On y présente une photo qui ressemble étrangement à la Nancy de l'époque. Le même jour, les enfants de Nancy disparaissent. Qu'a-t-elle fait au juste ? Et qui peut bien lui en vouloir à ce point ?

Contexte (H)istorique

Pour certains, Mary Higgins Clark est la reine incontestée du roman à suspense. Ce type de récit forme une sous-catégorie du roman policier (qu'on appelle aussi *polar*). On reconnaît généralement Edgar Allan Poe comme le père du roman policier, avec *Double assassinat dans la rue Morgue*, qu'il a publié en 1841. Depuis, le genre a donné naissance à de nombreuses sous-catégories, dont les frontières ne sont pas tout à fait claires. On en distingue malgré tout quatre principales: le roman à énigme, le roman noir, le roman à suspense et le roman policier contemporain.

Le roman à énigme
On mène l'enquête...

Âge d'or: Années 1920-1930

Mots clés: ENQUÊTE – RÉSOLUTION – INDICES – DÉDUCTION – ENQUÊTEUR – COUPABLE – SUSPECT – INTERROGATOIRE – LOGIQUE – SENS DE L'OBSERVATION – FAUSSE PISTE

Titres: *Le mystère de la chambre jaune* (de Gaston Leroux), *L'aiguille creuse* (de Maurice Leblanc), *Étude en rouge* (d'Arthur Conan Doyle)

Personnages: Miss Marple (d'Agatha Christie), Philo Vance (de S.S. Van Dine), Sherlock Holmes (d'Arthur Conan Doyle)

Le roman noir
On dépeint une société à la dérive...

Âge d'or: Années 1940-1950

Mots clés: VILLE – DÉTECTIVE PRIVÉ – ANTI-HÉROS – ALCOOLISME – ADULTÈRE – CRITIQUE SOCIALE – GRISAILLE – JAZZ – CORRUPTION – PESSIMISME

Titres: *La dame dans l'auto avec des lunettes et un fusil* (de Sébastien Japrisot), *Le faucon de Malte* (de Dashiell Hammett), *La reine des pommes* (de Chester Himes)

Personnages: Nestor Burma (de Léo Malet), Jules Maigret (de Georges Simenon)

Le roman à suspense
On cherche à faire peur...

Âge d'or: Années 1970-1980

Mots clés: INQUIÉTUDE – MYSTÈRE – PSYCHOPATHES – PROBLÈMES MORAUX – SURPRISE – POURSUITE – COURSE CONTRE LA MONTRE – ÉPOUVANTE

Titres: *Un enfant pour un autre* (de Ruth Rendell), *Un certain goût pour la mort* (de P.D. James), *Les rivières pourpres* (de Jean-Christophe Grangé)

Personnages: Hannibal Lecter (de Thomas Harris), Maud Graham (de Chrystine Brouillet), Norman Bates (de Robert Bloch)

Le roman policier contemporain
On mélange les genres...

Âge d'or: Années 1990 à aujourd'hui

Mots clés: VIE MODERNE – CRITIQUE SOCIALE – TUEURS EN SÉRIE – CRIMES À CARACTÈRE SEXUEL – CYBERCRIMINALITÉ – MONDIALISATION – COMPLOT – RETOUR DANS L'HISTOIRE – SCIENCE

Titres: *Pars vite et reviens tard* (de Fred Vargas), *Le code Da Vinci* (de Dan Brown), *Le poète* (de Michael Connelly)

Personnages: Kurt Wallander (de Henning Mankell), Gonzague Théberge (de Jean-Jacques Pelletier), Le juge Ti (de Robert Van Gulik)

- Quels films, téléséries ou romans policiers avez-vous trouvés le plus marquants ?
- Selon vous, quels sont les ingrédients d'une bonne intrigue policière ?

Lire et comprendre le texte

Le prologue de *La maison du guet* met en scène un personnage étrange qui surveille attentivement ce qui se passe chez le voisin. Chaque détail a son importance. À la lecture de ce texte, portez attention aux points ci-dessous en vous laissant guider par les questions présentées en marge.

A L'intrigue policière

B Les caractéristiques des personnages

C La narration

PROLOGUE

L'air glacé pénétrait par les fissures de la croisée. Il se leva maladroitement et s'avança d'un pas lourd vers la fenêtre. S'emparant d'une serviette de toilette qu'il gardait toujours à portée de la main, il calfeutra le châssis détérioré.

5   Le léger sifflement que fit le courant d'air dans le tissu éponge lui procura une sensation confuse de plaisir. Il contempla le ciel brouillé, l'eau qui moutonnait. De ce côté-ci de la maison, on apercevait souvent Provincetown, sur l'autre rive de Cape Cod.

    Il haïssait le Cape. Il haïssait son aspect lugubre par un jour de
10 novembre comme aujourd'hui ; la morne grisaille de la baie ; les gens qui vous fixaient de leur regard impénétrable, sans dire un mot. Il l'avait détesté dès le premier été, avec ses hordes de touristes se répandant sur les plages, escaladant le remblai jusqu'à la maison, lorgnant par les fenêtres du rez-de-chaussée, les yeux abrités derrière une main pour
15 mieux voir à l'intérieur.

    Il détestait le grand panneau À VENDRE que Ray Eldredge avait placardé sur la façade et à l'arrière de la vaste bâtisse et le fait que Ray et cette femme qui travaillait avec lui aient déjà commencé à faire visiter les lieux. Le mois dernier, ils avaient bien failli entrer pendant
20 son absence ; Dieu soit loué, il avait pu parvenir au dernier étage avant eux et camoufler sa longue-vue.

    Il ne lui restait plus de temps. Quelqu'un allait acheter cette maison et il ne pourrait plus la louer. Voilà pourquoi il avait envoyé l'article au journal. Il ne voulait pas s'en aller avant de la voir
25 démasquée aux yeux de tous... maintenant... alors qu'elle commençait à se sentir en sécurité.

---

1. **A** **C** Quels mots le narrateur utilise-t-il pour créer une énigme autour du personnage ?

2. **B** Qu'est-ce que cette description révèle sur la personnalité de cet individu ? Notez les indices qui permettent de l'affirmer.

3. **A** Quel indice important, dans le quatrième paragraphe, déclenche l'intrigue du roman ?

4. **A** **B** Que comprend-on des intentions du personnage ?

Il avait autre chose à faire aussi, mais l'occasion ne s'était pas encore présentée. Elle veillait de trop près sur ses enfants. Il ne pouvait pourtant plus attendre. Demain...

30 Il parcourut nerveusement la pièce. La chambre de l'appartement du dernier étage était spacieuse. Comme toute la maison. C'était l'ancienne habitation d'un capitaine au long cours abâtardie au fil des ans. Bâtie au XVIIᵉ siècle sur un long promontoire rocheux dominant toute la baie, l'édifice répondait au besoin de l'homme d'être constamment
35 sur le qui-vive.

La vie ressemblait à autre chose. Elle était faite de bric et de broc. Icebergs dont on n'apercevait jamais que la partie émergée. Il ne l'ignorait pas. Il se frotta le visage ; il se sentait mal à l'aise ; il avait chaud bien que la pièce fût glaciale. Depuis six ans, il louait cette
40 maison durant les derniers jours de l'été et en automne. Elle était restée pratiquement inchangée depuis le jour où il y mit pour la première fois les pieds. Seuls quelques détails étaient nouveaux : la longue-vue devant une fenêtre en façade ; les vêtements qu'il gardait pour les occasions particulières ; la casquette à visière qui dissimulait
45 si bien son visage.

Sinon, l'appartement était resté le même ; le vieux divan d'autrefois ; les tables en pin et le tapis au crochet dans la pièce de séjour ; la chambre aux meubles en bois d'érable. Cette demeure avait été l'endroit idéal pour réaliser ses desseins jusqu'à cet automne lorsque
50 Ray l'avertit qu'ils cherchaient activement à vendre la propriété pour la transformer en restaurant et que le bail serait renouvelé à la condition expresse que les lieux puissent être visités sur simple appel téléphonique.

Raynor Eldredge. Un sourire apparut sur ses lèvres à la pensée du
55 jeune homme. Quelle serait sa réaction en lisant l'article demain matin ? Nancy avait-elle jamais dit à son mari qui elle était ? Peut-être pas. Les femmes savent se montrer hypocrites. Ce serait encore mieux s'il ne savait rien. Ah ! pouvoir contempler la physionomie de Ray lorsqu'il ouvrirait le journal ! La distribution avait lieu vers 10 heures
60 du matin. Ray serait à son bureau. Il attendrait peut-être même un moment avant d'y jeter un coup d'œil.

Il se détourna de la fenêtre avec un mouvement d'agacement. Ses grosses jambes informes étaient trop serrées dans son pantalon noir lustré. Il attendait avec impatience le jour où il pourrait perdre du
65 poids. Épreuve épouvantable qui consistait à se faire crever de faim une fois de plus, mais il en était capable. Il l'avait déjà fait auparavant, lorsque cela s'était avéré nécessaire. Il se gratta nerveusement le cuir chevelu. Il lui tardait de pouvoir laisser repousser ses cheveux en leur laissant leur mouvement naturel. Il avait toujours eu les tempes très
70 fournies ; elles seraient probablement grisonnantes à présent.

5. **B** Pourquoi le personnage est-il constamment sur le qui-vive ?

6. **A** Qu'est-ce qui rend cette nervosité typique du genre policier ?

7. **C** Aux lignes 36-53, comment le narrateur montre-t-il qu'il sait tout du personnage ? Repérez un passage indiquant qu'il en traduit même les pensées.

8. **B** Qu'est-ce qu'on apprend de nouveau sur les motifs et les valeurs du voyeur ?

9. **B** Quel comportement décrit par le narrateur est souvent associé aux personnages de romans policiers ?

Il passa lentement la main sur la jambe de son pantalon, puis arpenta l'appartement d'un pas fébrile avant de s'arrêter devant la longue-vue dans la pièce de séjour. L'instrument avait un pouvoir amplifiant particulièrement puissant. Le genre d'appareil que l'on ne

75 trouve pas dans le commerce. Bien des commissariats de police n'en possédaient pas encore. Mais il existe toujours un moyen d'obtenir ce que l'on désire. Il se pencha et regarda dans l'oculaire, clignant un œil.

Il faisait tellement sombre dehors que la lumière était allumée dans la cuisine, aussi voyait-on distinctement Nancy. Elle se tenait

80 devant la fenêtre, celle qui se trouvait au-dessus de l'évier. Peut-être préparait-elle un plat à réchauffer pour le dîner. Mais elle était vêtue d'une grosse veste ; elle s'apprêtait donc probablement à sortir. Immobile, elle regardait en direction de la baie. À quoi pensait-elle ? À qui pensait-elle ? Aux enfants – à Peter... à Lisa...? Il aurait aimé le

85 savoir.

Il eut brusquement la bouche sèche et se passa la langue sur les lèvres. Elle semblait très jeune aujourd'hui avec ses cheveux tirés en arrière. Ils étaient teints en brun foncé. On l'aurait sûrement reconnue si elle avait gardé sa couleur naturelle d'un blond vénitien. Elle allait

90 avoir trente-deux ans demain. Elle ne paraissait toujours pas son âge. Elle avait l'air incroyablement jeune, douce et fraîche et soyeuse.

Il avala nerveusement sa salive. Ses lèvres étaient desséchées, fiévreuses, alors qu'il avait les mains et les aisselles moites de sueur. Sa gorge se serra, puis il déglutit à nouveau avec un petit bruit qui se

95 transforma en gloussement. Le corps secoué d'un rire irrépressible, il heurta la longue-vue. L'image de Nancy se brouilla, mais il ne prit pas la peine de refaire la mise au point. Il n'avait plus envie de la regarder aujourd'hui.

Demain ! Il imaginait l'expression de son visage demain à cette

100 même heure. Exposée à la vue de tous, paralysée par l'angoisse et la terreur, s'efforçant de répondre à la question... la même question dont l'avait harcelée la police sept années auparavant.

« Allons, Nancy, diraient à nouveau les policiers. Ne jouez pas au plus fin avec nous. Dites la vérité. Vous savez bien que vous ne pouvez

105 pas y échapper. Dites-nous, Nancy, où sont les enfants ? »

Tiré de Mary Higgins Clark, *La maison du guet*, traduction de Anne Damour, Paris,
© Éditions Albin Michel S.A., 1984 (Collection Le Livre de Poche).

10. **B** Selon vous, qu'est-ce que la répétition du pronom *elle* (lignes 79-84) révèle sur le personnage ?

11. **B** Comment expliquez-vous ces réactions du personnage ?

12. **A** Qu'est-ce qui se précise sur le plan de l'intrigue dans les deux derniers paragraphes du prologue ?

Reg**a**rd sur le texte

A **L'intrigue policière**

Dans un roman à suspense, l'intérêt des lecteurs est attisé par le côté inhabituel, inattendu, mystérieux, insaisissable, inquiétant ou angoissant de l'histoire. À la lecture du prologue de *La maison du guet*, on se pose déjà une foule de questions :

Qui est le personnage voyeur ?

Qu'est-ce que Nancy a bien pu faire pour être ainsi suivie à la trace ?

Pourquoi le voyeur s'acharne-t-il autant à espionner Nancy ?

Comment mettra-t-il son plan à exécution ?

Où et *quand* les enfants ont-ils disparu ?

Ce qui rend l'intrigue policière d'autant plus captivante, c'est le mystère qui entoure toute l'histoire. Cette atmosphère inquiétante, voire étouffante, éveille le désir de connaître la suite.

B **Les caractéristiques des personnages**

Puisqu'il s'agit d'un roman policier, les personnages du récit ne sont pas décrits dans des passages descriptifs bien circonscrits. C'est particulièrement le cas du personnage présenté dans le prologue. À peine esquissé sur le plan physique, cet individu prend vie à travers ses comportements étranges, ses réactions, ses émotions et ses perceptions difficiles à interpréter.

C'est aux lecteurs, à partir de ces quelques détails, que revient la tâche de dégager les traits de personnalité de cet homme qui s'apprête à commettre un méfait. *Qui est-il et d'où vient-il ? Qu'est-ce qui explique ses manières d'agir ? Quel rôle jouera-t-il dans l'histoire ?* Autant de questions intrigantes auxquelles il faudra répondre pour cerner les caractéristiques psychologiques et sociales du personnage.

C **La narration**

Comme bien des romans policiers, *La maison du guet* présente un narrateur omniscient qui sait tout de l'affaire criminelle et qui connaît la moindre pensée des personnages.

Dans le prologue, le narrateur livre très peu d'indices. Il éveille ainsi chez les lecteurs le désir d'en savoir davantage pour comprendre les motifs qui poussent le personnage mystère à agir de la sorte. Bien que ce personnage soit seul dans la maison et qu'il n'entre en contact avec personne au cours du prologue, on apprend qu'il déteste l'endroit où il habite, qu'il lui est très désagréable de devoir déménager et qu'il devra faire vite s'il veut mettre son plan à exécution.

Sans un narrateur omniscient, l'amorce de l'intrigue ne serait pas aussi efficace.

La narration, p. 239
La description, p. 240

1 À partir de l'information présentée dans le prologue, rédigez un texte à faire figurer au dos de la couverture du livre. Ce texte devra inciter les lecteurs à lire la suite de ce roman.

2 **a)** Dégagez cinq caractéristiques psychologiques du voyeur à l'aide des passages suivants de l'extrait.

1. – *Il haïssait [...] les gens qui vous fixaient de leur regard impénétrable, sans dire un mot.* (lignes 9-11)
   – *Il détestait le grand panneau À VENDRE... visiter les lieux.* (ligne 16-19)

2. – *Il ne voulait pas s'en aller avant de la voir démasquée aux yeux de tous... maintenant... alors qu'elle commençait à se sentir en sécurité.* (lignes 24-26)
   – *Un sourire apparut sur ses lèvres à la pensée du jeune homme. Quelle serait sa réaction en lisant l'article demain matin?* (lignes 54-56)
   – *Le corps secoué d'un rire irrépressible, il heurta la longue-vue.* (lignes 95-96)

3. – *Il parcourut nerveusement la pièce.* (ligne 30)
   – *Il se frotta le visage; il se sentait mal à l'aise; il avait chaud bien que la pièce fût glaciale.* (lignes 38-39)
   – *Il avala nerveusement sa salive. Ses lèvres étaient desséchées, fiévreuses, alors qu'il avait les mains et les aisselles moites de sueur.* (lignes 92-93)

4. – *Il attendait avec impatience le jour où il pourrait perdre du poids. Épreuve épouvantable qui consistait à se faire crever de faim une fois de plus, mais il en était capable.* (lignes 64-66)

5. – *Mais il existe toujours un moyen d'obtenir ce que l'on désire.* (lignes 76-77)

b) À l'aide de ces caractéristiques, dressez un portrait de ce personnage.

3 Au cours du récit, le narrateur décrit tout ce que vit le personnage voyeur:

A. Ce qu'il sent (sensations physiques);

C. Ce qu'il ressent (sentiments ou émotions);

B. Ce qu'il perçoit (par la vue, le toucher, l'ouie, etc.);

D. Ce qu'il pense (réflexions ou jugements).

Illustrez chacun de ces aspects à l'aide d'un exemple. **4.2**

1 Selon vous, le personnage à la longue-vue connaît-il bien Nancy? Justifiez votre hypothèse en vous appuyant sur des indices du texte.

2 D'après les éléments de l'intrigue figurant dans l'extrait, quelles prédictions pouvez-vous faire sur la suite du roman?

Suivez le guide

4.2

La reprise de l'information pour alimenter l'intrigue

Lorsqu'on fait plusieurs fois référence à une même réalité dans un texte, on peut utiliser un pronom ou d'autres noms qui permettent d'identifier cette réalité tout en évitant la répétition. Le déterminant possessif qui précède un nom permet aussi de référer à cette réalité sans la mentionner. À titre d'exemple, voici la chaîne des mots utilisés dans le prologue pour faire référence à un même personnage.

Ex. : *Raynor Eldredge* ▶ *Ray... lui... du jeune homme... le mari de Nancy... son bureau.*

Il arrive aussi qu'on utilise d'abord les pronoms « il » et « elle » pour désigner les personnages principaux d'un récit. C'est le cas dans *La maison du guet*.

1 Relevez les mots de reprise associés aux personnages du prologue désignés par « il » et « elle ».

2 À partir de ces mots de reprise, qu'apprend-on au sujet de ces personnages ? Quel effet cette manière de reprendre l'information produit-elle sur les lecteurs ?

 La reprise de l'information, p. 249   Activités complémentaires

---

3 Pensez-vous que l'intrigue du roman serait aussi efficace si elle était transposée telle quelle à l'écran ? Pourquoi ?

4 Le personnage à la longue-vue semble persuadé que le journal publiera ses révélations à propos de Nancy. Êtes-vous d'accord avec le rôle que jouent les médias dans la diffusion d'informations de ce type ? Pourquoi ?

5 Selon vous, le prologue de *La maison du guet* est-il représentatif du roman à suspense ? Justifiez votre réponse en vous appuyant sur la présentation des caractéristiques de ce genre policier dans le contexte historique de la page 191.

Le crime de l'Orient-Express est l'un des livres les plus célèbres d'Agatha Christie. Écrit il y a plus de 75 ans, ce roman à énigme fascine encore un grand nombre de lecteurs. Le dénouement spectaculaire montre bien le génie d'Hercule Poirot, cet inspecteur belge que met en scène la romancière anglaise dans plus de 30 aventures nées de son imagination.

Agatha Christie

Agatha Christie (1890-1976) est née en Angleterre à Torquay, dans le Devonshire. Elle rêve d'une carrière de chanteuse d'opéra, mais sa grande timidité la force à abandonner. À la suite d'un pari lancé par sa sœur, elle écrit un premier roman, *La mystérieuse affaire de Styles* (publié en 1920), où apparaît déjà Hercule Poirot, son personnage fétiche. Sa popularité est consacrée en 1926 avec la parution de son septième roman, *Le meurtre de Roger Ackroyd*. Après la mort de sa mère et l'échec de son premier mariage, elle se rend en Irak à bord de l'Orient-Express. Elle y rencontre son deuxième mari, sir Max Mallowan, qu'elle suit en Égypte et en Mésopotamie, au gré des fouilles archéologiques qu'il entreprend. Cela lui inspire l'exotisme oriental de certains récits tels *Le crime de l'Orient-Express* et *Mort sur le Nil* (1937). Agatha Christie a écrit près de 80 romans, policiers pour la plupart, ainsi qu'une dizaine de pièces de théâtre et une autobiographie. Plusieurs de ses romans ont été portés à l'écran et ses œuvres ont été traduites en 45 langues. On estime à deux milliards le nombre de ses livres vendus, ce qui en ferait l'auteure anglophone la plus lue après Shakespeare.

Le Livre de Poche.

LE CRIME DE L'ORIENT-EXPRESS

Publié en 1934, *Le crime de l'Orient-Express* situe le drame à bord du fameux train qui assurait la liaison Istanbul – Paris. Se rappelant la tempête qui immobilisa ce train pendant plusieurs jours en 1920, Agatha Christie imagine Hercule Poirot pris dans une tempête semblable quelque part dans l'ancienne Yougoslavie. On découvre un cadavre à bord du train, celui d'un Américain poignardé plusieurs fois. Désigné pour enquêter sur ce meurtre, Poirot interroge un à un les passagers, qui sont forcément tous un peu suspects.

Agatha Christie est certainement la plus célèbre des auteures de romans policiers, mais elle est loin d'être la seule. En fait, les auteures de sa génération sont si nombreuses, particulièrement en Angleterre, qu'il convient de parler d'un phénomène social. Ces reines du crime ont poursuivi une tradition de littérature féminine déjà bien implantée en Angleterre puisque, déjà au XIXe siècle, Jane Austin, Charlotte et Emily Brontë, Mary Shelley (l'auteure de *Frankenstein*) et Virginia Woolf étaient reconnues comme des romancières de premier plan.

La littérature offrait à l'époque une occupation lucrative à ces femmes talentueuses qui n'avaient pas accès aux autres professions. Au début du XIXe siècle, les femmes britanniques étaient considérées juridiquement comme des « mineures », et elles ont dû lutter vigoureusement pour obtenir le droit d'administrer leur propriété, d'entreprendre des études universitaires et de voter, ce dernier droit ne leur ayant été accordé qu'en 1928. Le fait qu'Agatha Christie oppose dans ses romans des personnages féminins pleins de sagacité, comme Miss Marple, à des personnages masculins bourrés de travers ridicules, comme Hercule Poirot, pourrait laisser croire à une douce revanche...

Quelques reines du crime

Patricia Highsmith (1921-1995)
Elle a publié 22 romans et plusieurs nouvelles.

Dorothy Sayers (1893-1957)
Elle a écrit une dizaine de romans policiers, mais également des pièces de théâtre, et elle a réalisé une traduction célèbre de la *Divine comédie* de Dante.

Mary Higgins Clark (née en 1929)
Elle a publié à ce jour plus de 40 romans.

Ellis Peters (1913-1995)
Elle a publié une douzaine de romans policiers ainsi que des romans historiques et une série consacrée au Moyen Âge.

Phyllis Dorothy James (née en 1920)
Elle a publié 18 romans policiers dont *Une certaine justice* (1998).

Agatha Christie (1890-1976)

Ruth Rendell (née en 1930)
Elle a publié une cinquantaine de romans et de nouvelles, dont une série mettant en scène le chef inspecteur Reginald Wexford.

- Avez-vous déjà lu un livre d'Agatha Christie ? Quels titres de cette auteure connaissez-vous ?
- Agatha Christie cadre son histoire dans un train d'où nul ne peut sortir. En quoi cela rend-il l'histoire encore plus intéressante ?

Lire et comprendre le texte ℹ️ p. 187-192

Dans l'extrait du *Crime de l'Orient-Express* proposé dans le recueil, Hercule Poirot prend connaissance de la mission qu'on lui confie à la suite de la découverte du cadavre. À la lecture de cet extrait, portez attention aux points ci-dessous en vous laissant guider par les questions.

A L'intrigue policière **C** La narration

B Les caractéristiques des personnages **D** Le discours rapporté

1. **A** Trouvez les passages de l'extrait qui permettent de répondre aux questions suivantes concernant l'intrigue du récit.

- *Qui ?*
- *Où ?*
- *Quoi ?*
- *Comment ?*
- *Quand ?*
- *Pourquoi ?*

2. **A** Quels sont les cinq indices que vous considérez comme importants pour résoudre le mystère ?

3. **B** D'après les réactions d'Hercule Poirot au récit de M. Bouc, que peut-on conclure sur la personnalité du détective belge ? Relevez des passages de l'extrait qui illustrent votre propos.

4. **B** **a)** Dans l'extrait, on soupçonne déjà quelques personnes du meurtre. Qui, par exemple ?

b) Démontrez que ces soupçons sont fondés sur des préjugés xénophobes ou sexistes.

5. **C** Pour confondre les lecteurs, le narrateur laisse parfois planer un doute sur ses interprétations. Relevez trois passages où il semble ne pas être certain de ce qu'il avance.

6. **C** À quel moment un autre personnage prend-il le relais du narrateur pour raconter à son tour une histoire ?

7. **D** Parmi les personnages qui s'expriment dans les dialogues, lequel emploie le plus de phrases interrogatives ? Pourquoi en est-il ainsi ?

8. **D** Certaines paroles de l'extrait sont des directives, des commandements ou des ordres donnés à d'autres personnages.

a) Relevez les paroles qui visent à faire agir des personnages et déterminez qui les prononce.

b) Donnez les caractéristiques syntaxiques des phrases que vous venez de relever.

Approfondir le texte

1 **a)** Si vous aviez à porter cette scène à l'écran, combien d'acteurs vous faudrait-il engager ? Énumérez les personnages auxquels il faudrait penser.

b) Estimez la durée de la scène. Choisissez la bonne réponse parmi les suivantes et justifiez votre choix.

    A. La scène est plus longue que la lecture de l'extrait.

    B. La scène est aussi longue que la lecture de l'extrait.

    C. La scène est moins longue que la lecture de l'extrait.

2 **a)** À quoi correspond le schéma qui accompagne l'extrait (**r** p. 192) ? À quelle partie du texte pouvez-vous associer ce dessin ?

b) Pourquoi l'auteure a-t-elle choisi de présenter ce schéma ?

c) Connaissez-vous d'autres romans qui intègrent des documents semblables dans leurs pages ? Nommez-les.

Réagir au texte

1 Croyez-vous que Poirot va découvrir le ou la coupable avant que la police yougoslave intervienne ? Pourquoi ?

2 Qui a bien pu assassiner Mr. Ratchett ? Émettez une hypothèse et défendez-la.

3 Selon votre intuition, quel détail en apparence anodin pourrait se révéler un indice important pour élucider l'énigme du meurtre ?

4 *Le crime de l'Orient-Express* est campé dans un huis-clos.

a) Quel est le sens de l'expression « huis-clos » ?

b) Pourquoi les romans et les films policiers se déroulent-ils souvent dans des huis-clos ?

Vous venez de lire un extrait des œuvres suivantes :

manuel, p. 180-185

manuel, p. 192-194

🄡 p. 187-192

1 Que pensez-vous de ces trois textes ? Mettez vos impressions en commun en les situant simultanément, du point de vue de chacun des cinq aspects ci-dessous, sur une échelle de 1 à 5.

–				+
1	2	3	4	5

Évaluez :

a) l'efficacité de l'intrigue
   Attribuez 5 à l'intrigue que vous trouvez la plus prenante.

b) la description des personnages
   Attribuez 5 au texte dont les personnages vous semblent le plus habilement décrits.

c) le rôle du narrateur
   Attribuez 5 au narrateur que vous trouvez le plus « manipulateur ».

d) l'importance du discours rapporté
   Attribuez 5 au texte dont le discours rapporté vous semble le plus efficace pour faire avancer l'histoire.

e) le réalisme de l'histoire
   Attribuez 5 à l'histoire que vous trouvez la plus vraisemblable.

2 Un fois les comparaisons faites, sélectionnez l'extrait qui vous donne le plus envie de lire l'œuvre en entier. Justifiez votre choix en quatre ou cinq lignes.

À vous de jouer

De la réalité à la fiction

Depuis que la presse écrite existe, la rubrique des faits divers inspire les écrivains, les auteurs de théâtre et les cinéastes. Edgar Allan Poe, par exemple, parcourt les journaux à la recherche de sombres histoires d'assassinats pour écrire, en 1841, les premières nouvelles policières. Mary Higgins Clark puise, elle aussi, des idées dans les histoires de meurtre, de kidnapping ou de cambriolage que relatent les médias.

Si les faits divers sont une source d'inspiration inépuisable, c'est qu'ils offrent parfois des récits croustillants qui dépassent le prévisible et l'imaginable. Dans cette partie, vous imiterez Poe et Higgins Clark : vous exploiterez un fait divers pour écrire un récit policier.

En outre, vous expérimenterez l'écriture à quatre mains, une façon de créer éprouvée par certains auteurs de littérature policière. Avec votre coauteur ou coauteure, vous conjuguerez votre imagination, votre talent et vos efforts pour créer les personnages et la trame de votre intrigue. Ensemble, vous mettrez votre histoire en mots et la peaufinerez jusqu'à ce que vous la jugiez digne d'être lue ! Par qui ? À vous de voir…

  Outils complémentaires

1 Cherchez le **fait divers** (enlèvement, vol d'un objet d'art, incendie criminel, etc.) qui vous inspirera une intrigue.

Pour le trouver, consultez les textes du recueil ou fouillez l'actualité policière à la télévision, dans les journaux ou sur Internet.

 Zone 4, p. 244-249

2 Lorsque vous aurez votre fait divers :

- nommez le **crime** ou le méfait qui sera au cœur de l'intrigue ;

- retenez, s'il y a lieu, une **circonstance particulière** ou un détail que vous pourriez exploiter dans votre histoire.

3 Certains auteurs créent leurs **personnages**, les **lieux** et l'**atmosphère** avant de construire l'**histoire**. D'autres procèdent à l'inverse : ils imaginent leur histoire et, ce faisant, les personnages, les lieux et l'atmosphère prennent forme.

Dans l'ordre qui vous convient, abordez ces questions avec votre partenaire d'écriture. Prenez des notes : une idée est vite envolée !

Voici les conseils qu'un auteur de récits policiers a rédigés à votre intention.

André Marois.

Les trucs d'un pro

- **Les personnages** > Pensez à une personne de votre entourage (par exemple, un voisin antipathique) et grossissez ses traits (un vieil alcoolique raciste est plus facile à faire vivre qu'un quidam heureux et bien-pensant, surtout dans un récit court). Utilisez les stéréotypes à contre-emploi pour tromper le lecteur (une brute... innocente, une mère de famille... coupable).

- **Les lieux et l'atmosphère** > Partez d'un univers que vous connaissez bien : la cafétéria de l'école, le dépanneur du coin... Imaginez une atmosphère inquiétante, angoissante, en laissant surgir les images et les impressions en lien avec tous vos sens : une texture désagréable à la vue ou au toucher, une lumière singulière, un bruit étrange, une odeur louche, etc.

- **L'histoire** > Trouvez une bonne idée, c'est le plus difficile ! Lorsque vous la tenez, résumez-la en une ou deux phrases, par exemple : « Deux individus conviennent chacun d'assassiner l'ennemi de l'autre, ce qui leur permet d'établir un alibi parfait » (Patricia Highsmith).

André Marois.

 Les univers narratifs, p. 236

4 Qui racontera l'histoire? Selon André Marois, la question du **narrateur** est cruciale!

• Le narrateur > Qui est-il? Est-il un personnage de l'histoire: l'enquêteur, un collaborateur, le criminel, la victime (si elle est toujours vivante, bien sûr!)? Est-il extérieur à l'histoire, celui qui sait tout (narrateur omniscient)? Le choix du narrateur est déterminant car, selon le rôle qu'il joue, il a accès ou non au monde intérieur des personnages. Découvre-t-il l'histoire en même temps que le lecteur ou raconte-t-il une aventure dont il connaît la fin en faisant durer le suspense, en dévoilant peu à peu certains éléments de l'intrigue?

André Marois.

 La narration, p. 239

 Voir *Je me tue et j'arrive!*, une nouvelle d'André Marois, p. 221-225

5 Pour éviter de vous retrouver dans une impasse en cours d'écriture, construisez le **canevas de votre récit**.

• Oralement, élaborez les grandes lignes, du début à la fin de l'intrigue, jusqu'au dénouement total, en gardant à l'esprit que ce dernier doit créer un effet de surprise.

• Notez les **événements importants** de votre histoire, sans entrer dans le détail de la narration.

 Le schéma narratif, p. 237

| Planifier | **Rédiger son texte** | Réviser | Présenter |

6 À partir de votre canevas, rédigez une **première version complète** de votre récit. Mais avant de vous lancer dans l'écriture à quatre mains, déterminez le tandem que vous souhaitez former. Choisissez l'une des formules suivantes (sinon, inventez-en une nouvelle!): le tandem des relayeurs, le tandem écriture-réécriture ou le tandem du type Boileau-Narcejac.

Le tandem des relayeurs

À partir du canevas du récit, l'élève 1 rédige une partie de l'histoire (prédéterminée en termes de lignes, de paragraphes ou selon les événements du récit). L'élève 2 relaie l'élève 1 en prenant la plume à son tour pour écrire une autre partie de l'histoire (toujours prédéterminée). Et ainsi de suite jusqu'au dénouement.

À partir du canevas du récit, l'élève 1 (responsable de l'écriture) écrit la première mouture du récit. L'élève 2 (responsable de la réécriture) s'approprie le texte en en rédigeant une deuxième version : il ou elle y apporte sa touche personnelle en enrichissant, ajoutant ou retranchant des passages.

Le tandem du type Boileau-Narcejac*

Dans cette formule, l'élève 1 rédige l'intrigue concoctée à deux, pendant que l'élève 2 crée l'atmosphère et caractérise les personnages imaginés en duo. Ce travail suppose un échange continu du texte.

ⓘ *Écrire un texte littéraire*, p. 298
Arriver à un consensus, p. 305

* Pierre Boileau et Thomas Narcejac ont écrit à quatre mains plusieurs romans et nouvelles policières (notamment *La perle noire*, Ⓡ p. 211-214) portant la signature Boileau-Narcejac, comme si les deux écrivains formaient ensemble un seul et même écrivain.

7 Trouvez un **titre** qui convient au genre de votre récit (un titre qui pique la curiosité, qui suggère le mystère…).

| Planifier | Rédiger | **Réviser son texte** | Présenter |

8 Relisez votre texte en vous questionnant sur les trois aspects suivants, puis modifiez votre récit s'il y a lieu.

Point de vue du narrateur	• Selon le type de narrateur choisi, est-il logique qu'il sache ce qu'il sait, qu'il révèle certaines informations sur les événements qu'il présente ?
Progression du récit	• Tous les événements contribuent-ils à faire progresser l'histoire ? Y a-t-il des détails inutiles ? • Employez-vous des expressions qui permettent d'anticiper l'action (ex. : *tout allait bien jusqu'à ce que…, soudain…*) ? • Y a-t-il des passages qui gagneraient à être transformés en dialogues pour rendre le récit plus vivant ? Y a-t-il, au contraire, des dialogues qui ne participent pas à la progression du récit et qui pourraient être éliminés ? • Les dialogues sont-ils bien exploités (pour caractériser les personnages, glisser des informations à leur sujet, faire avancer l'action, etc.) ? **4.3**
Atmosphère	• La façon de présenter les lieux, les événements, les personnages contribue-t-elle à créer du mystère ? • Quels mots du texte participent à la création d'une atmosphère mystérieuse, inquiétante, angoissante, étouffante, etc. ? Ces éléments de description gagneraient-ils à être plus nombreux ? • Avez-vous utilisé des mots qui expriment des perceptions variées (bruits, odeurs, température, lumière, etc.) ? • Le vocabulaire est-il adéquat et varié pour évoquer le mystère, le doute, la peur, etc. ? Au besoin, partez à la « chasse aux synonymes »…

9 Revenez sur les **premières phrases** de votre texte : elles doivent appâter le lecteur, lui donner le sentiment qu'il va se passer quelque chose.

10 Pour évaluer votre **intrigue** et l'améliorer, suivez les consignes ci-après :

a) Ciblez le moment de votre récit qui vous semble le plus intéressant sur le plan de l'intrigue (c'est-à-dire le moment où la tension vous paraît assez importante pour éveiller chez les lecteurs des sentiments qui les pousseront à vouloir résoudre l'énigme). À l'aide de ciseaux, coupez le texte en deux à cet endroit.

b) Soumettez votre récit tronqué à une autre équipe. Demandez à cette équipe de formuler des questions au sujet de l'intrigue (*qui ? quoi ? quand ? où ? comment ? pourquoi ?*) et de tenter d'y répondre. Notez les idées que vous trouvez les plus intéressantes et ajustez votre tir. Rien ne vous empêche d'y puiser des éléments pour mettre vos lecteurs sur de fausses pistes et alimenter l'intrigue.

11 Faites une dernière **révision** de votre texte, en portant une attention particulière à la ponctuation des dialogues.

 Réviser son texte, p. 302

Suivez le guide

Le dialogue

Faire parler des personnages peut contribuer à rendre le récit plus vivant, à caractériser les personnages et à faire avancer l'action… Cependant, l'insertion de dialogues suppose la maîtrise de diverses règles.

■ Pour répondre aux questions suivantes, reportez-vous au dernier passage dialogué de l'extrait de *L'affaire Jennifer Jones* (page 185).

a) Quelles marques typographiques vous permettent de reconnaître le dialogue au premier coup d'œil ? À quoi ces marques servent-elles ?

b) Relevez les phrases incises du dialogue. Pourquoi n'y a-t-il pas d'incise pour chaque réplique (par exemple, les deux premières et l'avant-dernière) ?

c) Observez les verbes des phrases incises. Indiquez si ces verbes sont conjugués selon le temps de base du texte ou non.

d) Indiquez la place du verbe dans les phrases incises et décrivez l'emploi du trait d'union.

e) Observez la ponctuation qui accompagne les phrases incises dans ce dialogue et d'autres dialogues, puis déterminez dans quels contextes la virgule s'emploie avant et après l'incise.

 Le discours rapporté, p. 252
La ponctuation, p. 280

 Activités complémentaires

12 Soignez la présentation de votre texte en vue de le faire lire intégralement par l'équipe qui a pris connaissance de votre récit tronqué.

Retour

Écrire en tandem peut être aussi stimulant que contraignant. Faites un retour sur la façon de travailler que vous avez expérimentée.

- Sur l'échelle suivante, situez votre appréciation globale de la qualité de votre coopération. Basez votre évaluation sur la qualité des échanges.

Coopération difficile  Coopération fructueuse

      1   2   3   4   5

- Choisissez une ou plusieurs des situations suivantes auxquelles vous vous identifiez.

   A. Je n'aime pas la confrontation, alors j'évite de faire valoir mes idées et j'accepte les idées de l'autre sans condition.

   B. Lorsqu'on crée avec une autre personne, il ne faut pas avoir peur d'exprimer une idée : même si elle est sans grande valeur, elle peut en faire naître une autre qui sera très bonne !

   C. Si l'autre rejette une idée à laquelle je tiens vraiment, je trouve des arguments précis pour la faire valoir.

   D. Pour faire progresser le travail, j'exprime sans détour que je trouve une idée mauvaise et j'avance la mienne.

   E. Pour amener une idée nouvelle, je considère d'abord l'idée de l'autre.

- À votre avis, quels sont les avantages et les limites de l'écriture à quatre mains ?

- Ciblez au moins un aspect à améliorer (attitude lors des échanges, façon d'organiser le travail, etc.) en vue de rendre plus fructueux un travail d'équipe similaire.

⊕ Zone *plus*

Créer une vedette de récit policier

Inventez un héros ou une héroïne de série policière. Assurez-vous que le personnage a assez de substance pour vivre plus d'une aventure. Pensez entre autres à Sherlock Holmes, à Miss Marple, à Maud Graham ou à San Antonio. Faites connaître ce personnage par un texte descriptif ou une illustration. Si le cœur vous en dit, présentez-le à la classe pour vérifier l'intérêt qu'il susciterait.

Meurtres et mystères

À la manière des jeux de rôles *Meurtres et mystères*, mettez-vous dans la peau d'un personnage qui participe à une enquête policière. Réunissez-vous avec des amis et distribuez-vous les rôles de détectives, de suspects, de criminels et de victimes en fonction du nombre de participants. Vous trouverez sur Internet toute la documentation nécessaire pour préparer ce type de jeu. Jouez la scène par petits groupes ou présentez l'intrigue à la classe, sous la forme d'une pièce de théâtre, en demandant au public de trouver le ou la coupable.

Autres textes à explorer

Lisez les trois récits policiers suivants du recueil.

r 　*En attendant le coroner*, p. 203-210

　　Marotte, p. 219-220

　　Je me tue et j'arrive!, p. 221-225

Lequel avez-vous trouvé le plus percutant? Pourquoi?

⬜ 　Activités d'approfondissement

SECTI2N

L'actualité policière

Hold-up, enlèvements, fusillades, émeutes, bagarres, incendies, explosions, fraudes... voilà quelques-uns des sujets habituels de l'actualité policière. Parmi les méfaits des dernières années qui ont attiré l'attention des médias, nous en avons retenu un qui a fait couler beaucoup d'encre : un piratage informatique spectaculaire, commis par un adolescent québécois. Grâce à la lecture d'une série d'articles en lien avec ce délit, vous vous familiariserez avec la couverture que font les journaux de l'actualité policière.

Vous mènerez ensuite une enquête. Vous éplucherez les quotidiens à la recherche de pièces à conviction pour appuyer ou démentir certaines idées au sujet de la couverture médiatique des crimes, délits et accidents qui se produisent tous les jours.

Pour prolonger cette exploration de l'actualité policière, vous pourrez exploiter les idées proposées à la fin de la section. Et n'oubliez pas l'atelier de grammaire : les habiletés qu'il vous permettra de développer sur la forme passive sont de première utilité pour comprendre l'actualité, qui foisonne en phrases de cette forme !

- Quels sont les principaux journaux disponibles dans votre région ?
- Quelle place occupe la lecture de journaux dans votre famille ?

Plan

Explorer

À vous de jouer

Zone *plus*

Atelier de grammaire

LE PETIT JOURNAL

au service du public

CANADA 15¢
E.-UNIS 20¢

MONTRÉAL
34e année
No 31

LE PLUS RÉPANDU DE TOUS LES JOURNAUX PUBLIÉS DANS LE QUÉBEC

Semaine du
27 mai 1962

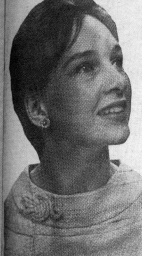

Infirme de 16 ans battu lâchement

(A lire en page A-3)

De la jolie visite !

TAINA ELG, ballerine, comédienne, étoile de cinéma, est de passage à Montréal. Elle est la vedette de la comédie musicale "Les Parapluies la Douce". On trouvera un reportage sur cette jolie femme en page A-20.

En prison pour un "p'tit bec"

(A lire en page A-3)

Comment tricher en jouant au golf

(A lire en page A-75)

De nombreux cas d'empoisonnement

(A lire...

Les fouilles à l'île Lemay

(A lire en page A-2)

Explorer

La plupart des quotidiens couvrent l'actualité policière, certains plus que d'autres. On y trouve des détails à propos de toutes sortes de crimes : vols de dépanneurs, invasions de domiciles, bagarres à la sortie des bars, fraudes, etc. Le dossier de presse que nous vous proposons porte sur un nouveau type de méfait lié aux technologies récentes, qui occupe la scène criminelle depuis quelque temps : le piratage informatique. Contrairement à ce qu'on pourrait croire, cette forme d'attaque sournoise est rarement menée par des informaticiens ou des ingénieurs en électronique. Ce sont plutôt les *hackers*, des virtuoses de l'informatique, qui commettent ces délits. Vous trouverez un cas de ce genre dans les pages qui suivent.

Le premier réseau informatique, appelé ARPANET, a été mis au point en 1969 par quatre universités américaines. À l'époque, personne ne soupçonnait l'importance que ce réseau prendrait ni à quel point il bouleverserait le monde dans lequel nous vivons. Dans les années 1980, ce protocole de communication Internet est devenu public avec l'introduction du *World Wide Web* (www). Cette démocratisation du réseau a toutefois ouvert la porte à certains éléments plus inquiétants: le phénomène du piratage ainsi que l'invention des virus et des vers informatiques.

Internet a eu des effets profonds sur la vie en société. Le caractère international du réseau, qui ignore les frontières, rend très difficile le contrôle de l'information qui y circule. Internet offre donc un outil de choix pour les fraudes de toutes sortes: copie illégale de musique et de vidéos, détournement de fonds, vol de renseignements personnels, etc. D'un autre côté, il brise le monopole des grands réseaux d'information, malheureusement au prix d'une surenchère d'informations souvent peu crédibles.

Équipe du réseau Arpanet (1969).

1969	ARPANET, le tout premier réseau informatique, relie les ordinateurs des universités de Californie à Los Angeles et à Santa Barbara, de l'Université d'Utah et du Stanford Research Institute.
1984	Les premiers virus sont développés par Fred Cohen ; Bill Landreth, surnommé «The Craker», parvient à s'introduire dans les systèmes informatiques de la NASA et du ministère de la Défense aux États-Unis.
1988	Le premier ver informatique, conçu par Robert Morris, parvient à infecter des milliers d'ordinateurs.
1994	Un mathématicien russe, Vladimir Levin, parvient à dérober 10 millions de dollars à la Citibank grâce au piratage informatique.
2000	Un adolescent canadien, surnommé *Mafiaboy*, réussit à paralyser les sites de Yahoo, eBay, Amazon et CNN grâce à une attaque par déni de service.
2005	Certains passages du témoignage de Jean Brault, interdit de publication par la Commission Gomery, se retrouvent sur le site américain *Capitaine Quarters*. Cette initiative force le juge à lever l'interdit de publication, devenu inutile.
2006	On met au point le logiciel Psiphon, qui permet de déjouer la censure d'Internet dans les pays non démocratiques.

Salle d'ordinateurs de la fin des années 1960.

- Qu'est-ce qu'un fait divers ? Ce genre d'article vous intéresse-t-il ? Pourquoi ?
- Selon vous, pourquoi présente-t-on autant de faits divers dans les médias ?

Lire et comprendre les textes

Les articles qui suivent présentent les grandes lignes d'une célèbre affaire de piratage informatique. Au cours de votre lecture, portez attention aux points ci-dessous en vous laissant guider par les questions présentées en marge.

A La présentation du texte

B Le compte rendu d'événements

C L'ordre de présentation des événements

D Le discours rapporté

E Le point de vue dans un texte courant

Texte 1

UNE ARMADA DE PIRATES ATTAQUE LE SITE YAHOO

New York – Le géant de l'Internet Yahoo a été victime d'une attaque « masquée » de grande envergure qui a bloqué son service pendant près de trois heures lundi, soulignant la fragilité de ces sites face à la détermination des pirates informatiques.

5 Les serveurs du portail, installés en Californie, ont été subitement pris d'assaut par un flux énorme de demandes d'information, venues d'une cinquantaine d'adresses Internet, auxquelles ils n'ont plus réussi à répondre. Submergé, le site, qui a accueilli 120 millions de visiteurs uniquement en décembre, s'est alors brutalement effondré, paralysant
10 surtout la consultation aux États-Unis. Seuls certains services, comme le courrier électronique, ont été épargnés.

« Cela ressemble à une attaque coordonnée de l'extérieur », a indiqué le président de Yahoo, Jeff Mallett, interrogé par des médias américains. « Elle est venue de serveurs multiples simultanément », a-t-il ajouté.

15 Au plus fort de l'attaque, le flux de demandes adressées à Yahoo a atteint un volume record de un milliard de bits par seconde, soit plus que certains sites Internet ne reçoivent en un an, a-t-il poursuivi. La compagnie avait bien pris la précaution d'installer des garde-fous contre ce genre de menaces, qui visaient surtout jusqu'à présent de
20 petits sites Internet, moins bien organisés et donc plus vulnérables.

Ces filtres, susceptibles de détecter des flux anormaux de trafic, se sont toutefois révélés insuffisants face à l'ampleur de l'attaque. Pour finir, Yahoo a dû basculer son service vers des serveurs installés sur la Côte Est afin de relancer le site.

1. **A** Trouvez-vous que le titre de l'article est bien choisi ? Pourquoi ?

2. **C** Les événements rapportés dans les deux premiers paragraphes sont-ils présentés dans l'ordre chronologique ? Résumez les trois principaux événements dont il est question.

3. **D** De quelle manière le discours rapporté direct rend-il l'information crédible ?

4. **E** Les expressions
- *au plus fort de l'attaque*
- *un volume record*
- *avait bien pris la précaution*
- *plus vulnérables*

servent-elles à exprimer un point de vue objectif ou subjectif ?

25 « Cela peut très bien se reproduire », a concédé M. Mallett, tout en annonçant un renforcement des mesures de sécurité sur le site. Le problème, bien connu des experts informatiques, reste de fait entier.

La Sûreté fédérale (FBI) a mis en garde les sites Web en décembre après avoir découvert des outils permettant de réaliser de tels raids, secrète-
30 ment installés sur le net. Ces outils, relativement faciles à trouver et à télécharger, simplifient la tâche des pirates, qui devaient auparavant déployer des trésors d'énergie et de talent informatique pour arriver à leurs fins. Il reste, en outre, très difficile de démasquer les « agresseurs », qui s'abritent derrière de fausses adresses Internet.

35 Wall Street a réagi néanmoins avec décontraction au « krach » de Yahoo, estimant que cela n'allait que peu affecter ses revenus publicitaires et sa réputation. Le titre, une des valeurs vedettes du Nasdaq, gagnait 14 $ US à 368 $ US hier midi.

© AFP

5. **C** Dans les trois derniers paragraphes de l'article, quelles conclusions Yahoo, le FBI et Wall Street tirent-ils de cette attaque de Yahoo ?

6. **B** À quelles questions types (*qui ? quoi ? quand ? où ? comment ? pourquoi ?*) le texte répond-il de façon inadéquate ?

PIRATAGE : UN SUSPECT IDENTIFIÉ À TORONTO

Ottawa – Un fournisseur de services Internet a confirmé hier avoir révélé à la GRC le nom d'un ancien abonné soupçonné
5 d'avoir participé, la semaine dernière, à du vandalisme contre des sites commerciaux.

La police fédérale était allée mardi soir chez Internet Direct,
10 de Toronto, avec un mandat de perquisition pour enquêter sur un individu utilisant le sobriquet « Mafiaboy », qui avait déjà été un de ses clients.

15 Or, ce surnom serait celui d'un des auteurs d'attaques de saturation qui ont paralysé les sites Yahoo.com, eBay.com, Amazon.com et CNN.com, entre autres.

20 Colin Campbell, un patron d'Internet Direct, ne savait pas hier si cet ancien abonné est bel et bien le pirate recherché aux États-Unis par le FBI. « Ce n'est
25 plus de notre ressort maintenant, mais de celui des enquêteurs, a déclaré M. Campbell depuis Toronto. Nous avons le nom et l'adresse de cet individu, qui ont
30 servi à établir la fiche d'identité de ce "Mafiaboy". »

De son côté, le porte-parole de la GRC n'a ni confirmé, ni nié non plus ce que les policiers
35 connaissent maintenant de « Mafiaboy », pour ne pas nuire à la cause éventuelle en Cour et aussi parce que le FBI dirige l'enquête, avec l'appui de la
40 police canadienne.

L'identité du suspect sera révélée si des accusations sont portées contre lui, a signalé le policier André Guertin, de la GRC.

45 Le FBI pense qu'un serveur situé au Canada est l'un de ceux ayant pu servir, contre la volonté de leurs propriétaires, à canaliser les attaques. Mais les policiers
50 américains admettent aussi que les vandales peuvent maquiller les adresses IP (Internet Protocol) des machines utilisées, ce qui rend encore plus ardue la tâche
55 de remonter à la source.

La Presse, 17 février 2000.

1. **B** À quelles questions types (*qui ? quoi ? quand ? où ? comment ? pourquoi ?*) cet article tente-t-il de répondre ?

2. **D** Comment établit-on la valeur de l'information qui est présentée ?

3. **E** Quels indices des trois premiers paragraphes indiquent que le ou la journaliste adopte un point de vue objectif ?

4. **C** Dans quel ordre les événements rapportés se sont-ils déroulés ?

5. **B** Qu'est-ce qui empêche le ou la journaliste de présenter tous les faits connus des policiers ?

6. **B** Dans le dernier paragraphe, quelle cause et quelle conséquence sont liées à l'identification du suspect ?

MAFIABOY ARRÊTÉ À MONTRÉAL !

Le jeune pirate de 15 ans a coûté des « centaines de millions » à l'économie américaine, dit le FBI.

Photo : Gilles Lafrance

LA CONFÉRENCE DE PRESSE tenue par la GRC et le FBI, hier à Montréal, a attiré de nombreux médias.

Marc Pigeon

La police a mis la main au collet d'un pirate informatique qui serait l'auteur d'une attaque ayant paralysé le portail Internet CNN.com et ses 1200 sites affiliés pendant quatre heures : un adolescent de 15 ans résidant à l'Île-Bizard !

5 La GRC et le FBI ont annoncé l'arrestation du jeune pirate hier, lors d'une conférence de presse qui a attiré de très nombreux médias, dont plusieurs américains.

10 On se souviendra qu'entre les 7 et 14 février, les portails des entreprises américaines de commerce électronique Yahoo, Amazon.com, eBay, Buy.com et Excite avaient 15 été complètement paralysés pendant plusieurs heures.

Le FBI, qui a lancé l'enquête, a demandé la collaboration de la GRC, le 14 février.

20 Dès le lendemain, l'Unité de support informatique de Montréal avait identifié le pirate comme étant quelqu'un de la région de Montréal.

1. **A** Comment l'information est-elle mise en valeur dans cet article ?

2. **C** Quels éléments d'information a-t-on choisi de mettre en évidence ?

3. **A** À quoi sert le chapeau de l'article ?

4. **E** Quels mots le journaliste a-t-il utilisés pour exprimer son point de vue dans le chapeau de l'article ?

5. **C** Dans quel ordre les événements rapportés dans les deux premiers paragraphes sont-ils survenus ? Quel verbe annonce le retour en arrière ?

C'est au début mars que les
25 policiers ont appris l'identité du
fameux *Mafiaboy* : un adolescent
anglophone de 15 ans demeurant
dans un quartier cossu de la municipalité de l'Île-Bizard et fréquen-
30 tant la polyvalente Riverdale, de
Pierrefonds.

CNN paralysé !

Dès lors, les policiers ont procédé aux moyens «d'interception
téléphoniques et informatiques»,
35 a précisé l'avocat de la poursuite
Me Louis Miville-Deschênes.

On reproche à *Mafiaboy* d'avoir
acquis un programme informatique
d'un «ami» des États-Unis, qu'il
40 aurait connu en fréquentant des
forums de discussion IRC, où de
nombreux pirates, dits *hackers*, se
rencontrent de façon virtuelle pour
discuter de leurs exploits.

45 Avec ce programme «perfor-
mant», à partir de son ordinateur
personnel, il aurait réussi à commander à plusieurs ordinateurs
(ceux d'universités américaines par
50 exemple) de loger de nombreuses
requêtes inutiles au site de CNN.com.

«Des attaques puissantes», a
dit le sergent Jean-Pierre Roy, de la
section des crimes informatiques
55 de la GRC.

Ce qui a eu pour effet de para-
lyser totalement le système.
Conséquence : «des centaines de
millions de dollars» de pertes et de
60 coûts de redémarrage, a dit le
policier William Lynn du FBI.

Son système saisi

Il était 3 h samedi matin lorsque
les policiers sont débarqués chez
Mafiaboy, dans la luxueuse rési-
65 dence qu'il habite avec ses parents,
à l'Île-Bizard. On y a saisi son
équipement informatique ainsi que
«des caisses de documents», a dit
Me Miville-Deschênes.

70 La GRC analyse actuellement
tout le matériel saisi. Il n'est pas
exclu que d'autres accusations
soient déposées ultérieurement et
que le même sort soit réservé à des
75 complices.

Mafiaboy fait face à deux accusations de méfaits. Il a été remis en
liberté après deux jours de détention, moyennant de «sévères»
80 conditions de remise en liberté,
dont celles de ne pas se brancher à
Internet et de ne pas utiliser un
ordinateur sauf à l'école.

Il reviendra à la cour le 6 juin.

85 À son domicile, hier, toutes les
personnes questionnées ont refusé
de commenter l'affaire.

Le Journal de Montréal,
jeudi 20 avril 2000.

6. **E** Quel point
de vue adopte
le journaliste
en présentant
l'identité du
coupable ? Relevez
quelques indices
qui en témoignent.

CNN paralysé !

7. **D** À quoi sert le
discours rapporté
aux lignes 32 à 36 ?

8. **E** Pourquoi
le journaliste
utilise-t-il des
verbes au condi-
tionnel aux
lignes 37 à 51 ?

9. **D** **E** Par quels
procédés l'auteur
met-il en évidence
l'importance des
actes commis et
de leurs consé-
quences ?

Son système saisi

10. **B** Pourquoi
donne-t-on
les détails de
l'arrestation ?

11. **C** À quoi peut
s'attendre le
coupable ?

12. **E** Quel mot
révèle le point de
vue du journaliste
vers la fin de
l'article ?

Mafiaboy plaide coupable

Montréal – À l'ouverture de son procès hier, *Mafiaboy*, accusé d'avoir attaqué en février 2000 d'importants sites Internet de commerce électronique, a plaidé coupable à 56 des 66 chefs d'accusation pesant contre lui. Les autres accusations ont été retirées.

5 *Mafiaboy*, dont on ne peut divulguer le nom parce qu'il est mineur, est en liberté sous caution. Âgé de 16 ans, il ne fréquente plus l'école et s'est 10 trouvé du travail. Il est passible de deux ans de détention, au maximum.

Le juge Gilles Ouellet, du Tribunal de la jeunesse, a fixé 15 aux 17 et 18 avril l'audition des arguments devant l'aider à déterminer la sentence. La sentence maximale pouvant lui être imposée est de deux ans de 20 détention.

Le procureur de la Couronne au dossier, Louis Miville-Deschênes, demande au magistrat de tenir compte des 25 circonstances et de l'importance des crimes perpétrés. Il a également indiqué aux journalistes que les conversations téléphoniques interceptées étaient 30 suffisantes pour démontrer amplement le rôle joué par l'adolescent, au-delà de tout doute raisonnable. Ce qui aurait amené *Mafiaboy* et son avocat à 35 renoncer à la tenue d'un procès.

Le Soleil, 19 janvier 2001.

1. **A** D'après le titre, quelle information devrait contenir cet article?

2. **B** Quelles précisions apporte le premier paragraphe?

3. **C** Quelles conséquences ce méfait a-t-il sur le coupable?

4. **C** Quelle information répète-t-on dans le troisième paragraphe? Pourquoi utilise-t-on ce procédé?

5. **D** Pourquoi l'avocat de l'accusé suggère-t-il de renoncer à la tenue d'un procès? Quels arguments obtient-on du procureur de la Couronne par le discours rapporté indirect?

6. **E** Cet article est-il présenté de manière subjective ou objective? Justifiez votre réponse à l'aide de quelques indices.

PALAIS DE JUSTICE
10, rue Saint-Antoine Est

PIRATAGE INFORMATIQUE
Mafiaboy en garde ouverte

Le jeune pirate informatique surnommé *Mafiaboy* a été condamné hier à huit mois de garde ouverte pour avoir paralysé cinq sites Internet importants, dont Amazon et Yahoo, l'an dernier.

5 Le juge Gilles Ouellet, du Tribunal de la jeunesse, a aussi condamné le Montréalais de 17 ans, que la loi interdit d'identifier, à faire un don de 250 $ à un organisme de charité et à un an de probation. Il lui a également interdit de tirer profit de son aventure. Enfin, il a recommandé qu'il soit autorisé à aller à l'école et à occuper un emploi à temps partiel.

10 Le magistrat a déclaré que l'adolescent avait fait preuve d'un degré élevé de préparation et de préméditation dans ses attaques. Indéniablement, l'adolescent avait «une intention criminelle», a-t-il dit.

Assis à côté de son avocat, l'adolescent est resté impassible à la lecture de la sentence. Il a ensuite été immédiatement transféré au 15 centre de détention pour jeunes.

Étant donné la durée et la gravité des attaques informatiques commises par le jeune homme, le juge Ouellet a qualifié de non plausible la thèse de la défense voulant que le jeune souhaitait seulement tester la sécurité des sites Internet visés.

20 En janvier dernier, il avait plaidé coupable à 56 accusations de piratage informatique de sites Internet au Canada, aux États-Unis, au Danemark et en Corée, en février 2000. Les attaques avaient fait les manchettes autour du monde et suscité des questions sur la sécurité des sites Internet.

25 Le jeune homme était passible d'une peine maximale de deux ans de détention, au pire, en garde fermée. Le juge Ouellet a plutôt opté pour la garde ouverte, ce qui signifie qu'il se trouvera dans un environnement moins supervisé et aura donc l'occasion de mériter certains privilèges, comme des sorties de week-end, après avoir 30 purgé le tiers de sa peine.

L'adolescent avait déjà plaidé coupable à des gestes semblables au détriment de grandes sociétés comme Dell.com, CNN.com et eBay. Les ordinateurs de certaines universités américaines avaient également 35 été affectés.

Le Devoir, 13 septembre 2001.

1. **A** **B** Quel lien faites-vous entre le titre et le premier paragraphe de cet article?

2. **B** D'après la sentence prononcée par le juge, quelles conséquences subira le coupable?

3. **D** Dites pourquoi le ou la journaliste a recours au discours rapporté dans les paragraphes 2, 3 et 5.

4. **E** Comment s'y prend-il ou s'y prend-elle pour révéler le point de vue du juge dans le troisième paragraphe?

5. **C** Quels faits présente-t-on dans les trois derniers paragraphes? Quels indices révèlent l'ordre de ces événements?

Regard sur les textes

A La présentation du texte

Pour capter l'attention des lecteurs et faciliter la consultation des articles, les journaux présentent généralement l'information de façon succincte en ayant recours à certains des procédés suivants :

- intitulés (titre et intertitres) ;
- chapeau (résumé des faits servant d'ouverture au texte) ;
- photos et légendes ;
- tableaux, schémas et graphiques ;
- présentation en colonnes ;
- division en paragraphes courts ;
- variation des caractères (gras, italique, soulignement, majuscules, etc.).

Certains de ces procédés sont illustrés dans le texte 3, qui est présenté dans sa forme originale.

B Le compte rendu d'événements

Tout article qui présente un fait d'actualité policière tente de répondre aux questions suivantes :

- *Qui ?* Un adolescent surnommé *Mafiaboy*.
- *Quoi ?* Un acte de piratage hors du commun.
- *Quand ?* Piratage en février 2000, arrestation en avril 2000, procès de janvier à septembre 2001.
- *Où ?* À l'Île-Bizard, à Toronto et à New York.
- *Comment ?* À l'aide d'outils informatiques trouvés sur Internet.
- *Pourquoi ?* Les motifs du pirate demeurent nébuleux.
- *Conséquences ?* Accusations, emprisonnement, libération en garde ouverte avec conditions sévères à respecter.

C L'ordre de présentation des événements

Un article de journal peut présenter les événements de différentes façons :

- rapporter les événements dans l'ordre chronologique (texte 4) ;
- débuter par l'élément déclencheur, puis présenter les autres événements (textes 2 et 3) ;
- présenter les événements les plus récents, puis rappeler certains des faits antérieurs (texte 5).

Les liens entre ces événements s'établissent à l'aide :

– de marques de temps (organisateurs textuels ou temps des verbes) ;

> Ex. : *Un fournisseur de services Internet a confirmé* hier *avoir révélé à la GRC le nom d'un ancien abonné soupçonné d'avoir participé,* la semaine dernière, *à du vandalisme contre des sites commerciaux.* (Texte 2, lignes 1-7)

– et d'explications (causes ou conséquences).

> Ex. : *Le juge... a* aussi *condamné le Montréalais... à faire un don... Il lui a* également *interdit de tirer profit de son aventure.* Enfin, *il a recommandé qu'il soit autorisé à aller à l'école...* (Texte 5, lignes 4-9)

D Le discours rapporté	En journalisme, on emploie le discours rapporté à plusieurs fins :

En journalisme, on emploie le discours rapporté à plusieurs fins :

- pour faire valoir la fiabilité et la crédibilité des sources d'information (ex. : *« Cela ressemble à une attaque coordonnée de l'extérieur », a indiqué le président de Yahoo…*) ;
- pour donner plus de poids à l'opinion ou à l'hypothèse présentée (ex. : *Le FBI pense qu'un serveur situé au Canada est l'un de ceux ayant pu servir, contre la volonté de leurs propriétaires, à canaliser les attaques.*) ;
- pour mettre en évidence certains renseignements d'ordre explicatif (ex. : *Le magistrat a déclaré que l'adolescent avait fait preuve d'un degré élevé de préparation et de préméditation dans ses attaques. Indéniablement, l'adolescent avait « une intention criminelle », a-t-il dit.*).

E Le point de vue dans un texte courant

Pour rapporter les faits le plus fidèlement possible, les journalistes doivent s'efforcer d'employer un langage dénotatif, qui décrit objectivement la réalité, sans prendre position ni émettre de jugements. Ce code de déontologie a été mis en place pour assurer la protection des droits de la personne (ex. : *À l'ouverture de son procès, hier, Mafiaboy, accusé d'avoir attaqué en février 2000 d'importants sites Internet de commerce électronique, a plaidé coupable à 56 des 66 chefs d'accusation pesant contre lui.* [Texte 4, introduction]).

Il arrive toutefois que les paroles rapportées et les mots utilisés révèlent une certaine subjectivité (ex. : *On se souviendra qu'entre les 7 et 14 février, les portails […] de commerce électronique Yahoo, Amazon.com, eBay, Buy.com et Excite avaient été* complètement paralysés *pendant* plusieurs *heures.* [Texte 3, lignes 10-16] *CNN paralysé !* [Texte 3, intertitre]).

Le point de vue, p. 247
Les systèmes des temps verbaux dans le texte, p. 248
Les marques d'organisation du texte, p. 251
Le discours rapporté, p. 252

Approfondir les textes

1 Parmi les articles que vous venez de lire, lequel vous semble le plus percutant sur le plan de la présentation ? Pourquoi ?

2 **a)** Dégagez l'information essentielle (*qui ? quoi ? quand ? où ? comment ? pourquoi ? conséquences ?*) de chacun des articles en remplissant des tableaux semblables à celui-ci.

TEXTE N° _____	TITRE : _____
Qui ?	
Quoi ?	
Quand ?	

b) Présentez un compte rendu des principaux événements en vous reportant à vos tableaux.

3 **a)** Observez l'ordre de présentation des événements dans le texte 4. Relevez les quatre principaux événements qui sont rapportés selon l'ordre chronologique.

b) Choisissez un autre texte et rétablissez l'ordre chronologique des événements qui y sont rapportés.

4 Dans chacun des articles de journal, relevez un élément d'information important qui est véhiculé par le discours rapporté. **4.4**

5 Quel texte vous paraît le plus objectif sur le plan des événements? Justifiez votre réponse en relevant les marques associées à un point de vue objectif.

Suivez le guide

Les verbes de parole dans le discours rapporté

Les verbes utilisés pour introduire un discours rapporté révèlent souvent un point de vue. Certains verbes (comme *dire*, *déclarer*) témoignent d'un point de vue objectif alors que d'autres (comme *insister*, *blâmer*) révèlent un point de vue plus subjectif.

1 Voici différents verbes de parole tirés des articles que vous venez de lire (p. 214-220). Classez ces verbes en deux catégories, selon le point de vue qu'ils permettent d'exprimer.

souligner	*indiquer*	*concéder*
ajouter	*montrer*	*poursuivre*
confirmer	*estimer*	*signaler*
reprocher	*demander*	*recommander*
révéler	*soupçonner*	*penser*

2 Formulez une phrase en employant un des verbes servant à exprimer un point de vue objectif, puis remplacez ce verbe par un autre qui exprime un point de vue subjectif. Quelle différence observez-vous?

Exemple : *La policière ajoute que ce pirate informatique est très habile.*

La policière soupçonne que ce pirate informatique est très habile.

 Le discours rapporté, p. 252
La subordonnée complétive, p. 278

Activités complémentaires

Réagir aux textes

1 Si vous aviez été juge dans cette affaire de piratage électronique, quelle sentence auriez-vous imposée à *Mafiaboy*? Pourquoi?

2 Comment expliquez-vous que les journalistes révèlent si peu de détails à propos de l'enquête policière?

3 a) En quoi ce méfait est-il caractéristique des problèmes criminels de notre société contemporaine?

b) Pourquoi ce genre de crime est-il considéré comme très sérieux?

4 Trouvez-vous que les médias ont fait preuve d'objectivité et de respect des droits et libertés dans la couverture de cette affaire?

5 Pensez-vous qu'il faut traiter les jeunes différemment des adultes en ce qui concerne la loi? Pourquoi?

Comparer les textes

1 Comparez les textes suivants du recueil.

r *Faits divers assortis*, p. 244-246
Faits divers de premier choix, p. 247-249

a) Quelle série de textes ressemble le plus aux articles sur *Mafiaboy* présentés dans les pages précédentes?

b) Déterminez les principales différences entre ces deux séries de textes.

c) Comment expliquez-vous ces différences? Dans quel contexte ceux de la première série ont-ils été publiés? Ceux de la seconde série?

2 Cherchez dans les journaux un article rapportant une histoire criminelle ou choisissez un des faits divers présentés dans le recueil.

r p. 244-249

a) Imaginez une suite à cette histoire. Que pourrait-il arriver le lendemain, un mois plus tard ou un an plus tard? Rédigez un article journalistique pour le relater.

b) Échangez votre article avec celui d'un ou d'une autre élève. Déterminez si le texte de votre camarade ressemble à un article de journal. Examinez s'il contient tous les ingrédients généralement présents dans les faits divers.

✦ À vous de jouer

Pièces à conviction

Voici deux titres d'articles de journaux qui rapportent un même événement :

« Un cycliste victime d'un arrêt du cœur »

« Le mort faisait ses courses à bicyclette »

Qu'en pensez-vous? Quel effet chacun de ces titres produit-il sur vous? Si vous deviez démontrer que certains médias sont plus sensationnalistes que d'autres, ces deux titres seraient certainement des « pièces à conviction » de choix, n'est-ce pas?

C'est le défi que vous relèverez bientôt : trouver des pièces à conviction qui appuient ou qui démentent une idée au sujet de la couverture médiatique de l'actualité policière. Quelles seront ces pièces? Des articles, des titres, des photos, etc., que vous aurez extraits de quotidiens. Au terme de cette petite enquête, vous tirerez vos conclusions et partagerez vos observations avec les autres. Chacun et chacune d'entre vous aura ainsi une idée d'ensemble des résultats des enquêtes qui auront été menées.

 Outils complémentaires

hypothèse enquête conclusions pièces à c

Voici des idées, vraies ou fausses, qui circulent au sujet de l'actualité policière.

A. L'actualité policière n'occupe pas une place égale dans tous les quotidiens.

B. Les journalistes sont tenus de respecter la vie privée des gens qui sont concernés par un méfait ou un accident, qu'ils en soient les victimes ou les coupables.

C. Dans leur manière de couvrir les crimes et les délits, les journalistes font souvent du sensationnalisme. Ils utilisent des photos-chocs, des titres percutants, des informations inutiles, voire fausses, pour attiser la curiosité des lecteurs.

D. Les journalistes sérieux sont toujours objectifs dans leur façon de couvrir l'actualité. Pour demeurer neutres, ils se gardent d'exprimer leur point de vue personnel.

Lesquelles de ces idées vous font réagir? Lesquelles sont fausses, selon vous? Lesquelles vous semblent vraies?

1 Choisissez une **idée** parmi les quatre énoncés ci-dessus. C'est cette idée que vous tenterez d'appuyer ou de démentir.

2 Faites une **hypothèse** au sujet de l'idée retenue (à savoir si elle est vraie ou fausse) et justifiez votre hypothèse. Utilisez une formulation du type:

> Selon moi, l'idée exprimée (en A., B., C., D.) est vraie / fausse, car...

3 Précisez comment vous mènerez votre **enquête** en répondant aux questions suivantes.

- *Quels quotidiens examinerez-vous?*

- *Pendant combien de jours : trois jours, une semaine entière... ?*

- *De quelle façon colligerez-vous vos coupures de presse (rassemblées dans une grande enveloppe, collées dans un cahier, etc.) ?*

4 Vérifiez votre hypothèse à l'aide de journaux.

- Recueillez des **données** qui se rapportent à cette hypothèse (exemplaires de quotidiens, une de journaux, articles, titres, photos, etc.).

- Gardez des traces de vos **observations** (par exemple, encerclez des articles, soulignez des mots).

5 Au terme de votre enquête, dégagez des **pistes de conclusions** et préparez-vous à partager les résultats avec d'autres élèves qui se seront intéressés à la même idée que vous.

- En vue d'évaluer votre hypothèse, considérez les données recueillies et les observations faites.
- Formulez une conclusion : indiquez si vous considérez l'idée comme vraie ou fausse, puis rendez compte des observations qui l'appuient.
- Remplissez un tableau synthèse comme celui-ci en vue de la mise en commun des résultats.

IDÉE RETENUE	HYPOTHÈSE	PISTES DE CONCLUSIONS	OBSERVATIONS À L'APPUI

Planifier | Mener | Partager ses résultats | Présenter

6 Partagez les **résultats** de votre enquête en procédant de la façon suivante.

ÉTAPE A : **Formation des équipes et partage des rôles**	• Joignez-vous à trois élèves qui ont retenu la même idée que vous. • Choisissez un des rôles proposés pour le travail en coopération : animateur ou animatrice (gère les discussions), secrétaire (note l'information), rédacteur ou rédactrice (écrit le compte rendu), porte-parole (communique les résultats à la classe).
ÉTAPE B : **Partage des résultats d'enquête**	• Le moment venu, énoncez votre hypothèse, vos conclusions et vos observations. – Pour que l'exposé soit bref, servez-vous de votre tableau synthèse. – Pour appuyer vos conclusions, présentez vos « pièces à conviction ». • Si vous jouez le rôle… – d'animateur ou d'animatrice, gérez les tours de parole ; – de secrétaire, notez les hypothèses, les conclusions et les observations de chaque membre.
ÉTAPE C : **Préparation du compte rendu**	• En équipe, faites le bilan des enquêtes en répondant aux questions suivantes : – Tous les membres ont-ils formulé la même hypothèse ? Précisez. – Quelles conclusions se rejoignent ? Lesquelles s'opposent ? **4.5** – Quelles sont les principales observations à l'appui de chaque conclusion ? • Si vous jouez le rôle… – d'animateur ou d'animatrice, orientez les discussions en vue d'obtenir des réponses claires aux questions posées ; – de rédacteur ou de rédactrice, rédigez le compte rendu en reprenant l'essentiel des idées échangées et en établissant des liens entre elles ; lisez ensuite ce compte rendu aux autres et apportez les modifications nécessaires.

Participer à une discussion, p. 304
Arriver à un consensus, p. 305
Travailler en coopération, p. 306

Planifier | Mener | Partager | Présenter les résultats

7 Déterminez en groupe le **contexte de communication** dans lequel les résultats seront communiqués par le ou la porte-parole de chaque équipe : en circulant d'une équipe à l'autre, devant l'ensemble de la classe…

Suivez le guide

4.5

L'expression de la comparaison et de l'opposition

On peut faire un rapprochement entre des éléments (des idées, par exemple) pour montrer leurs points communs ou leurs différences. Les moyens pour mettre en évidence des ressemblances ou des dissemblances sont multiples et de formes extrêmement variées.

■ Dans les phrases suivantes, met-on en évidence des ressemblances ou des dissemblances? Relevez les mots utilisés pour le faire.

1. *Au départ, Émilie était d'avis que les journalistes respectent toujours la vie privée des gens, tandis que Raoul était convaincu du contraire.*

2. *Dans ce journal-ci, on rapporte environ deux fois plus d'accidents, de crimes et de délits que dans ces deux journaux-là, qui en comptent à peu près autant l'un que l'autre.*

3. *Nous étions tous d'avis que les journalistes sont toujours objectifs. Cependant, nos observations démontrent que, parfois, ils ne sont pas neutres.*

⬛ Activités complémentaires

Retour

Mener une enquête digne de ce nom exige de la méthode! Comment avez-vous réussi à cet égard?

• Sur l'échelle suivante, faites une appréciation globale de votre efficacité dans l'accomplissement du travail.

Efficacité nulle  Efficacité redoutable

      1   2   3   4   5

• Quels aspects du travail vous ont paru le plus complexes?

A. Planifier le travail à faire (cibler les journaux à consulter, prévoir la durée de l'enquête, penser à une façon de recueillir les pièces à conviction).

B. Rassembler le matériel (journaux, articles, etc.).

C. Faire progresser le travail (faire les observations, conserver des traces de ces observations, etc.).

D. Gérer la réalisation du travail dans le temps.

• Parmi les moyens suivants, lesquels utiliseriez-vous si le travail à faire ne progressait pas suffisamment?

✓ Questionner un ou une autre élève sur sa façon de procéder.

✓ Demander des précisions ou de l'aide à un ou une adulte.

✓ Modifier la planification initiale (par exemple, utiliser d'autres journaux que ceux ciblés au départ).

• Pour mener votre entreprise à bien, quels ajustements auriez-vous eu intérêt à faire?

Invitation aux journalistes

Invitez un ou une journaliste qui se spécialise dans l'actualité policière à venir discuter de son métier en classe. Les gens qui travaillent dans l'univers des médias acceptent souvent de telles invitations. Si c'est le cas, assurez-vous d'accueillir cette personne convenablement. Prévoyez un comité d'accueil. Choisissez vos questions de manière à mettre en lumière sa façon particulière de travailler, d'obtenir de l'information sur le terrain, de rédiger ses textes, de respecter les heures de tombée. Vous pourriez aussi aborder l'effet de son travail sur ses lecteurs.

Faire la une

Créez la une d'un journal fictif en choisissant une histoire judiciaire célèbre. Des exemples : l'affaire Coffin, l'affaire Cordélia Viau, l'affaire de la Corriveau, l'affaire des Sorcières de Salem, l'affaire Martin Guerre, l'affaire Sacco et Vanzetti, l'affaire Guibord. Rassemblez suffisamment de renseignements pour pouvoir créer une page semblable à celle présentée en ouverture de cette section (p. 211) ou à celle de la page 235 du recueil. Choisissez des titres percutants et une typographie attrayante ; ajoutez un court article qui traite des événements comme s'ils s'étaient déroulés la veille ; illustrez aussi le propos.

Autres textes à explorer

Lisez les trois textes suivants du recueil.

 Le journalisme de faits divers, p. 236-238

La culture de la peur, p. 239-241

Faits divers assortis, p. 244-246

Ces textes vont-ils changer votre façon de lire le journal ou d'écouter les bulletins d'informations télévisés ?

⬜ Activités d'approfondissement

Observer

1 Lisez les deux textes suivants.

Texte 1

Alerte au jambon ML

La compagnie ML vit une inquiétante situation : on a découvert des étuis de seringue dans une de ses usines d'Ontario. Craignant qu'une substance inconnue ait contaminé la viande, l'entreprise a lancé hier un rappel pancanadien des produits fabriqués dans l'usine en question. Une enquête policière est en cours.

Texte 2

Alerte au jambon ML

La compagnie ML vit une inquiétante situation : des étuis de seringue ont été découverts dans une de ses usines d'Ontario. Craignant que la viande ait été contaminée par une substance inconnue, l'entreprise a lancé hier un rappel pancanadien des produits fabriqués dans l'usine en question. Une enquête policière est en cours.

D'après Stéphanie Bérubé, *La Presse*, Cahier A, mercredi 8 novembre 2006.

a) Les phrases en couleur donnent-elles la même information ?

b) Qu'est-ce qui différencie ces phrases ?

Explorer

2 **a)** Comparez chaque phrase active (phrase de base) ci-dessous avec la phrase passive correspondante, puis décrivez avec précision les transformations subies par les phrases actives.

1. Phrase active : *Une substance inconnue contaminerait peut-être la viande*.
   Phrase passive : *La viande serait peut-être contaminée **par** une substance inconnue*.

2. Phrase active : *La plupart des Canadiens connaissent la compagnie ML*.
   Phrase passive : *La compagnie ML est connue **de** la plupart des Canadiens*.

b) Dans les phrases passives, quel verbe sert à marquer le temps ?

c) En tenant compte de vos observations précédentes, trouvez le verbe qui convient dans les phrases passives qui suivent.

1. *La police mènerait une enquête.*

   ▶ *Une enquête ▒▒▒▒▒ par la police.*

2. *Il faut que la police mène une enquête.*

   ▶ *Il faut qu'une enquête ▒▒▒▒▒ par la police.*

  La phrase de base, p. 257

3 Dans la phrase passive, il arrive très souvent que le complément du verbe passif ne soit pas exprimé.

Ex. : *La viande serait, peut-être contaminée, **par une substance inconnue**.*
　　　V passif　　　　　　　　　　　　　compl. du V passif
　　　La viande serait peut-être contaminée.

a) Dans le texte 2, *Alerte au jambon ML*, relevez la phrase passive sans complément du verbe passif.

b) Quel pourrait être le complément du verbe passif dans cette phrase ?

c) Selon vous, pourquoi ce complément n'est-il pas exprimé ? En d'autres mots, pourquoi la journaliste (l'émetteur) ne révèle-t-elle pas qui a découvert les étuis de seringue ? Choisissez parmi les raisons suivantes.

> **Raisons pour lesquelles un complément du verbe passif n'est pas exprimé**
>
> A. L'émetteur ignore l'information.
>
> B. L'émetteur connaît l'information, mais ne veut pas la révéler.
>
> C. L'émetteur connaît l'information, mais la juge sans importance.
>
> D. L'émetteur connaît l'information, mais estime qu'elle se devine aisément.

4 Lisez cette règle générale.

⌇⌇ RÈGLE DE PROGRESSION DE L'INFORMATION

Dans un texte, le début d'une phrase présente généralement de l'information connue, tandis que la fin est porteuse d'information nouvelle ou importante.

Exemple : *Les étuis de seringue ont été découverts plantés dans des jambons.*
　　　　　Ils auraient peut-être contaminé la viande.
　　　Information connue　　　**Information nouvelle**

a) Dans le texte qui suit, indiquez dans l'espace tramé laquelle des phrases suivantes conviendrait : la phrase active ou la phrase passive. Pour faire votre choix, tenez compte de la règle de progression de l'information.

- Phrase active :　*La police a arrêté un homme de 51 ans.*
- Phrase passive :　*Un homme de 51 ans a été arrêté par la police.*

Arrestation d'un suspect dans l'affaire des étuis de seringue trouvés chez ML

Les autorités policières signalent l'arrestation d'un suspect relativement à l'affaire des étuis de seringue trouvés en novembre dernier dans une usine de la compagnie ML. En effet, ▨▨▨▨. Il s'agit d'un employé de l'usine.

b) Toujours selon la règle de progression de l'information, quelle forme de phrase conviendrait par la suite ?

- Phrase active :　*On accuse l'homme de nuisance publique ayant mis la vie en danger.*
- Phrase passive :　*L'homme est accusé de nuisance publique ayant mis la vie en danger.*

Suivez le guide `4.G`

L'accord du participe passé employé avec *être*

Le verbe de la phrase passive est formé du verbe *être* et d'un participe passé. Ce participe passé, comme tout participe passé employé avec *être*, suit la règle d'accord de l'adjectif attribut du sujet (ex. : *Ce tableau semble faux.* / *Ces signatures semblent fausses.*).

1 Formulez la règle d'accord du participe passé employé avec *être* et de l'adjectif attribut du sujet.

2 Dans le texte qui suit, relevez les participes passés employés avec *être* et justifiez leur accord.

Un faux Picasso

Un Suisse a tenté de vendre un faux Picasso sur un site d'enchères. Cette personne, qui est soupçonnée d'avoir toujours su que le tableau n'avait pas été peint par le maître espagnol, est accusée de tentative d'escroquerie. La toile, qui est signée et intitulée *Guitare et chandelle*, avait été achetée deux ans auparavant par le Suisse pour 3500 francs.

 Les accords, p. 286   Activités complémentaires

S'exercer Activités complémentaires

Au besoin, faites quelques activités avant d'aller plus loin.

Aller plus loin

5 Lisez ce texte, qui est essentiellement composé de phrases passives sans complément du verbe passif.

Il récidive au volant de sa tondeuse à gazon !

Un homme, dont le permis de conduire avait été retiré pour conduite en état d'ivresse, a été surpris en flagrant délit de récidive... sur sa tondeuse à gazon.

5 Tony Rocker, 37 ans, a été interpellé vendredi alors qu'il sillonnait la rue principale de Port Leyden, dans l'État de New York, à bord de son engin de jardin.

Inculpé de conduite en état d'ivresse sur un engin motorisé,
10 il a été libéré après paiement d'une caution d'environ 300 $.

D'après © Laurent Delaloye, 1994 – Ed. Fillipacchi

a) Repérez les phrases passives, puis imaginez quel pourrait être le complément du verbe passif dans ces phrases.

par les autorités

Exemple : … *dont le permis de conduire* avait été retiré *pour conduite en état d'ivresse…* (lignes 1-3)

b) Selon vous, pourquoi l'auteur n'a-t-il pas exprimé les compléments du verbe passif ?

6 Lisez le fait divers suivant.

Condamné pour avoir opéré une patiente « par surprise »

METZ, 12 janv. – Le tribunal correctionnel de Metz a condamné un chirurgien à un an de prison avec sursis, mercredi,
5 pour avoir opéré une patiente sans la prévenir. Celle-ci poursuivait le spécialiste pour coups et blessures volontaires.

On avait hospitalisé la plaignante à
10 l'hôpital de Sarrebourg en août 1988 pour une intervention sur les varices d'une jambe. Lors de cette chirurgie sous anesthésie, le spécialiste l'avait opérée au visage sans son autorisation. En effet, il avait implanté dans les joues de la
15 patiente les vaisseaux prélevés dans les jambes. Le but de cette intervention était d'atténuer certaines rides faciales.

D'après © Laurent Delaloye, 1994 - Ed. Fillipacchi

a) Le titre du fait divers est issu d'une phrase passive. Construisez cette phrase passive.

b) Récrivez le fait divers en transformant les phrases actives en phrases passives (quand cela est possible).

c) Suivez la procédure suivante pour réviser les phrases passives dans votre texte.

1ʳᵉ étape Repérez les phrases passives et surlignez leur verbe.

2ᵉ étape Supprimez le complément du verbe passif si l'information qu'il apporte est peu importante et se devine aisément dans le contexte.

3ᵉ étape Vérifiez la formation et l'orthographe du verbe passif :

• Le verbe *être* est-il conjugué au bon temps ? Est-il correctement accordé en personne et en nombre avec le sujet ? **4.6**

• Le participe passé est-il accordé en genre et en nombre avec le sujet ?

 Les accords, p. 286

info ZONE

Voici votre centre d'information sur la langue. Vous y trouverez, sous forme de courtes fiches :

- des explications sur des phénomènes textuels ;
- des outils d'analyse de la phrase ;
- des notions de grammaire de la phrase ;
- des règles d'accord ;
- de la conjugaison ;
- de l'information sur les origines du lexique français ;
- des stratégies sur l'utilisation des dictionnaires ;
- des stratégies pour lire, écrire et communiquer à l'oral, ou encore pour travailler en coopération.

Les fiches de l'**Infozone** peuvent être consultées en diverses occasions, plus particulièrement quand...

- vous voyez le pictogramme **i** dans les activités du manuel ;
- vous souhaitez vous rafraîchir la mémoire ou sentez le besoin de faire le point sur vos connaissances ;
- vous désirez approfondir votre compréhension d'un phénomène textuel, mettre à jour vos connaissances grammaticales ou affiner vos stratégies.

Les notions des fiches **i** sont, généralement, d'abord définies ou expliquées, puis illustrées à l'aide d'un texte ou d'une phrase, ou encore détaillées dans un tableau. Dans les exemples, il y a lieu de porter attention aux éléments en couleur, lesquels sont parfois à mettre en relation avec les indications qui les accompagnent.

Table des matières

ⓘ LES UNIVERS NARRATIFS

Monde fictif, vraisemblable ou fantaisiste, où évoluent les personnages créés par l'auteur ou l'auteure.

ÉPOQUE
- Antiquité égyptienne
- Rome antique
- Moyen Âge
- Colonisation de la Nouvelle-France
- Colonisation de l'Ouest américain
- Début du vingtième siècle
- Années 1970
- Époque actuelle
- Futur imaginaire
- Etc.

PERSONNAGES
- Héros
- Chefs
- Ennemis
- Amis
- Traîtres
- Alliés
- Sages
- Guerriers
- Parents
- Magiciens
- Fées
- Lutins
- Etc.

LIEUX
- Ville
- Campagne
- Forêt
- Jungle
- Désert
- Île
- Continent
- Pays réel ou imaginaire
- Planète
- Espace
- Édifice
- Huis clos
- Etc.

UNIVERS NARRATIF
- Récit policier
- Récit historique
- Récit fantastique
- Récit biographique
- Récit sociologique
- Récit psychologique
- Récit d'amour
- Récit d'anticipation
- Récit d'apprentissage
- Récit d'aventures
- Récit de voyage
- Récit de science-fiction
- Etc.

THÈME
- Amour tragique
- Quête d'identité
- Rivalité fraternelle
- Souvenirs d'enfance
- Solitude
- Abandon
- Etc.

CONTEXTE SOCIAL
- Guerre
- Pauvreté, misère
- Aristocratie
- Monarchie
- Bourgeoisie
- Monde du travail
- Monde scolaire
- Monde politique
- Etc.

NIVEAU DE RÉALISME
- Histoire merveilleuse
- Histoire fantastique
- Histoire fantaisiste
- Histoire réaliste
- Histoire vraie
- Etc.

ATMOSPHÈRE OU TON
- Fantaisiste
- Dramatique
- Humoristique
- Lyrique
- Inquiétant
- Etc.

LE SCHÉMA NARRATIF

Structure générale qui définit les principales étapes du déroulement d'un récit.

AVANT	**SITUATION INITIALE**	
	Présentation de l'état initial d'équilibre	▶ *Le petit Chaperon Rouge doit aller porter des provisions à sa grand-mère, qui est malade. Sa mère la prévient d'être bien sage et de ne pas s'écarter de son chemin.*
PENDANT	**ÉLÉMENT DÉCLENCHEUR**	
	Complication qui perturbe l'état d'équilibre	▶ *En route dans la forêt, elle rencontre le Loup, dont elle ne se méfie pas, mais qui est une vilaine bête.*
	DÉROULEMENT D'ACTIONS	
	Événements, réactions qui constituent la quête d'équilibre	▶ *Le petit Chaperon Rouge s'entretient avec le Loup et lui dit qu'elle va chez sa grand-mère.* ▶ *Sur le conseil du Loup, elle prend son temps, s'attarde en chemin et se rend tranquillement à destination.* ▶ *Pendant ce temps, le Loup est allé chez la grand-mère et l'a avalée.* ▶ *Le petit Chaperon Rouge entre dans la chambre de sa grand-mère et se fait dévorer.* ▶ *Un chasseur, qui entend ronfler le Loup, le surprend et lui ouvre le ventre.* ▶ *Le petit Chaperon Rouge et sa grand-mère sortent saines et sauves du ventre du Loup.*
	DÉNOUEMENT	
	Événement mettant fin à la quête d'équilibre	▶ *Le petit Chaperon Rouge va chercher de grosses pierres et en remplit le ventre du Loup.* ▶ *Ces pierres sont si lourdes qu'il en meurt.*
APRÈS	**SITUATION FINALE**	
	Présentation de l'état final d'équilibre	▶ *Le chasseur dépouille le Loup et l'emporte chez lui.* ▶ *La grand-mère mange la nourriture que lui a apportée le petit Chaperon Rouge.* ▶ *Cette dernière se dit qu'il vaut mieux ne plus s'attarder en chemin.*

Schéma narratif illustré à l'aide du conte *Le petit Chaperon Rouge* des frères Grimm.

ⓘ LE SCHÉMA ACTANTIEL

Désignation des différents rôles tenus par les principaux personnages ou éléments d'un récit (les actants) impliqués dans la réalisation d'une quête d'équilibre (ou mission).

QUELQUES TYPES D'ACTANTS	
PERSONNAGES	**ÉLÉMENTS**
– Des humains – Des êtres surnaturels (dieux, diables, fées, etc.) – Des animaux – Des objets – Etc.	– Un élément de la nature – Le peuple – La famille – La justice (la loi, le tribunal, etc.) – Un organisme – Etc.

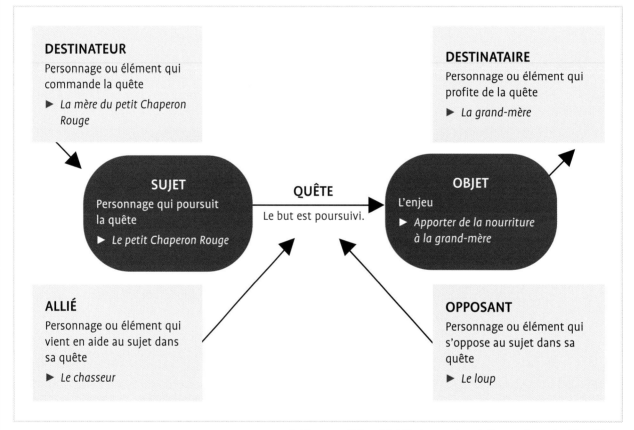

Schéma narratif illustré à l'aide du conte *Le petit Chaperon Rouge* des frères Grimm.

REMARQUE : Un personnage ou un élément peut jouer plus d'un rôle, et un rôle peut être rempli par plus d'un personnage ou élément.

LA NARRATION

«Voix» fictive qui raconte l'histoire en fonction de son statut dans le récit. Cette voix peut être exprimée par :

– un personnage principal qui participe à l'histoire ;

– un personnage secondaire qui raconte des événements dont il a été témoin ;

– un personnage externe qui ne joue aucun rôle dans l'histoire.

TYPES DE NARRATEUR		
1ʳᵉ PERSONNE		**3ᵉ PERSONNE**
NARRATEUR PARTICIPANT	**NARRATEUR TÉMOIN**	**NARRATEUR OMNISCIENT**
Personnage principal qui raconte ce qu'il a personnellement vécu, ce qu'il vit ou ce qu'il vivra.	Personnage secondaire qui raconte une histoire dont il a été témoin ou une histoire qui lui a été racontée.	Personnage qui s'efface complètement. On ne le voit pas ; c'est une «voix» externe qui raconte. Il sait tout et peut être partout à la fois ; il peut même lire dans les pensées des personnages.
▶ *J'ai subi un grave accident et je ne me souviens plus de rien. Tout ce que je sais maintenant, c'est que je suis immobilisée dans un lit d'hôpital, dans le plâtre, des pieds à la tête. J'ignore si je pourrai retrouver ma mobilité.*	▶ *J'étais dehors en train de ramasser des feuilles et j'ai tout vu : un camion est entré en collision avec une toute petite auto. La conductrice de l'automobile a été éjectée de son véhicule et est venue s'écraser sur la pelouse de ma propriété. Elle est maintenant à l'hôpital. On m'a dit que son état est jugé sérieux et qu'on ne sait pas si elle va retrouver sa mobilité.*	▶ *Elle était au volant de son auto ce matin-là. Tout à coup, un camion est entré en collision avec son véhicule et, sous la force de l'impact, elle a été éjectée de sa voiture sous le regard paniqué de la voisine. On l'a conduite à l'hôpital le plus rapidement possible. On juge son état très sérieux. Elle restera immobilisée probablement durant plusieurs mois. En ce moment, ce qui l'inquiète, c'est de savoir si elle pourra retrouver sa mobilité.*

(i) LA DESCRIPTION

Passage ou séquence dans un texte qui vise à présenter de façon descriptive différents aspects d'une réalité (un objet, un animal, un lieu, un phénomène, un processus, etc.).

Ce passage ou cette séquence sert à diverses fins : identifier des composantes, présenter des caractéristiques, situer dans l'espace ou le temps, etc.

LA MOUETTE RIEUSE D'AMÉRIQUE

La mouette rieuse est un oiseau très connu du grand public. C'est son cri qu'on entend le plus souvent lorsqu'on est au bord de la mer.

La mouette rieuse est très commune sur les côtes des océans d'Amérique du Nord. On la trouve aussi au bord des rivières ou des lacs. Parfois, elle s'aventure dans les champs.

5

L'aile de la mouette est grise sur le dessus, mais le dessous est blanc, comme le reste du corps de l'animal. Sa tête est noire. On la confond parfois avec la mouette bonaparte, qui a, elle aussi, une tête noire. La mouette rieuse est cependant plus grande.

10 Sociable, la mouette est une espèce peu farouche, qu'on peut assez facilement approcher. On peut ainsi mieux l'observer.

La mouette rieuse est un oiseau qui en fascine plus d'un, si bien qu'on la retrouve comme personnage de bédé dans plusieurs albums des aventures de Gaston Lagaffe.

STRUCTURE DE LA DESCRIPTION

SUJET : Description de la mouette rieuse d'Amérique

INTRODUCTION	DÉVELOPPEMENT			CONCLUSION
Présentation de la mouette (lignes 1-2)	**1er ASPECT** ▨ Habitat de l'oiseau	**2e ASPECT** Caractéristiques physiques de l'oiseau	**3e ASPECT** ▨ Comportement de l'oiseau	Intérêt pour la mouette (lignes 12-13)
		1er SOUS-ASPECT ▨ Couleur de l'oiseau	**2e SOUS-ASPECT** Taille de l'oiseau	

.../ p. 241

ASPECTS ET SOUS-ASPECTS POUVANT ÊTRE TRAITÉS DANS UNE DESCRIPTION

UNE PERSONNE, UN PERSONNAGE

– Portrait physique	taille, cheveux, visage, mains, odeur, voix, regard, etc.
– Habillement	vêtements, tissus, couleurs, motifs, etc.
– Personnalité, tempérament	caractère, qualités, défauts, etc.
– Sentiments, goûts, valeurs	émotions, champs d'intérêt, attitudes, etc.
– Entourage	parents, amis, proches, etc.
– Milieu de vie	logement, quartier, rue, etc.
– Rôle dans la société	métier ou profession, relations sociales, etc.
– Enfance, passé	événements marquants, études, loisirs, etc.
– Etc.	

UN ANIMAL

– Description physique	taille, forme, plumage, pelage, etc.
– Milieu de vie	écosystème, habitat, nid, etc.
– Mode de survie	place dans la chaîne alimentaire, prédateurs, proies, parasites, alimentation, reproduction, défense, etc.
– Habiletés	force, sens, vitesse, instinct, etc.
– Etc.	

UN OBJET

– Emploi	utilité, fonctionnement, mise en garde, etc.
– Apparence	couleurs, formes, esthétisme, design, etc.
– Dimension	hauteur, largeur, longueur, volume, surface, etc.
– Matériaux	composition, rigidité, texture, poids, température, etc.
– Caractéristiques techniques	énergie déployée, consommation, vitesse, force, niveau sonore, etc.
– Etc.	

UN LIEU

– Emplacement géographique	continent, pays, région, ville, etc.
– Climat	température, végétation, etc.
– Dimensions	superficie, forme, etc.
– Apparence	couleurs, objets, etc.
– Etc.	

UNE ÉPOQUE

– Contexte économique	pauvreté, richesse, crise économique, prospérité, etc.
– Contexte politique	dictature, guerre, démocratie, etc.
– Contexte culturel	arts, scolarisation, traditions, etc.
– Etc.	

UN PROCESSUS

– Phénomènes impliqués	réalités physiques, faits, événements, etc.
– Séquence des actions ou des opérations	états, étapes, phases, activités, etc.
– Fonctionnement	modes d'application, rôles, utilités, etc.
– Etc.	

Passage ou séquence dans un texte qui vise à présenter le pourquoi d'une réalité, c'est-à-dire les causes ou les conséquences qui y sont liées.

L'information peut être précisée à l'aide de différents procédés explicatifs :
- la représentation graphique (schéma ou dessin) ;
- la définition ;
- l'exemple ;
- la comparaison.

POURQUOI DORT-ON LES YEUX FERMÉS ?

Plusieurs êtres vivants, tels les poissons, dorment les yeux ouverts. Ce n'est pas le cas de la plupart des mammifères, comme l'humain, qui doivent fermer les yeux pour dormir. S'il y a fermeture des yeux, c'est pour deux raisons principales.

5 Premièrement, étant donné que l'humain a des paupières, les muscles sollicités pour les ouvrir et les fermer se fatiguent peu à peu. Ils en viennent à se relâcher plus souvent, ce qui provoque le myosis (réduction de la pupille). La lumière entrant dans l'œil, qui habituellement agit comme un stimulant, s'en trouve donc réduite.

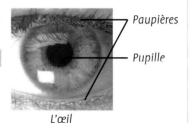

Paupières

Pupille

L'œil

10 Deuxièmement, la diminution de la lumière induit un état de somnolence qui mène progressivement au sommeil. Cet état n'est plus réversible simplement par la luminosité extérieure. Ainsi, la lumière ne réveille pas une personne endormie si on lui soulève les paupières.

C'est donc l'effet de la fatigue sur les muscles des paupières et celui de la diminution 15 de la lumière captée par les yeux qui induisent la somnolence et mènent à l'état de sommeil.

STRUCTURE DE L'EXPLICATION

SUJET : Explication du processus de la fermeture des yeux durant le sommeil

INTRODUCTION	DÉVELOPPEMENT		CONCLUSION
Description de la situation et questionnement (lignes 1-3)	**1ʳᵉ PHASE** L'effet de la fatigue ▢ Cause ▨ Conséquence	**2ᵉ PHASE** L'effet de la réduction de la lumière ▢ Cause ▢ Conséquence	Synthèse de l'explication (lignes 14-16)
	PROCESSUS EXPLICATIF ▢ Définition	**PROCESSUS EXPLICATIFS** ▨ Comparaison ▢ Exemple	

(i) LA JUSTIFICATION

Passage ou séquence dans un texte qui vise à présenter une opinion ou à fonder une appréciation, un jugement, une critique.

D'EXCELLENTES NOUVELLES D'EDGAR ALLAN POE !

Si vous aimez les histoires de folie et les atmosphères lugubres, vous aurez sans doute beaucoup de plaisir à lire le recueil *Le chat noir et autres nouvelles* d'Edgar Allan Poe.

Dans ce recueil, l'auteur, qui est un des grands écrivains de littérature fantas-
5 tique, nous propose plusieurs textes fascinants qu'il est quasi impossible de ne pas apprécier. D'ailleurs, une grande quantité de lecteurs dans le monde ont reconnu le génie et le talent indéniables de cet auteur américain du XIXe siècle.

Malgré son attirance pour le macabre, ce nouvelliste sans pareil sait nous baigner dans une atmosphère de folie. Par exemple, dans *Le chat noir*, il est question d'un
10 homme, vraisemblablement troublé, qui prétend aimer les animaux, mais qui maltraite son chat de façon quelque peu sadique. Pour nous rassurer, lorsque nous plongeons dans cet univers, l'auteur nous fait vite comprendre que les personnages qu'il met en scène sont complètement cinglés. Les nouvelles de Poe ressemblent aux histoires de peur qu'on se raconte autour d'un feu de camp un soir de pleine lune !

15 En lisant les nouvelles d'Edgar Allan Poe, vous ferez très certainement d'une pierre deux coups: vous aurez droit à de délicieux frissons d'horreur tout en vous imprégnant d'un texte important de la littérature classique, qui est passé à l'histoire.

STRUCTURE DE LA JUSTIFICATION

SUJET: Justification de l'appréciation du recueil *Le chat noir et autres nouvelles* d'Edgar Allan Poe

INTRODUCTION	DÉVELOPPEMENT		CONCLUSION
Appréciation générale en fonction des intérêts des lecteurs (lignes 1-3)	Enchaînement des éléments de la justification		Synthèse de l'appréciation (lignes 15-17)
	1re RAISON Des textes fascinants appréciés par quantité de lecteurs	**2e RAISON** Une habileté à plonger le lecteur dans une atmosphère de folie	
	PROCÉDÉ DE JUSTIFICATION Fait ou donnée vérifiable	**PROCÉDÉS DE JUSTIFICATION** Exemple Comparaison	

ⓘ LE TEXTE POÉTIQUE

Texte qui recourt à différents procédés linguistiques et stylistiques pour évoquer des images, susciter des émotions ou créer des effets.

SENS
- Figures de style (comparaison, métaphore, etc.)
- Mot-valise
- Etc.

SONS
- Allitération
- Assonance
- Rime
- Etc.

Procédés linguistiques et stylistiques utilisés en poésie

FORMES
- Disposition des mots
- Longueur des vers et des strophes
- Grosseur et forme des lettres
- Etc.

RYTHME
- Répétition du nombre de pieds (ou syllabes) des vers
- Disposition des rimes
- Etc.

LES HIBOUX

	RIMES	PIEDS
Sous les ifs noirs qui les abritent,	a	9
Les hiboux se tiennent rangés,	b	8
Ainsi que des dieux étrangers,	b	8
Dardant leur œil rouge. Ils méditent.	a	9
Sans remuer ils se tiendront	a	8
Jusqu'à l'heure mélancolique	b	9
Où, poussant le soleil oblique,	b	9
Les ténèbres s'établiront.	a	8
Leur attitude au sage enseigne	a	9
Qu'il faut en ce monde qu'il craigne	a	9
Le tumulte et le mouvement ;	b	8
L'homme ivre d'une ombre qui passe	a	9
Porte toujours le châtiment	b	8
D'avoir voulu changer de place.	a	9

Charles Baudelaire, *Les Fleurs du mal*, 1857.

SENS
- Comparaison : des hiboux à des dieux étrangers
- Métaphore : les hiboux méditent
- Oppositions : *ifs noirs / œil rouge ; soleil / ténèbres ; rangés, méditent, sans remuer / tumulte, mouvement, ombre qui passe*

FORME
- Deux strophes de quatre vers
- Deux strophes de trois vers

RYTHME
- Alternance dans le nombre de pieds (huit ou neuf) selon les strophes et en fonction des rimes (a ou b)

SONS
- Rimes embrassées (a b b a)
- Rimes plates (a a b)
- Rimes croisées (a b a)

i LES FIGURES DE STYLE

Procédés stylistiques qui révèlent une manière de voir ou de ressentir pour évoquer des images, créer des associations, jouer avec les mots ou produire des effets.

QUELQUES FIGURES DE STYLE	
ACCUMULATION	
Ensemble de mots, de groupes de mots ou d'expressions qui concourent à créer un effet d'emphase.	▶ *Jeunes et vieux, hommes et femmes, pauvres et riches, tous étaient dans la rue et criaient des slogans.*
COMPARAISON	
Rapprochement explicite entre deux termes, en fonction d'un point commun ou d'une différence, à l'aide de termes comparatifs (*comme, tel, ainsi que, pareil à*, etc.).	▶ *La page blanche, tel un rêve oublié, me troublait.*
ÉNUMÉRATION	
Suite d'éléments faisant partie d'un tout.	▶ *L'enfant avançait, le pas léger, l'œil rieur, le pourpre aux joues, heureux.*
GRADATION	
Suite d'éléments placés en ordre de progression ; la gradation peut être ascendante ou descendante.	▶ *Il avait souri, pouffé de rire, ricané, et, finalement, cédé à l'hilarité sans pouvoir s'arrêter.* ▶ *Il a contracté cette maladie, a souffert le martyr et en est finalement mort.*
HYPERBOLE	
Procédé qui consiste à créer un effet d'exagération en employant un vocabulaire excessif.	▶ *Je suis mort de fatigue.* (pour *très fatigué*) ▶ *C'est une véritable tragédie.* (pour *événement malheureux*)
IRONIE	
Procédé qui consiste à exprimer l'inverse de ce que l'on pense.	▶ *Quelle merveilleuse invention que la guerre ! L'Homme a vraiment de quoi en être fier !* (pour *Quel abominable fléau que la guerre ! L'Homme devrait en avoir honte !*)
LITOTE	
Procédé qui consiste à dissimuler une réalité en disant peu pour suggérer davantage.	▶ *Il nous a quittés si jeune.* (pour *Il est mort si jeune.*) ▶ *Ce n'est pas fameux.* (pour *C'est mauvais.*)
MÉTAPHORE	
Rapprochement, sans marque de comparaison explicite, de deux éléments apparemment sans lien qu'on met en relation pour favoriser un transfert de sens.	▶ *Il est tombé une pluie d'étoiles filantes.* ▶ *Ce discours est un monument de bêtises.* ▶ *Ton auto est un vrai citron.*

.../ p. 246

MÉTONYMIE

Remplacement d'un terme par un autre qui lui est lié de façon logique. Par exemple :

- la partie pour le tout ;
- l'effet pour la cause ;

- le contenant pour le contenu ;
- etc.

▶ *On a besoin de* bras. (bras *pour main-d'œuvre*)

▶ *La* misère *fait des ravages dans ce pays aride.* (misère *pour sécheresse, malnutrition, etc.*)

▶ *Je boirais un bon* verre. (verre *pour boisson contenue*)

OPPOSITION (OU ANTITHÈSE)

Contraste créé par le rapprochement de termes opposés dans une même phrase.

▶ *Vous êtes le* calme *dans la* tempête.

▶ *Il régnait une* sombre clarté.

RÉPÉTITION

Emploi des mêmes termes en vue de créer un effet d'emphase ou pour établir un rythme.

▶ *Si tu viens me voir,*
Je t'ouvrirai ma porte.
Si tu viens me voir,
Tu sauras tout l'amour que j'ai pour toi.

ⓘ LE POINT DE VUE

Position qui peut être prise par l'auteur ou l'auteure, le narrateur, une personne ou un personnage par rapport :

– au thème développé ;

– au sujet traité ;

– aux idées et aux opinions présentées ;

– aux personnes (ou personnages) dont il est question dans le texte.

FAÇONS D'EXPRIMER UN POINT DE VUE	
SUBJECTIF	**OBJECTIF**
• Manifester sa présence dans le texte (par l'emploi du *je*, par exemple).	• Ne pas manifester sa présence dans le texte (en évitant les pronoms à la 1re personne).
• Interpeller le destinataire (par l'emploi du *vous*, par exemple).	• Ne pas interpeller le destinataire.
• Exprimer une appréciation, un jugement, un doute, etc. (au moyen de marques de modalité*).	• Rester neutre, ne pas exprimer son appréciation, son avis, etc. (en utilisant un vocabulaire neutre, par exemple).

REMARQUE : Dans un texte, le point de vue peut être plus ou moins objectif ou subjectif. Ainsi, il est possible de donner de l'information rigoureuse sur un sujet tout en exprimant à l'occasion un doute ou une appréciation.

*PRINCIPALES MARQUES DE MODALITÉ POUR EXPRIMER UN POINT DE VUE SUBJECTIF

VOCABULAIRE APPRÉCIATIF	
– Adjectif	▶ *Ce sont des transformations* **inimaginables**.
– Adverbe	▶ *Ces changements sont* **incroyablement** *rapides.*
– Nom	▶ *Le spectacle fut un pur* **ravissement** *!*
– Verbe	▶ *On* **prétend** *que vous avez tort.*

CONSTRUCTION DE PHRASES	
– Phrase exclamative	▶ **Comme** *la température est clémente !*
– Phrase interrogative	▶ **Comment** *imaginer une meilleure production ?*
– Phrase emphatique	▶ **C'est** *l'automne* **qui** *est ma saison préférée.*
– Phrase négative	▶ *On* **ne** *pourra* **jamais** *oublier ce drame.*
– Phrase impersonnelle	▶ **Il importe** *de souligner l'occasion de belle façon.*
– Phrase à construction particulière	▶ **Il y a** *des gens* **qui** *passent inaperçus.*

TEMPS ET MODES DES VERBES	
– Conditionnel	▶ *Pour certains, le projet* **serait** *une réussite.*
– Futur antérieur	▶ *On l'* **aura mérité**, *notre trophée !*
– Futur simple	▶ *Vous* **mangerez** *ce que je vous aurai préparé.*

ⓘ LES SYSTÈMES DES TEMPS VERBAUX DANS LE TEXTE

Systèmes qui supposent l'emploi dans un texte d'un temps principal et de différents temps d'accompagnement.

LE SYSTÈME DU PASSÉ SIMPLE

▶ *La première fois que j'aperçus Lydia de ma fenêtre, elle portait une belle robe de dentelle blanche. Je n'avais jamais vu une jeune fille aussi belle et j'en fus immédiatement amoureux. Comme elle me semblait attirante! Si je l'avais pu, je serais tout de suite entré en contact avec elle. Par chance, la rencontre se produisit quelques jours plus tard.*

RETOUR EN ARRIÈRE	TEMPS PRINCIPAL	ANTICIPATION
Plus-que-parfait	Passé simple	Conditionnel passé
	TEMPS D'ACCOMPAGNEMENT	
	Imparfait de l'indicatif	

LE SYSTÈME DU PASSÉ COMPOSÉ

▶ *La première fois que j'ai aperçu Lydia de ma fenêtre, elle portait une belle robe de dentelle blanche. Je n'avais jamais vu une jeune fille aussi belle et j'en ai été immédiatement amoureux. Comme elle me semblait attirante! Si je l'avais pu, je serais tout de suite entré en contact avec elle. Par chance, la rencontre s'est produite quelques jours plus tard.*

RETOUR EN ARRIÈRE	TEMPS PRINCIPAL	ANTICIPATION
Plus-que-parfait	Passé composé	Conditionnel passé
	TEMPS D'ACCOMPAGNEMENT	
	Imparfait de l'indicatif	

LE SYSTÈME DU PRÉSENT

▶ *La première fois que j'aperçois Lydia de ma fenêtre, elle porte une belle robe de dentelle blanche. Je n'ai jamais vu une jeune fille aussi belle et j'en suis immédiatement amoureux. Comme elle me semble attirante! Si je le pouvais, j'entrerais tout de suite en contact avec elle. Par chance, la rencontre se produira quelques jours plus tard.*

RETOUR EN ARRIÈRE	TEMPS PRINCIPAL	ANTICIPATION
Passé composé	Présent de l'indicatif	Conditionnel présent
Imparfait		Futur simple
	TEMPS D'ACCOMPAGNEMENT	
	Présent de l'indicatif	

ⓘ LA REPRISE DE L'INFORMATION

Procédé qui consiste à faire en sorte que, d'une phrase à l'autre, on reconnaisse la référence à une réalité (personne, objet, lieu, événement, etc.) qui a déjà été nommée dans le texte. Certains des procédés qui assurent ainsi la reprise de l'information sont utiles pour éviter la répétition ou préciser l'information.

LE CERVEAU ET LE LANGAGE

Paul Broca est célèbre pour ses recherches sur le cerveau. En 1861, il reçoit un malade qui, bien que désireux de communiquer, est incapable de parler. Ce malade meurt bientôt, et le médecin neurologue pratique une autopsie de son cerveau. Il découvre alors que l'homme souffrait d'une lésion à un endroit du cerveau qui se nomme depuis l'aire de Broca. L'aire de Broca est donc la partie du cerveau responsable de la production du langage.

PRINCIPAUX PROCÉDÉS DE REPRISE	
PAR UN PRONOM	
Utilisation d'un pronom de reprise.	▶ *Paul Broca est célèbre pour ses recherches sur le cerveau. C'est lui qui a découvert la région du cerveau responsable de la production du langage.*
PAR UN GROUPE DU NOM (GN)	
Utilisation d'un GN dont le noyau est le même nom précédé d'un déterminant démonstratif ou défini.	▶ *Un jour, Broca reçoit un malade incapable de parler. C'est l'examen du cerveau de ce malade qui permettra à Broca de découvrir le « centre du langage ».*
Utilisation d'un GN dont le noyau est un nom synonyme précédé d'un déterminant démonstratif ou défini.	▶ *Un jour, le médecin reçoit un malade incapable de parler. Bien que désireux de communiquer, le patient ne trouve plus les mots pour le faire.*
Utilisation d'un GN dont le noyau est un nom générique* précédé d'un déterminant défini ou démonstratif. * Le nom générique désigne la catégorie à laquelle appartient la réalité déjà nommée.	▶ *Un jour, le médecin reçoit un malade incapable de parler. Après la mort de l'homme*, il examine son cerveau dans le cadre de ses recherches neurologiques.*
Utilisation d'un GN dont le noyau est un nom synthétique* précédé d'un déterminant défini ou démonstratif. * Le nom synthétique résume l'information déjà exprimée. Il s'agit souvent d'un nom de même famille qu'un verbe ou un adjectif du contexte (ex.: *a découvert* ➔ *découverte*).	▶ *Paul Broca a découvert la partie du cerveau responsable de la production du langage. Cette découverte* permet aujourd'hui de mieux comprendre certains troubles du langage.* ▶ *Paul Broca est célèbre pour ses recherches sur le cerveau. C'est cet éminent neurologue* qui a découvert le centre du langage dans le cerveau, appelé « l'aire de Broca ».*

.../ p. 250

Utilisation d'un GN dont le noyau est un nom associé à la réalité déjà nommée (parce qu'il désigne une partie de cette réalité), précédé d'un déterminant possessif et parfois défini.	▶ *Après la mort de l'homme, Broca examine* son cerveau *. (son = de l'homme)* ▶ *Paul Broca est célèbre pour* ses recherches *sur le cerveau. (ses = de Paul Broca)*

PAR UN GROUPE DE L'ADVERBE (GAdv)

Utilisation d'un GAdv dont le noyau est un adverbe qui reprend un groupe de mots pour : – évoquer un lieu déjà mentionné (*ici, là, là-bas*) ; – reprendre une expression de temps (*alors, là*) ; – résumer l'information (*ainsi*).	▶ *Broca étudie les cerveaux* à l'Hôpital du Kremlin-Bicêtre, en banlieue parisienne *. C'est* là *qu'il découvre « l'aire de Broca ».* ▶ *Broca meurt* en 1880 , alors *âgé de 56 ans.* ▶ *À la mort du patient, Broca pratique une autopsie du cerveau et découvre une importante lésion de l'hémisphère gauche au niveau du lobe frontal . C'est* ainsi *que le neurologue a localisé la région du cerveau responsable de la production du langage.*

LES MARQUES D'ORGANISATION DU TEXTE

Marques qui traduisent l'organisation du contenu d'un texte et en facilitent la lecture. Elles servent à :
- découper le texte en parties ;
- présenter l'information de manière structurée ;
- expliciter les relations logiques entre les paragraphes ou entre les phrases.

Texte

TYPES DE MARQUES D'ORGANISATION DU TEXTE	
MARQUES NON LINGUISTIQUES	**MARQUES LINGUISTIQUES**
• Marques graphiques qui structurent la présentation du texte (positionnement des titres, intertitres et sous-titres, division en paragraphe, espacements, etc.). • Marques typographiques (gras, italique, etc.) qui mettent en relief des éléments du texte (titres, sous-titres, etc.). • Insertion d'illustrations, de schémas, de tableaux, etc.	• Mots, groupes de mots ou phrases qui servent à exprimer, entre les diverses parties du texte ou entre les phrases, des relations logiques (de temps, de lieu, d'ordre, de cause, d'explication, etc.).

LE SINGE EN ASIE
Une légende bien vivante

En Extrême-Orient, la plupart des légendes concernant le singe semblent être d'origine hindoue. Dans les débuts du bouddhisme en Chine, un récit relate le voyage au Paradis d'Occident réalisé par Sun-Hou-Tzeu, un singe devenu dieu.

Tout au long de l'histoire culturelle de la Chine et de tout le continent asiatique, le singe joue un rôle important dans les légendes et le folklore. Ainsi, à Bali, les macaques ont droit à autant de considération que les semnopithèques sacrés de l'Inde. Plus au nord, au Tibet, on croit que tous les dieux descendent du dieu suprême Hanouman.

L'Inde est encore aujourd'hui le pays où le culte des singes est le plus répandu. Selon les hindous orthodoxes, le singe descendrait du même dieu sacré, Hanouman, le célèbre allié du dieu Rama. C'est pourquoi on respecte autant les singes dans certaines régions de l'Inde, où on laisse des bols de riz ou d'autres victuailles à l'orée de leur territoire. On peut remarquer la vénération dont ils sont entourés dans les temples.

Plus récemment, bien que les singes aient gardé leur statut d'animaux sacrés, les dégâts qu'ils causent aux forêts proches des villes ont obligé les autorités à modifier quelque peu leurs croyances. En effet, les centaines de millions de singes qui vivent en bordure des grandes villes de l'Inde deviennent une menace sérieuse pour l'environnement.

MARQUES NON LINGUISTIQUES	**MARQUES LINGUISTIQUES**
Titre Sous-titre Division en paragraphes	Marques de lieu Marques de temps Marques d'explication

ⓘ LE DISCOURS RAPPORTÉ

Parole ou pensée émise dans un autre contexte, que l'on rapporte de manière directe ou indirecte dans un passage écrit.

TYPES DE DISCOURS RAPPORTÉS		
	DÉFINITION	**PARTICULARITÉS**

DIRECT	Insertion de parole ou pensée exposée telle qu'elle a été formulée.	• Les paroles rapportées peuvent être présentées de deux façons qui supposent l'emploi d'une ponctuation particulière :
		
		1. Elles peuvent être introduites par un verbe de parole. Dans ce cas, on utilise un deux-points. Si on est à l'intérieur d'un dialogue, on utilise des tirets pour distinguer les répliques.
		
		   ▶ *Le moussaillon s'écria tout à coup* **:** « *Terre en vue, c'est une très grosse île !* »
		
		2. Elles peuvent être accompagnées d'une phrase incise.
		
		  – On utilise deux virgules pour encadrer l'incise si elle est placée à l'intérieur du discours rapporté.
		
		   ▶ « *Terre en vue* **,** *s'écria le moussaillon tout à coup* **,** *c'est une très grosse île !* »
		
		  – On fait précéder l'incise d'une virgule ou de la ponctuation finale de la séquence rapportée si l'incise est placée après le discours rapporté.
		
		   ▶ « *Terre en vue, c'est une très grosse île* **!** » *s'écria le moussaillon tout à coup.*
		
		REMARQUE : Le discours rapporté direct est toujours encadré par des guillemets.

INDIRECT	Insertion d'une parole ou pensée intégrée dans une phrase et généralement reformulée.	• Les paroles sont rapportées par un verbe de parole qui introduit une subordonnée complétive. • Sur le plan de la ponctuation, rien ne distingue la parole rapportée du reste du texte. ▶ *Le moussaillon s'est écrié* **qu'il avait aperçu une terre à l'horizon***, mais après que le vieux marin lui eut demandé* **s'il en était bien sûr***, il a dû reconnaître, l'air piteux,* **qu'il s'était encore trompé***.*
INDIRECT LIBRE	Insertion d'une parole ou pensée rapportée de façon sous-entendue.	• Aucune particularité. ▶ *Selon de vieux marins d'expérience,* **il serait fréquent que l'on soit victime d'hallucinations lorsqu'on s'attend à toucher terre bientôt***.*

LES VARIÉTÉS DE LANGUE

Manières différentes de s'exprimer dans une même langue, selon la situation de communication (conversation, exposé, lettre de présentation, etc.) ou l'intention (provoquer, impressionner, informer, etc.).

VARIÉTÉ SOIGNÉE (OU SOUTENUE)

CONTEXTES D'UTILISATION : Davantage employée à l'écrit, cette variété s'observe essentiellement dans des textes littéraires (notamment dans des poèmes et des romans classiques) et des communications solennelles, officielles (pour rendre hommage à quelqu'un, par exemple).

▶ *Cet enfant est d'une grande courtoisie, ce qui est singulier pour un jouvenceau.*	• Mots justes, mais rares, recherchés, imagés (*courtoisie, singulier, jouvenceau*) • À l'oral : prononciation du *e* (c*e* qui)

▶ *De grâce, ne cherchez pas à me faire étayer mon opinion sur la question.*	• Mots justes, mais rares, recherchés, imagés (*De grâce, étayer*)
	• Négation non escamotée
	• À l'oral :
	  – prononciation du *e* (à m*e* faire)
	  – liaisons plus fréquentes (*ne cherchez pas à me faire*)

VARIÉTÉ STANDARD (OU NEUTRE)

CONTEXTES D'UTILISATION : Cette variété est employée tant à l'oral qu'à l'écrit et correspond à la norme prescrite dans les dictionnaires usuels et les grammaires. Elle permet de se faire comprendre par le plus grand nombre et s'emploie en toute circonstance. À l'oral, elle a cours dans des conversations comme les entrevues d'emploi et dans des exposés comme la lecture de bulletins d'informations. À l'écrit, on l'adopte dans des textes courants tels ceux des manuels scolaires et des quotidiens.

▶ *Ce petit enfant est très sérieux, ce qui est étonnant à son âge.*	• Mots justes, mais courants
	• À l'oral :
	  – liaisons faites lorsqu'elles sont obligatoires seulement (*est étonnant, son âge*)
	  – omission du *e* (p'tit, c'qui)

▶ *Ne me demandez pas mon avis sur la question.*	• Mots justes, mais courants
	• À l'oral :
	  – omission du *e* (*m'demandez*)
	  – négation parfois escamotée (*m'demandez pas*)

.../ p. 254

VARIÉTÉ FAMILIÈRE

CONTEXTES D'UTILISATION : Cette variété employée particulièrement à l'oral est celle des conversations et des échanges plutôt «décontractés». À l'écrit, elle est employée pour des lettres ou des courriels adressés à des proches.

▶ *Le petit gars est un jeune qui est sérieux, étant donné qu'il a juste 9 ans.*	• Mots simples, employés surtout à l'oral, signalés dans le dictionnaire par l'abréviation **fam**. (*gars*) • À l'oral : omission de sons (*qui'é*, *qu'i'a*)
▶ *Mon vieux ! Je veux rien vous dire sur ça.*	• Mots simples, employés surtout à l'oral, signalés dans le dictionnaire par l'abréviation **fam**. (*vieux*) • Utilisation de *ça* plutôt que de *cela* • Négation escamotée (*Je veux rien*) • À l'oral : omission de sons (*J'veux*)

VARIÉTÉ POPULAIRE

CONTEXTES D'UTILISATION : Cette variété propre à l'oral crée des effets comiques ou permet de manifester une colère, une grande joie, etc. Cette variété expressive est également utilisée dans des contextes sociaux particuliers.

▶ *Le kid, ben i'é t'un p'tit tough quand on pense que n'importe qui d'autre capoterait.*	• À l'oral : – Mots qui ne figurent presque jamais dans les dictionnaires usuels – Nombreux anglicismes (*kid*, *tough*) – Vocabulaire pauvre (*capoterait*) – Remplacement, effacement ou ajout de sons (*ben, i'é t'un p'tit*)
▶ *J'veux rien sawoir de vous aut'. Ch't'écœuré !*	• À l'oral : – Mots qui ne figurent presque jamais dans les dictionnaires usuels – Vocabulaire pauvre (*écœuré*) – Négation escamotée (*J'veux*) – Remplacement, effacement ou ajout de sons (*J'veux, sawoir, aut'*, **ch't'***écœuré*)

LES MANIPULATIONS SYNTAXIQUES

Opérations effectuées sur des éléments d'une phrase (mots, groupes de mots, subordonnées) pour :

– reconnaître, identifier ou décomposer un groupe de mots ou une phrase subordonnée ;

– mieux comprendre une phrase ;

– réviser un texte en vue de corriger la construction et la ponctuation des phrases.

PRINCIPALES UTILITÉS DES DIFFÉRENTS TYPES DE MANIPULATIONS
EFFACEMENT OU SOUSTRACTION

Repérer les groupes de base obligatoires ou facultatifs de la phrase.	▶ *Beaucoup de gens parlent le français en Afrique.* ⊘ *Beaucoup de gens parlent le français en Afrique.* ⊘ *Beaucoup de gens parlent le français en Afrique.* ○ *Beaucoup de gens parlent le français en Afrique.* *Beaucoup de gens* et *parlent le français* sont des groupes obligatoires de la phrase ; *en Afrique* est un groupe facultatif.
Analyser la construction d'un groupe en distinguant le noyau de ses expansions.	▶ *Plusieurs personnes de la région de Montréal parlent plus d'une langue.* ○ *Plusieurs personnes de la région de Montréal parlent plus d'une langue.* Le groupe *de la région de Montréal* est facultatif. Il s'agit d'une expansion du nom *personnes* (noyau du groupe).

DÉPLACEMENT

Trouver la fonction d'un groupe de mots dans la phrase.	▶ *On compte environ 200 millions de francophones dans le monde.* ○ *Dans le monde, on compte environ 200 millions de francophones.* ○ *On compte, dans le monde, environ 200 millions de francophones.* *Dans le monde* est mobile. Il s'agit d'un complément de phrase.

REMPLACEMENT OU SUBSTITUTION

Délimiter un groupe de mots en le remplaçant par un pronom.	▶ *Plusieurs personnes de la région de Montréal parlent plus d'une langue.* ○ *Elles parlent plus d'une langue.* *Plusieurs personnes de la région de Montréal* est remplaçable par *Elles*. Ces mots forment donc un groupe.
Identifier la classe à laquelle un mot appartient.	▶ *Beaucoup d'Africains parlent le français.* ○ *Des / Les / Certains Africains parlent le français.* *Beaucoup de* est remplaçable par des déterminants. Il s'agit donc aussi d'un déterminant.
Identifier une fonction syntaxique.	▶ *Beaucoup de gens parlent le français en Afrique.* ○ *Beaucoup de gens y parlent le français.* *En Afrique* est remplaçable par le pronom *y*. Il s'agit d'un complément de phrase.

.../ p. 256

Phrase

ENCADREMENT

Repérer et délimiter le sujet en l'encadrant par l'expression *c'est... qui* ou *ce sont... qui*.	▶ *Plusieurs personnes de la région de Montréal parlent plus d'une langue.* ○ ***Ce sont*** *plusieurs personnes de la région de Montréal* **qui** *parlent plus d'une langue.* Le groupe *Plusieurs personnes de la région de Montréal* peut être encadré par *Ce sont... qui*. Il est donc sujet.
Délimiter un complément en l'encadrant par l'expression *c'est... que*.	▶ *On compte environ 200 millions de francophones dans le monde.* ○ ***C'est*** *environ 200 millions de francophones* **que** *l'on compte dans le monde.* Le groupe *environ 200 millions de francophones* peut être encadré par *C'est... que*. Il s'agit donc d'un complément.
Repérer un verbe (sauf au mode indicatif) en l'encadrant par *ne (n')... pas*. **REMARQUES :** – Lorsque le verbe est conjugué à un temps composé, *ne (n')... pas* encadre seulement l'auxiliaire du verbe (*Ils* **n'**ont **pas** parlé.). Lorsque le verbe est précédé d'un pronom, celui-ci se trouve aussi encadré par *ne (n')... pas* (*Ils* **ne** le parlent **pas**.).	▶ *Beaucoup de gens parlent le français dans cette région du monde.* ○ *Beaucoup de gens* **ne** parlent **pas** *le français dans cette région du monde.* Le mot *parlent* peut être encadré par *ne... pas*. Il s'agit d'un verbe conjugué.

ADDITION (OU AJOUT)

| Distinguer un adjectif classifiant d'un adjectif qualifiant en ajoutant un adverbe d'intensité (*très*, *bien*, *si*...) devant l'adjectif.
L'ajout est possible seulement dans le cas d'un adjectif qualifiant. | ▶ *Le français est une langue importante sur le plan géopolitique.*
○ *Le français est une langue* **très** *importante sur le plan géopolitique.*
⊘ *Le français est une langue importante sur le plan* **très** *géopolitique.*

Le mot *importante*, contrairement au mot *géopolitique*, peut être précédé de *très*. *Importante* est donc un adjectif qualifiant et *géopolitique*, un adjectif classifiant. |

LA PHRASE DE BASE

Modèle de phrase utile pour décrire et analyser la plupart des phrases.

CONSTITUANTS OBLIGATOIRES		CONSTITUANT(S) FACULTATIF(S)
Diverses populations Sujet	*parlent le français* Prédicat	*dans le monde*. Compl. de P
Le sujet est généralement un groupe du nom (GN) ou un pronom.	Le prédicat est toujours un groupe du verbe (GV) qui a un verbe conjugué comme noyau.	Le complément de phrase a diverses constructions. Il peut être constitué d'un GPrép, d'un GAdv, d'un GN ou d'une subordonnée.

- Dans la phrase de base, les constituants apparaissent dans l'ordre suivant : sujet + prédicat + complément de phrase.
- Une phrase de base peut avoir plus d'un complément de phrase.
- La phrase de base est de type déclaratif et de formes positive, active, neutre et personnelle.

PRINCIPALES CARACTÉRISTIQUES DES CONSTITUANTS DE LA PHRASE DE BASE		
SUJET	**PRÉDICAT**	**COMPLÉMENT DE PHRASE**
• Le sujet est obligatoire. Si on l'efface, la phrase n'a plus de sens. ⊘ ~~Diverses populations~~ *parlent le français dans le monde.* • Il peut être encadré par l'expression *c'est… qui* ou *ce sont… qui.* ▶ ***Ce sont*** *diverses populations **qui** parlent le français dans le monde.* • Il peut être remplacé par un pronom (*il, ils, elle, elles,* etc.). Elles ▶ *Diverses populations parlent le français dans le monde.*	• Le prédicat est obligatoire. Si on l'efface, la phrase n'a plus de sens. ⊘ *Diverses populations* ~~parlent le français~~ *dans le monde.*	• Le complément de phrase est facultatif. On peut l'effacer. ○ *Diverses populations parlent le français* ~~dans le monde~~. • Il est mobile, on peut le déplacer à divers endroits dans la phrase. ▶ *Dans le monde, diverses populations parlent le français.* ▶ *Diverses populations, dans le monde, parlent le français.* • Il peut être précédé de l'expression *et cela se passe* ou *et il le fait, elles le font…* ▶ *Diverses populations parlent le français **et cela se passe** dans le monde.*

Quatre constructions de phrases pouvant être décrites et analysées à l'aide de la phrase de base. Si une phrase est de type impératif, exclamatif ou interrogatif, il s'agit d'une phrase transformée par comparaison avec la phrase de base, qui est de type déclaratif.

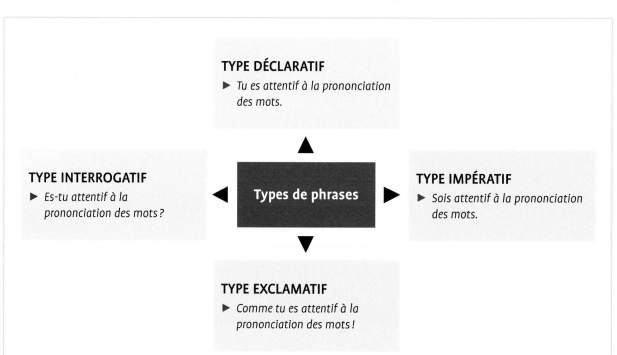

TYPE DÉCLARATIF
▶ *Tu es attentif à la prononciation des mots.*

Types de phrases

TYPE INTERROGATIF
▶ *Es-tu attentif à la prononciation des mots ?*

TYPE IMPÉRATIF
▶ *Sois attentif à la prononciation des mots.*

TYPE EXCLAMATIF
▶ *Comme tu es attentif à la prononciation des mots !*

PRINCIPALES CARACTÉRISTIQUES DES DIFFÉRENTS TYPES DE PHRASES

TYPE DÉCLARATIF

Le plus souvent, la phrase déclarative est utilisée pour déclarer quelque chose (donner une information, exprimer un jugement, un sentiment, etc.).

- Parmi les quatre types de phrases, seule la phrase déclarative peut être conforme à la phrase de base.
- La phrase déclarative a toujours un sujet, généralement placé avant le prédicat, et elle peut avoir un ou plusieurs compléments de phrase.
- La phrase déclarative se termine généralement par un point.

P DE BASE

GN	GV	GPrép
▶ *Diverses populations* *parlent le français* *dans le monde*.
| Sujet | Prédicat | Complément de P |

P DÉCLARATIVES
▶ *Diverses populations* *parlent le français* *dans le monde*.
▶ *Dans le monde, diverses populations* *parlent le français*.
▶ *Diverses populations, dans le monde, parlent le français*.

.../ p. 259

TYPE IMPÉRATIF

Le plus souvent, la phrase impérative est utilisée pour inciter à agir (donner un ordre, un conseil, une consigne).

• La phrase impérative n'est jamais conforme à la phrase de base. Son verbe est au mode impératif. Par conséquent, le sujet n'est pas exprimé.	**P DE BASE** ▶ ***Tu lis*** *attentivement cet article.*
	P IMPÉRATIVE ▶ ***Lis*** *attentivement cet article.* – Remplacement du mode indicatif par le mode impératif.
• La phrase impérative se termine généralement par un point ou un point d'exclamation.	**P DE BASE** ▶ ***Tu** <u>le</u> **lis** attentivement.*
REMARQUE : Le ou les pronoms déplacés après le verbe à l'impératif sont liés au verbe par un trait d'union (ex. : *parle-lui*, *dis-le moi*).	**P IMPÉRATIVE** ▶ ***Lis-****<u>le</u> attentivement.* – Remplacement du mode indicatif par le mode impératif. – Déplacement du pronom complément *le* après le verbe. – Addition d'un trait d'union entre le verbe et le pronom complément *le*.

TYPE EXCLAMATIF

Le plus souvent, la phrase exclamative est utilisée pour exprimer avec force un jugement, une émotion, etc.

• La phrase exclamative n'est jamais conforme à la phrase de base parce qu'elle contient un marqueur exclamatif : *que / qu'*, *que de*, *comme*, *quel / quels / quelle / quelles*, *combien*, etc.	**P DE BASE** ▶ *Cet article est compliqué.*
	P EXCLAMATIVE ▶ ***Comme*** *cet article est compliqué !* – Addition du marqueur exclamatif *Comme*. – Remplacement du point par un point d'exclamation.
• La phrase exclamative se termine par un point d'exclamation.	**P DE BASE** ▶ *Elle étudie le chinois <u>avec **beaucoup de** sérieux</u>.*
	P EXCLAMATIVE ▶ *<u>Avec **quel** sérieux</u> elle étudie le chinois !* – Déplacement du groupe *avec beaucoup de sérieux* en tête de phrase. – Remplacement du déterminant *beaucoup de* par le marqueur exclamatif *quel*. – Remplacement du point par un point d'exclamation.

... / p. 260

Le plus souvent, la phrase interrogative est utilisée pour obtenir un renseignement (poser une question, s'interroger). On distingue deux sortes d'interrogation : l'interrogation totale (réponse par *oui* ou par *non*) et l'interrogation partielle (réponse autre que *oui* ou *non*).

Phrase

- La phrase interrogative n'est jamais conforme à la phrase de base parce qu'elle contient des marques interrogatives :
  - Le GN sujet (ou le pronom sujet) se trouve après le verbe, ou un pronom reprend le GN sujet après le verbe. Sinon, la phrase est marquée par *est-ce que* (ou *est-ce qui*).
  - Si l'interrogation est partielle, la phrase contient aussi un marqueur interrogatif : *qui, que / qu', quoi, où, combien de, pourquoi, quand, quel / quels / quelle / quelles*, etc.
- La phrase interrogative se termine par un point d'interrogation.

REMARQUE : Le pronom sujet placé après le verbe est lié au verbe par un trait d'union (ex. : *sais-tu*) ou par un **t** entre deux traits d'union lorsque deux voyelles se rencontrent (ex. : *saura-t-il*).

P DE BASE

▶ <u>Tu</u> *sais comment ton nom s'écrit en chinois***.**

P INTERROGATIVE (interrogation totale)

▶ *Sais-<u>tu</u> comment ton nom s'écrit en chinois* **?**
  – Déplacement du pronom sujet *Tu* après le verbe.
  – Addition d'un trait d'union entre le verbe et le pronom sujet.
  – Remplacement du point par un point d'interrogation.

P DE BASE

▶ *Tu sais comment ton nom s'écrit en chinois***.**

P INTERROGATIVE (interrogation totale)

▶ **Est-ce que** *tu sais comment ton nom s'écrit en chinois* **?**
  – Addition de *Est-ce que*.
  – Remplacement du point par un point d'interrogation.

P DE BASE

▶ <u>Mon nom</u> *s'écrit de* **cette façon** *en chinois***.**

P INTERROGATIVE (interrogation partielle)

▶ **<u>Comment</u>** *s'écrit <u>mon nom</u> en chinois* **?**
  – Déplacement du GN sujet *Mon nom* après le verbe.
  – Déplacement du groupe *de cette façon* en tête de phrase.
  – Remplacement par le marqueur interrogatif *Comment*.
  – Remplacement du point par un point d'interrogation.

P DE BASE

▶ *Mon nom s'écrit <u>de</u>* **cette** <u>façon</u> *en chinois***.**

P INTERROGATIVE (interrogation partielle)

▶ <u>De **quelle**</u> *façon mon nom s'écrit-* **il** *en chinois* **?**
  – Reprise du GN sujet *Mon nom* par le pronom *il*.
  – Déplacement du groupe *de cette façon* en début de phrase.
  – Remplacement de *cette* par le marqueur interrogatif *quelle*.
  – Remplacement du point par un point d'interrogation.

Formes de phrases pouvant être décrites et analysées à l'aide de la phrase de base. Si une phrase est de forme négative, passive, emphatique ou impersonnelle, il s'agit d'une phrase transformée par comparaison avec la phrase de base, qui est de forme positive, active, neutre et personnelle.

FORME POSITIVE
▶ *Je parle le chinois.*

FORME NÉGATIVE
▶ *Je ne parle pas le chinois.*

▲

FORME PERSONNELLE
▶ *Une lettre manque à ce mot.*

FORME IMPERSONNELLE
▶ *Il manque une lettre à ce mot.*

◀  ▶

Formes de phrases

FORME ACTIVE
▶ *Cette population parle le français.*

FORME PASSIVE
▶ *Le français est parlé par cette population.*

▼

FORME NEUTRE
▶ *Notre langue française est belle.*

FORME EMPHATIQUE
▶ *Elle est belle, notre langue française.*

PRINCIPALES CARACTÉRISTIQUES DES DIFFÉRENTES FORMES DE PHRASES

FORME POSITIVE ⟶ FORME NÉGATIVE

- La phrase positive et la phrase négative ont un sens contraire.
- La phrase négative n'est jamais conforme à la phrase de base : elle contient au moins un marqueur de négation.

P DE BASE POSITIVE	P NÉGATIVE
▶ *Je parle le chinois.* ⟶	*Je **ne** parle **pas** le chinois.*
	– Addition des marqueurs de négation *ne* et *pas*.

P DE BASE POSITIVE	P NÉGATIVE
▶ ***Quelqu'un** parle le chinois parmi nous.* ⟶	***Personne ne** parle le chinois parmi nous.*
	– Remplacement de *Quelqu'un* par le marqueur de négation *Personne*.
	– Addition du marqueur de négation *ne*.

.../ p. 262

Phrase *(onglet latéral)*

FORME ACTIVE ⟶ FORME PASSIVE

- La phrase active et la phrase passive ont un sens équivalent, mais elles ne présentent pas l'information dans le même ordre.
- La phrase passive n'est jamais conforme à la phrase de base : elle contient un verbe passif. Le verbe passif est formé du verbe *être* (conjugué au même temps que le verbe de la phrase active) et du participe passé du verbe de la phrase active.

         P DE BASE ACTIVE   P PASSIVE

▶ <u>Cette population</u> **parle** <u>le français</u>. ⟶ <u>Le français</u> **est parlé par** <u>cette population</u>.

    – Déplacement du groupe *Cette population* après le verbe.
    – Déplacement du groupe *le français* avant le verbe.
    – Addition de la préposition *par*.
    – Remplacement de *parle* par le verbe passif correspondant *est parlé*.

         P DE BASE ACTIVE   P PASSIVE

▶ On **parlera** encore <u>le français</u> ici dans 100 ans. ⟶ <u>Le français</u> **sera** encore **parlé** ici dans 100 ans.

    – Effacement du pronom *On*.
    – Déplacement du groupe *le français* avant le verbe.
    – Remplacement de *parlera* par le verbe passif correspondant *sera parlé*.

FORME NEUTRE ⟶ FORME EMPHATIQUE

- La phrase neutre et la phrase emphatique ont un sens équivalent, mais elles ne présentent pas l'information de la même façon.
- La phrase emphatique n'est jamais conforme à la phrase de base ; elle contient une marque d'emphase :
  - Un groupe de mots est détaché à l'aide d'une virgule dans la phrase et est repris (ou annoncé) par un pronom.
  - Un groupe de mots est détaché par un marqueur emphatique comme *c'est… que / c'est… qui / ce qui / c'est / ce que… c'est*.

         P DE BASE NEUTRE   P EMPHATIQUE

▶ <u>Notre langue française</u> est belle. ⟶ **Elle** est belle**,** <u>notre langue française</u>.

    – Déplacement du groupe *Notre langue française* en fin de phrase et ajout d'une virgule.
    – Addition du pronom *Elle*.

         P DE BASE NEUTRE   P EMPHATIQUE

▶ La vitalité d'une langue fait sa richesse. ⟶ **C'est** la vitalité d'une langue **qui** fait sa richesse.

    – Addition du marqueur emphatique *C'est… qui*.

FORME PERSONNELLE ⟶ FORME IMPERSONNELLE

- La phrase personnelle et la phrase impersonnelle ont un sens équivalent, mais elles ne présentent pas l'information dans le même ordre.
- La phrase impersonnelle n'est pas conforme à la phrase de base : son verbe est employé avec un pronom *il* impersonnel.

REMARQUE : Le verbe de la forme impersonnelle s'emploie occasionnellement de façon impersonnelle, c'est-à-dire qu'il s'emploie aussi à la forme personnelle. Il se distingue de celui qui s'emploie obligatoirement avec le *il* impersonnel dans une phrase à construction particulière : *il pleut*, *il s'agit*, *il faut*, etc.

         P DE BASE PERSONNELLE   P IMPERSONNELLE

▶ <u>Une lettre</u> manque à ce mot. ⟶ **Il** manque <u>une lettre</u> à ce mot.

    – Déplacement du groupe *Une lettre* après le verbe.
    – Addition du pronom impersonnel *Il*.

LES PHRASES À CONSTRUCTION PARTICULIÈRE

Quatre sortes de phrases ne pouvant être décrites à l'aide de la phrase de base. Appelées phrases à construction particulière, elles peuvent contenir des marques d'interrogation, d'exclamation, de négation ou d'emphase.

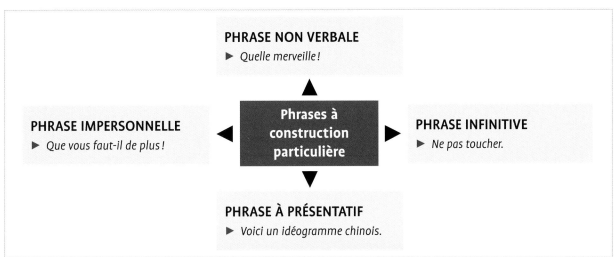

PHRASE NON VERBALE
▶ *Quelle merveille !*

PHRASE IMPERSONNELLE
▶ *Que vous faut-il de plus !*

Phrases à construction particulière

PHRASE INFINITIVE
▶ *Ne pas toucher.*

PHRASE À PRÉSENTATIF
▶ *Voici un idéogramme chinois.*

PRINCIPALES CARACTÉRISTIQUES DES PHRASES À CONSTRUCTION PARTICULIÈRE

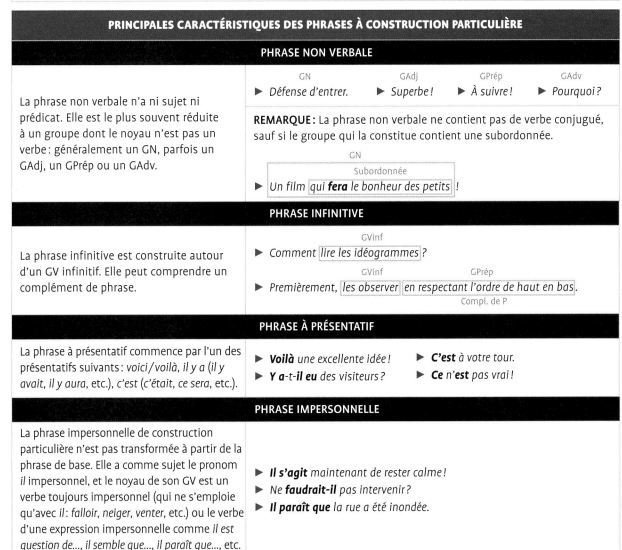

PHRASE NON VERBALE

La phrase non verbale n'a ni sujet ni prédicat. Elle est le plus souvent réduite à un groupe dont le noyau n'est pas un verbe : généralement un GN, parfois un GAdj, un GPrép ou un GAdv.

GN	GAdj	GPrép	GAdv
▶ *Défense d'entrer.*	▶ *Superbe !*	▶ *À suivre !*	▶ *Pourquoi ?*

REMARQUE : La phrase non verbale ne contient pas de verbe conjugué, sauf si le groupe qui la constitue contient une subordonnée.

GN
Subordonnée
▶ *Un film* qui **fera** le bonheur des petits *!*

PHRASE INFINITIVE

La phrase infinitive est construite autour d'un GV infinitif. Elle peut comprendre un complément de phrase.

GVinf
▶ *Comment* lire les idéogrammes *?*

GVinf   GPrép
▶ *Premièrement,* les observer en respectant l'ordre de haut en bas.
                                            Compl. de P

PHRASE À PRÉSENTATIF

La phrase à présentatif commence par l'un des présentatifs suivants : *voici/voilà, il y a (il y avait, il y aura*, etc.), *c'est (c'était, ce sera*, etc.).

▶ **Voilà** *une excellente idée !*   ▶ **C'est** *à votre tour.*
▶ **Y a-t-il eu** *des visiteurs ?*   ▶ **Ce** *n'est pas vrai !*

PHRASE IMPERSONNELLE

La phrase impersonnelle de construction particulière n'est pas transformée à partir de la phrase de base. Elle a comme sujet le pronom *il* impersonnel, et le noyau de son GV est un verbe toujours impersonnel (qui ne s'emploie qu'avec *il* : *falloir, neiger, venter*, etc.) ou le verbe d'une expression impersonnelle comme *il est question de..., il semble que..., il paraît que...*, etc.

▶ **Il s'agit** *maintenant de rester calme !*
▶ *Ne* **faudrait-il** *pas intervenir ?*
▶ **Il paraît que** *la rue a été inondée.*

Phrase

LES CLASSES DE MOTS

Huit ensembles de mots qui ont des caractéristiques communes.

HUIT CLASSES DE MOTS	
VARIABLES	**INVARIABLES**
– Déterminant – Nom – Adjectif – Pronom – Verbe	– Adverbe – Préposition – Conjonction

Prép   Dét   N   Dét   N   Adj   V   Conj Pron V Adv   Adj

▶ *Dans* notre *société*, la *langue* française *évolue*, car *elle* est *bien* vivante.

REMARQUES :

– Certains mots font partie de plus d'une classe (c'est le cas de *bien* qui peut être adverbe ou nom, par exemple, *elle va bien, elle a beaucoup de biens*).

– Observer les caractéristiques du mot dans le contexte de la phrase permet d'identifier sa classe.

PRINCIPALES CARACTÉRISTIQUES DES CLASSES DE MOTS	
DÉTERMINANT (Dét)	
Sens	• Il précise ce que désigne le nom.

Syntaxe	• Il précède le nom, mais il y a parfois un adjectif entre le déterminant et le nom.
	  ▶ *des* mots / *de* nouveaux mots
	• Il reçoit le genre et le nombre du nom qu'il accompagne.
	  ┌— m. pl.
	  ▶ *des* mots

Forme	• Il varie généralement en genre et en nombre.
	  m. s. f. s. f. pl.
	  ▶ *un* accent, *une* origine, *des* lettres
	• Parfois, il est invariable.
	  ▶ *cinq* élèves, *chaque* élève

Quelques déterminants

Déterminants définis	*le, la, l', les*
Déterminants définis contractés	*au, aux, du, des*
Déterminants partitifs	*du, de la, de l', des*
Déterminants indéfinis	*un, une, des, aucun, aucune, plusieurs, beaucoup de, quelques, tout, toute, tous, toutes,* etc.
Déterminants démonstratifs	*ce, cet, cette, ces*
Déterminants possessifs	*mon, ma, mes,* etc.
Déterminants numéraux	*deux, trois, quatre,* etc.
Déterminants interrogatifs ou exclamatifs	*quel, quelle, quels, quelles, que de / d',* etc.

… / p. 265

NOM (N)	
Sens	Il désigne une chose concrète (personne, animal, objet, etc.) ou abstraite (émotion, phénomène, concept, etc.).
Syntaxe	• C'est le noyau du groupe du nom (GN). • Il donne son genre et son nombre au déterminant, à l'adjectif et au participe passé avec lequel il est en relation ; il donne sa personne et son nombre au verbe (ou à l'auxiliaire) dont il est le sujet. 　　　┌──── f. s. ────┐ ▶ *La* **langue** *française évolue.* 　　　┌── 3ᵉ pers. s. ──────────┐ ▶ *La* **langue** *française évolue.*
Forme	• Il varie généralement en nombre. ▶ *un* **enfant**, *des* **enfants** • Il varie généralement en genre lorsqu'il désigne des êtres animés. ▶ *un* **Québécois**, *une* **Québécoise** ▶ *un* **boulanger**, *une* **boulangère** ▶ *un* **tigre**, *une* **tigresse**

ADJECTIF (Adj)	
Sens	• Il exprime une qualité d'une chose concrète ou abstraite : il est alors adjectif qualifiant. ▶ *un mot* bizarre / recherché, *un concept* difficile / clair • Il attribue une catégorie à une chose concrète ou abstraite : il est alors adjectif classifiant. ▶ *un mot* français / anglais / polonais, *un concept* philosophique / politique / mathématique
Syntaxe	• C'est le noyau du groupe de l'adjectif (GAdj). • Il reçoit le genre et le nombre du nom ou du pronom avec lequel il est en relation. 　　　┌── f. s. ──────┐ ▶ *une orthographe* douteuse 　　　┌── 3ᵉ pers. s. ──────┐ ▶ *Elle semble* douteuse.
Forme	• Il varie généralement en genre et en nombre. 　　　　m. s.　　　　　　m. pl.　　　　　　　f. s.　　　　　　　f. pl. ▶ *un mot* inconnu / *des mots* inconnus, *une expression* inconnue / *des expressions* inconnues

.../ p. 266

Phrase

PRONOM (Pron)	

Sens	• Il reprend un ou plusieurs mots (pronom de reprise) ou désigne une ou plusieurs personnes dans des situations de communication.
	
	                           Pron de reprise
	    ▶ *J'aime* **notre langue française** *: elle est belle.* ▶ *J'aime ce mot.*

Syntaxe	• S'il s'agit d'un pronom de reprise, il remplace un groupe de mots (un GN, un GPrép, un GAdj, un GVinf), une subordonnée ou une phrase. Il remplit la même fonction que ce qu'il remplace.
	    ▶ *Beaucoup de gens parlent* le français *en Afrique.* ➡ *Beaucoup de gens* le *parlent.*
	    ▶ *Beaucoup de gens parlent le français* en Afrique*.* ➡ *Beaucoup de gens* y *parlent le français.*
	• Dans certains cas, le pronom peut avoir une expansion.
	    ▶ *J'aime notre langue ;* celle *des Espagnols* *est belle aussi.*
	• Il donne son genre et son nombre à l'adjectif ou au participe passé avec lequel il est en relation ; il donne sa personne et son nombre au verbe (ou à l'auxiliaire) dont il est le sujet.
	              f. s.
	    3ᵉ pers. s.
	    ▶ *Elle est belle, notre langue.*

Forme	• Généralement, il varie selon le genre, le nombre et la personne. Parfois, il est invariable.
	      m. s. f. pl.
	    ▶ *Il est Québécois et* elles *sont Belges.* ▶ *Plusieurs sont Québécois,* deux *sont Belges.*

Quelques pronoms

Pronoms personnels	*tu, te, t', il, elle, ils, elles, le, l', la, les, lui, leur, eux,* etc.
Pronoms possessifs	*le mien, la mienne, les miens, les miennes, les nôtres,* etc.
Pronoms démonstratifs	*ça, ceci, cela, celui, celle, ceux, celles,* etc.
Pronoms relatifs	*qui, que, qu', dont, où, lequel, laquelle, lesquels, lesquelles,* etc.
Pronoms indéfinis	*on, chacun, chacune, personne, plusieurs,* etc.
Pronoms interrogatifs	*qui, que, qu',* etc.

VERBE (V)	
Sens	• Il exprime une action concrète, une activité abstraite, un état, etc. ▶ *Je marche, je pense, je suis songeuse.*

Syntaxe	• Lorsqu'il est conjugué, il est le noyau du groupe du verbe (GV).
	• À l'infinitif, il est le noyau du groupe du verbe à l'infinitif (GVinf).
	• Le verbe (ou l'auxiliaire s'il est conjugué à un temps composé) peut être encadré par l'expression *ne... pas* ou *n'... pas.*
	    ▶ *Elle* **n'** *évolue* **pas.** ▶ *Elle* **n'** *a* **pas** *beaucoup évolué.*
	• Le verbe (ou l'auxiliaire s'il est conjugué à un temps composé) reçoit le nombre et la personne du nom ou du pronom avec lequel il est en relation (le sujet).
	    2ᵉ pers. s. 1ʳᵉ pers. pl.
	    ▶ *Tu es Québécoise.* ▶ *Toi et moi avons appris le français.*

Forme	• Il se conjugue, il varie :
	    – en mode – en nombre – en personne – en temps
	    indicatif impératif s. pl. 1ʳᵉ pers. 2ᵉ pers. présent imparfait futur simple
	    ▶ *tu parl***es** */ parl***e** *il parl***e** */ ils parl***ent** *je parl***e** */ tu parl***es** *il parl***e** */ il parl***ait** */ il parl***era**
	• Dans les temps simples, il est formé d'un radical et d'une terminaison (ex. : *elle parl* + **e**).
	• Dans les temps composés, il est formé de l'auxiliaire *avoir* ou *être* suivi d'un participe passé.
	    ▶ *Elle* **a** *parlé.* ▶ *Elles* **sont** *venues.*
	• Non conjugué, il se termine par *–er, –ir, –re* ou *–oir.*

.../ p. 267

	ADVERBE (Adv)

Sens	• Il exprime le temps, le lieu, la manière, la négation, etc.
	
	       temps lieu manière négation
	  ▶ *aujourd'hui* / *là-bas* / *ainsi*, *bien*, *comment*, *gaiement* / *ne... pas*

Syntaxe	• C'est le noyau du groupe de l'adverbe (GAdv).
	• Il peut jouer un rôle textuel pour l'organisation du texte (ex. : organisateur textuel) ou un rôle syntaxique pour la construction des phrases (ex. : coordonnant).
	
	               Coordonnant
	  ▶ *Elle apprendra le français,* *puis* *l'anglais.*

Forme	• Il est invariable.

Quelques adverbes

Adverbes de manière	*lentement, assidûment, vite, nerveusement, etc.*
Adverbes de quantité et d'intensité	*beaucoup, environ, à peine, très, trop, peu, plus, assez, presque, tout à fait, moins, aussi, autant, tellement, etc.*
Adverbes de temps	*ensuite, bientôt, déjà, tard, aujourd'hui, dernièrement, autrefois, tout à coup, etc.*
Adverbes de lieu	*ailleurs, ici, partout, dedans, loin, à droite, alentour, dehors, là-bas, quelque part, etc.*
Adverbes de négation	*ne... aucunement, ne... jamais, ne... pas, ne... plus, ne... guère, ne... point, etc.*

	PRÉPOSITION (Prép)

Sens	• Elle exprime le lieu, le temps, le but, la cause, etc.
	
	     lieu temps but cause
	  ▶ *chez* *moi* / *pendant* *des siècles* / *pour* *parler* / *à cause de* *cette erreur*

Syntaxe	• C'est le noyau du groupe prépositionnel (GPrép). • Elle a obligatoirement une expansion à droite. ▶ *Elle parle* *avec* **lui**.
Forme	• Elle est invariable.

Quelques prépositions

à (au / aux), de (du / des), en, pour, sans, avec, jusqu'à, après, pendant, depuis, grâce à, dès, etc.

	CONJONCTION (Conj)

Sens	• Elle exprime le temps, le but, la cause, la conséquence, l'addition, etc.
	
	     temps but cause conséquence addition
	  ▶ *quand* *il parle* / *pour qu'* *elle termine* / *parce qu'* *ils ont tort* / *de sorte qu'* *il réussisse* / *toi* *et* *moi*

Syntaxe	• Elle joue le rôle de coordonnant ou de subordonnant.
	
	               Coordonnant
	  ▶ *Le chinois me paraît facile à apprendre,* *car* *je maîtrise déjà le thaï.*
	
	               Subordonnant
	  ▶ *Le chinois me paraît facile à apprendre* *parce que* *je maîtrise déjà le thaï.*

Forme	• Elle est invariable.

Quelques conjonctions

Coordonnants	*mais, ou, et, car, ni, or, etc.*
Subordonnants	*que / qu', quand, lorsque, afin que / qu', parce que / qu', si, ainsi que / qu', comme, vu que / qu', étant donné que / qu', si bien que / qu', de sorte que / qu', etc.*

ⓘ LES GROUPES DE MOTS

Unités syntaxiques (un ou plusieurs mots) construites à partir d'un noyau auquel s'ajoutent une ou des expansions obligatoires ou facultatives.

REMARQUES :

– C'est le noyau qui donne son nom au groupe.

– Un groupe de mots peut être inséré dans un groupe plus grand.

CONSTRUCTIONS COURANTES DES PRINCIPAUX GROUPES DE MOTS

GROUPE DU NOM (GN)

CONSTRUCTION

• Le GN a un nom commun ou un nom propre comme noyau.

• Le nom commun est généralement précédé d'un déterminant.

• Le nom peut avoir une ou plusieurs expansions ayant la fonction de complément du nom. Les principaux compléments du nom sont le GAdj, le GPrép, la subordonnée relative, un autre GN et, parfois, une subordonnée complétive.

GN

▶ Cette **population** est francophone.

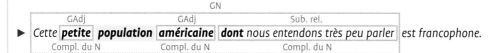

REMARQUE : Le GN est parfois remplacé par un pronom. Celui-ci a la même fonction que le GN.

GN

▶ Les **langues** évoluent. → **Elles** évoluent.
　　 S　　　　　　　　　 S

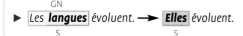

FONCTION

• Le GN peut avoir de nombreuses fonctions. On le rencontre le plus souvent comme sujet ou complément direct du verbe. Il peut aussi remplir la fonction d'attribut du sujet, de complément de phrase ou de complément du nom.

… / p. 269

Phrase

GROUPE DU VERBE (GV)

CONSTRUCTION

- Le GV a un verbe conjugué comme noyau.
- Lorsque le verbe est à l'infinitif, il s'agit d'un GV infinitif (GVinf).
- Le GV peut être formé d'un verbe seul ou avoir plusieurs expansions qui ont le plus souvent l'une ou l'autre des fonctions suivantes :
  - complément direct (généralement un GN) ;
  - complément indirect (généralement un GPrép) ;
  - attribut du sujet (généralement un GAdj) ;
  - modificateur (généralement un GAdv).

▶ Les langues **évoluent** .
   GV

▶ S'**initier** à une nouvelle langue , voilà un beau défi !
   GVinf / GPrép / Compl. ind. du V

▶ Le français d'ici **est** **différent** du français parlé ailleurs .
   GV / GAdj / Attr. du S

▶ Le français **a connu** des **changements** importants au cours de son histoire.
   GV / GN / Compl. dir. du V

REMARQUE : Les expansions du verbe (sauf le modificateur) peuvent apparaître sous la forme d'un pronom : *le, la, l', les, lui, leur, en, y, me, te, se, que, qu'*, etc.

▶ Mes amis **comprennent** l'**anglais** , mais pas moi. ➔ Mes amis **le** **comprennent** , mais pas moi.
   GV / GN / Compl. dir. du V ..... GV

FONCTION

- Le GV remplit la fonction de prédicat de la phrase.
- Le GVinf peut avoir diverses fonctions, le plus souvent celles de sujet, de complément direct du verbe, de complément du nom ou d'attribut du sujet.

GROUPE DE L'ADJECTIF (GAdj)

CONSTRUCTION

- Le GAdj a un adjectif comme noyau.
- Le GAdj peut être formé d'un adjectif seul ou avoir une ou plusieurs expansions qui ont la fonction de complément de l'adjectif (un GPrép, une subordonnée complétive, le pronom *en, y* ou *dont*) ou de modificateur (un GAdv).

▶ Je ne connais pas ces populations **francophones** .
   GAdj

▶ Je suis **étonné** **que** le français varie autant d'une population à l'autre .
   GAdj / Sub. complét. / Compl. de l'Adj

▶ Le français peut être **extrêmement** **différent** d'une population à l'autre.
   GAdj / GAdv / Modif. de l'Adj

FONCTION

- Le GAdj remplit généralement la fonction de complément du nom ou celle d'attribut du sujet.

.../ p. 270

GROUPE DE L'ADVERBE (GAdv)

CONSTRUCTION

- Le GAdv a un adverbe comme noyau.

- Le GAdv est souvent formé d'un adverbe seul. Parfois, il est précédé d'une expansion (un autre adverbe) qui a la fonction de modificateur de l'adverbe.

► *Elle parle* **couramment** *le français.*

► *Elle parle* **très couramment** *le français.*

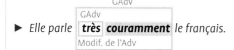

- Le GAdv peut être formé de deux adverbes de négation.

► *Il* **ne** *parle* **pas** *le français.*

FONCTION

- Le GAdv peut remplir les fonctions de modificateur (du verbe, de l'adjectif, de l'adverbe), de complément indirect du verbe ou de complément de phrase.

GROUPE PRÉPOSITIONNEL (GPrép)

CONSTRUCTION

- Le GPrép a une préposition comme noyau.

- La préposition a une expansion obligatoire à droite (le plus souvent un GN, un GVinf ou un pronom).

► *Cette langue me paraît difficile* **à apprendre** .

► *J'ai rencontré des francophones* **de l'Alberta** .

REMARQUE : Le GPrép peut commencer par le déterminant contracté *au*, *aux*, *du* ou *des*, qui inclut la préposition *à* ou *de*.

► *Ces francophones viennent* **de l'Alberta** *et* **du Québec** .

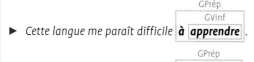

FONCTION

- Le GPrép peut avoir diverses fonctions, notamment celles de complément de phrase, de complément indirect du verbe, de complément du nom ou du pronom, de complément de l'adjectif, d'attribut du sujet ou de modificateur du verbe.

LES FONCTIONS SYNTAXIQUES

Relations syntaxiques entre les mots, les groupes de mots ou les subordonnées dans la phrase.

CARACTÉRISTIQUES GÉNÉRALES DES PRINCIPALES FONCTIONS SYNTAXIQUES

SUJET (S)

- Le sujet est la fonction d'un constituant obligatoire de la phrase ; il est en relation étroite avec le prédicat.
- C'est un GN ou un pronom (parfois une subordonnée complétive ou un GVinf).
- Généralement, il est placé devant le prédicat et ne peut être déplacé ni effacé.
- Il peut être remplacé par le pronom *il*, *elle*, *ils*, *elles* ou *cela*.
- Il peut être encadré par l'expression *c'est… qui* ou *ce sont… qui*.

▶ <u>Notre planète</u> *est une véritable tour de Babel avec ses quelque 6000 langues.*
    Sujet

PRÉDICAT

- Le prédicat est la fonction d'un constituant obligatoire de la phrase ; il est en relation étroite avec le sujet.
- C'est toujours un GV.
- Généralement, il est placé à droite du sujet et ne peut pas être déplacé ni effacé.

▶ *Notre planète* est une véritable tour de Babel avec ses quelque 6000 langues.
                Prédicat

COMPLÉMENT DE PHRASE (Compl. de P)

- Le complément de phrase est la fonction d'un constituant facultatif de la phrase ; il dépend de l'ensemble de la phrase.
- C'est un GPrép, une subordonnée, un GN, un GAdv ou le pronom *y*.
- Il peut occuper diverses places dans la phrase (par exemple, après, avant ou entre le sujet et le prédicat) et il peut être déplacé, sauf s'il s'agit du pronom *y*.
- Il est facultatif (on peut l'effacer).
- Il peut être précédé de l'expression *et cela se passe* ou *il le fait*, *elles le font*.

▶ *Notre planète est une véritable tour de Babel* <u>avec ses quelque 6000 langues</u>.
                             Compl. de P

COMPLÉMENT DU NOM (Compl. du N)

- Le complément du nom est la fonction de l'expansion du nom dans le GN ; il dépend donc du nom.
- C'est généralement un GAdj, un GPrép, une subordonnée relative, GN et, parfois, une subordonnée complétive.
- Le plus souvent, il est placé à droite du nom et ne peut pas être déplacé.
- Il est généralement facultatif (on peut l'effacer).

▶ *Cette* <u>petite</u> *population* <u>de la Louisiane</u> *est francophone.*
    Compl. du N   Compl. du N

…/ p. 272

COMPLÉMENT DIRECT DU VERBE (Compl. dir. du V)

- Le complément direct du verbe est la fonction d'une expansion du verbe dans le GV ; il dépend donc du verbe.
- C'est généralement un GN. Il peut aussi être un pronom (*le/l'*, *la/l'*, *les*, *en*, *cela*, *que/qu'*, etc.), une subordonnée complétive ou un GVinf.
- Le plus souvent, il est placé à droite du verbe et ne peut pas être déplacé hors du GV.
- Selon le verbe, il peut être obligatoire ou facultatif.
- Il peut être remplacé par *quelqu'un* ou *quelque chose*.

▶ *On évalue le nombre de langues à plus de 6000.*
Compl. dir. du V

COMPLÉMENT INDIRECT DU VERBE (Compl. ind. du V)

- Le complément indirect du verbe est la fonction d'une expansion du verbe dans le GV. Tout comme le complément direct, il dépend du verbe, mais se construit avec une préposition (ex. : *à*, *de*, *en*, etc.).
- C'est généralement un GPrép. Il peut aussi être un pronom (*lui*, *leur*, *en*, *y*, *dont*, etc.), et parfois une subordonnée complétive ou un GAdv.
- Généralement, il est placé à droite du verbe et ne peut pas être déplacé hors du GV.
- Selon le verbe, il peut être obligatoire ou facultatif.
- Il peut être remplacé par une préposition (ex. : *à*, *de*, *en*, etc.) + *quelqu'un* ou + *quelque chose* ou par *quelque part*.

▶ *On évalue le nombre de langues à plus de 6000.*
Compl. ind. du V

COMPLÉMENT DE L'ADJECTIF (Compl. de l'Adj)

- Le complément de l'adjectif est la fonction d'une expansion de l'adjectif dans le GAdj ; il dépend donc de l'adjectif.
- C'est un GPrép, une subordonnée complétive ou un pronom : *en*, *y*, *dont*.
- Généralement, il est placé à droite de l'adjectif et ne peut pas être déplacé, mais il peut souvent être effacé.

▶ *Je suis étonné du grand nombre de langues dans le monde.*
Compl. de l'Adj

ATTRIBUT DU SUJET (Attr. du S)

- L'attribut du sujet est la fonction d'une expansion du verbe dans le GV ; il dépend d'un verbe attributif (ex. : *être*, *paraître*, *sembler*, *avoir l'air*, *devenir*) et est en relation étroite avec le sujet.
- C'est généralement un GAdj. Il peut aussi être un GN, un GPrép ou un pronom (*le/l'*, *en*, *que/qu'*), et parfois un GVinf ou un GAdv.
- Généralement, il est placé à droite du verbe et ne peut pas être déplacé hors du GV.
- Il est obligatoire.

▶ *Le nombre de langues dans le monde me paraît extrêmement élevé !*
Attr. du S

MODIFICATEUR DU VERBE, DE L'ADJECTIF, DE L'ADVERBE (Modif. du V, de l'Adj, de l'Adv)

- Le modificateur est la fonction d'une expansion d'un verbe, d'un adjectif, d'un autre adverbe.
- C'est un GAdv ou un GPrép.
- Généralement, il est placé à proximité du mot qu'il modifie (immédiatement avant ou après).
- Il est facultatif.

▶ *Le nombre de langues dans le monde ne me paraissait pas si élevé !*
Modif. du V   Modif. de l'Adj

Façons de joindre des éléments de même niveau syntaxique à l'aide d'un signe de ponctuation (une virgule, un deux-points ou un point-virgule) ou d'un coordonnant (*et, ou, puis, car, mais,* etc).

MOTS DE MÊME CLASSE GRAMMATICALE

▶ *J'aimerais apprendre une, deux, trois autres langues !*

◀ 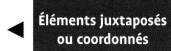 **Éléments juxtaposés ou coordonnés** ▶

GROUPES DE MOTS (OU PHRASES SUBORDONNÉES) DE MÊME FONCTION

▶ *Le français et l'italien sont des langues issues du latin.*

▼

PHRASES

▶ *Le français est une langue romane, l'anglais est une langue germanique.*

COORDINATION	JUXTAPOSITION
• Les éléments sont liés à l'aide d'un mot qui joue le rôle de coordonnant : *et, ou, puis, car, mais,* etc.	• Les éléments sont liés à l'aide d'un signe de ponctuation.
• Le coordonnant est une conjonction de coordination ou un adverbe.	• Le signe de ponctuation employé est une virgule, un deux-points ou un point-virgule.
• Le coordonnant exprime de façon explicite le rapport de sens entre les éléments qu'il met en relation. Par exemple, le coordonnant *et* exprime l'addition, tandis que le coordonnant *mais* indique l'opposition.	• Le rapport de sens entre les éléments juxtaposés est implicite. Par exemple, la virgule peut joindre des éléments entre lesquels il y a un rapport d'addition, de succession ou d'opposition.

REMARQUES :

– Généralement, dans une énumération, seuls les deux derniers éléments sont joints par un coordonnant. Les autres sont liés par une virgule.

▶ *Le français , l'italien , l'espagnol et le roumain sont des langues issues du latin.*

– Le coordonnant *ni* se place généralement devant chaque élément coordonné. Les coordonnants *et, ou* peuvent être répétés pour créer un effet d'insistance.

▶ *Ce nouvel arrivant n'apprendra ni le français ni l'anglais.*

▶ *Ce nouvel arrivant apprendra et le français et l'anglais.*

– D'autres coordonnants, dits corrélatifs, doivent être répétés (ex. : *soit… soit, tantôt… tantôt*).

▶ *Ce nouvel arrivant apprendra soit le français, soit l'anglais.*

– Dans le cas de phrases coordonnées par un adverbe, celui-ci peut parfois se placer à l'intérieur de la seconde phrase.

▶ *Les langues anglaise et française ne sont pas des langues sœurs, elles s'influencent toutefois mutuellement.*

…/ p. 274

SENS DE QUELQUES COORDONNANTS (CONJONCTIONS OU ADVERBES)	
ADDITION	
– et – de plus – puis	▶ *L'anglais* et *le français* *sont les deux langues officielles du Canada.* **REMARQUE:** La virgule peut aussi avoir une valeur d'addition. ▶ *Plusieurs langues sont issues du latin:* *le français* , *l'italien* , *le roumain* , *etc.*
ALTERNATIVE	
– ou – ou bien – soit... soit – tantôt... tantôt – parfois... parfois	▶ *Le Canada a-t-il* *une* ou *deux* *langues officielles?* ▶ *Il apprendra* soit *l'allemand,* soit *le russe.* ▶ *Apprendre une nouvelle langue est* tantôt *excitant,* tantôt *décourageant* . ▶ *Elle utilise* parfois *le français,* parfois *l'anglais* .
EXCLUSION	
– ni	▶ *Ce nouvel arrivant ne parle* ni *français* ni *anglais* . ▶ *Ce nouvel arrivant ne parle* ni *français,* ni *anglais,* ni *espagnol* .
SUCCESSION DANS LE TEMPS	
– enfin – ensuite – puis	▶ *Ce nouvel arrivant apprendra* *le français,* puis *l'anglais* .
CAUSE OU EXPLICATION	
– car – en effet – effectivement	▶ *L'anglais et le français ne sont pas des langues sœurs,* car *leur langue mère n'est pas la même* . **REMARQUE:** Le deux-points peut aussi introduire une cause ou une explication. ▶ *Ces langues ne sont pas des langues sœurs* : *leur langue mère n'est pas la même* .
CONSÉQUENCE	
– donc – ainsi – alors – aussi	▶ *L'anglais et le français n'ont pas la même langue mère,* aussi *ce ne sont pas des langues sœurs* . **REMARQUE:** Le deux-points peut également introduire une conséquence. ▶ *Ces langues n'ont pas la même langue mère* : *ce ne sont pas des langues sœurs* .
OPPOSITION	
– mais – toutefois – cependant – par contre – pourtant – en revanche	▶ *Les langues anglaise et française ne sont pas des langues sœurs* , mais *elles s'influencent mutuellement* . **REMARQUE:** La virgule peut aussi avoir une valeur d'opposition. ▶ *J'aime les langues germaniques* , *tu préfères les langues latines* .

LA SUBORDINATION

Insertion (ou enchâssement) d'une phrase dans une autre à l'aide, généralement, d'un subordonnant : *qui, que, quoi, dont, où, quand, pour que, parce que, si, afin que,* etc.

SUBORDONNÉE COMPLÉMENT DE PHRASE

▶ *Parce qu'il n'est plus parlé, le latin est une langue dite morte.*

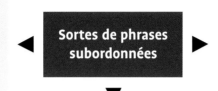

SUBORDONNÉE RELATIVE

▶ *Le latin, qui n'est plus parlé, est une langue morte.*

SUBORDONNÉE COMPLÉTIVE

▶ *On dit que le latin est une langue morte.*

REMARQUES :

– À l'origine d'une phrase avec subordonnée, il y a deux phrases autonomes.

- **Subordonnée relative**

  Subordonnée
  ▶ *Le latin, qui n'est plus parlé, est une langue morte.*

  Phrases autonomes :
  - ▶ *Le latin est une langue morte.*
  - ▶ *Le latin n'est plus parlé.*

- **Subordonnée complétive**

  Subordonnée
  ▶ *On dit que le latin est une langue morte.*

  Phrases autonomes :
  - ▶ *On dit quelque chose.*
  - ▶ *Le latin est une langue morte.*

- **Subordonnée complément de phrase**

  Subordonnée
  ▶ *Parce qu'il n'est plus parlé, le latin est une langue dite morte.*

  Phrases autonomes :
  - ▶ *Le latin est une langue dite morte.*
  - ▶ *Le latin n'est plus parlé.*

– La subordonnée n'est pas autonome, contrairement aux phrases juxtaposées et coordonnées : elle dépend d'un mot de la phrase ou, pour celles qui sont des compléments de phrase, de l'ensemble de la phrase.

Phrase subordonnée qui remplit la fonction de complément du nom (et, plus rarement, du pronom). Elle apporte une précision essentielle ou accessoire au mot qu'elle complète.

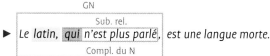

► *Le latin,* qui *n'est plus parlé, est une langue morte.*

- Le subordonnant est un pronom relatif qui reprend un nom déjà mentionné (son antécédent). Dans l'exemple, *qui* reprend *latin.*
- Le pronom relatif joue le rôle de subordonnant, car il sert à insérer une phrase dans une autre.
- Il remplace un groupe de mots et a la même fonction. Dans l'exemple, la phrase à l'origine de la subordonnée est *Le latin n'est plus parlé*; le pronom *qui* remplace *le latin*; il a la fonction de sujet du verbe *est parlé.*

EMPLOIS DES PRINCIPAUX PRONOMS RELATIFS

QUI

- Groupe de mots remplacé : GN
- Fonction : sujet

► *On appelle langue morte une langue* qui *n'est plus parlée.*
Sub. rel. / Sujet du V

Phrase à l'origine de la subordonnée :
GN
► *Cette langue n'est plus parlée.*

QUE / QU'

- Groupe de mots remplacé : GN
- Fonction : complément direct du verbe

► *Une langue* qu'on ne parle plus *est appelée langue morte.*
Sub rel / Compl. dir. du V

Phrase à l'origine de la subordonnée :
GN
► *On ne parle plus cette langue.*

DONT

- Groupe de mots remplacé : GPrép introduit par *de/d'* (ou *du, des*)
- Fonctions : complément du nom, complément de l'adjectif ou complément indirect du verbe

► *Une langue* dont *l'usage a cessé à l'oral est appelée langue morte.*
Sub. rel. / Compl. du N

Phrase à l'origine de la subordonnée :
GPrép
► *L'usage de cette langue a cessé à l'oral.*

► *La langue* dont *nous sommes fiers est celle de nos ancêtres.*
Sub. rel. / Compl. de l'Adj

Phrase à l'origine de la subordonnée :
GPrép
► *Nous sommes fiers de cette langue.*

.../ p. 277

OÙ

- Groupe de mots remplacé : groupe exprimant le temps ou le lieu
- Fonction : complément direct ou indirect du verbe ou complément de phrase

Sub. rel.

▶ *Les villes* où *l'on parle plusieurs langues* *sont cosmopolites.*
Compl. de P (lieu)

Phrase à l'origine de la subordonnée :

GPrép

▶ *On parle plusieurs langues* dans ces villes.

PRÉPOSITION + *QUI*

- Groupe de mots remplacé : GPrép (*à…*, *de…*, *par…*, *avec…*) qui fait référence à une ou des personnes
- Fonctions : complément indirect du verbe

REMARQUE : À la place de *de qui*, il est possible d'employer *dont* ou *de + lequel* (*duquel*, *desquels*, etc.).

Sub. rel.

▶ *Les Romains,* à qui *nous devons notre alphabet*, *utilisaient le latin.*
Compl. ind. du V

Phrase à l'origine de la subordonnée :

GPrép

▶ *Nous devons notre alphabet* aux Romains.

PRÉPOSITION + *LEQUEL*

- Groupe de mots remplacé : GPrép (*à…*, *de…*, *par…*, *avec…*)
- Fonctions : complément indirect du verbe ou complément de phrase

REMARQUES :

- *Lequel* varie en genre et en nombre.
- Les prépositions *à* et *de* s'amalgament à *lequel*, *lesquels* et *lesquelles* pour former *auquel*, *auxquels*, *auxquelles*, *duquel*, *desquels* et *desquelles* (mais se forment en deux mots dans le cas de *laquelle* : *à laquelle* et *de laquelle*).

Sub. rel.

▶ *Le latin* duquel *le français dérive* *est appelé latin vulgaire (ou latin parlé).*
Compl. ind. du V

Phrase à l'origine de la subordonnée :

GPrép

▶ *Le français dérive* de ce latin.

Sub. rel.

▶ *La variété de latin* de laquelle *le français dérive* *était populaire et non littéraire.*
Compl. ind. du V

Phrase à l'origine de la subordonnée :

GPrép

▶ *Le français dérive* de cette variété de latin.

Sub. rel.

▶ *C'est la période* durant *laquelle le français s'est le plus développé*.
Compl. de P

Phrase à l'origine de la subordonnée :

GPrép

▶ *Le français s'est le plus développé* durant cette période.

ⓘ **Phrase**

ⓘ LA SUBORDONNÉE COMPLÉTIVE

Subordonnée qui remplit généralement la fonction de complément direct du verbe ou de complément de l'adjectif. Elle est parfois aussi complément indirect du verbe, complément du nom ou sujet. Lorsqu'elle est complément, elle apporte une précision essentielle au mot qu'elle complète.

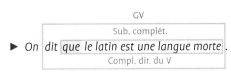

- GV
- Sub. complét.
▶ On dit que le latin est une langue morte.
- Compl. dir. du V

- Le subordonnant est le plus souvent la conjonction *que*. La conjonction n'a pas d'antécédent, contrairement au pronom relatif.
- La conjonction joue le rôle de subordonnant, car elle sert à insérer une phrase dans une autre.
- Une subordonnée complétive peut avoir une valeur interrogative ou exclamative. Dans ce cas, son subordonnant est la conjonction *si* ou un mot interrogatif (*qui, quand, pourquoi*, etc.) ou un mot exclamatif (*si, combien, comme*, etc.).

CLASSES DES PRINCIPAUX SUBORDONNANTS AU DÉBUT DE LA SUBORDONNÉE COMPLÉTIVE COMPLÉMENT DIRECT

CONJONCTION

– que	▶ Les linguistes soutiennent *qu'aucune langue n'est plus logique qu'une autre*.
– si	▶ Je me demande *s'ils ont raison*.
– comme	▶ Écoute *comme elle s'exprime bien* !

ADVERBE

– quand	▶ Ce linguiste étudie *comment le français a évolué au Québec*.
– comment	▶ Nous apprendrons *pourquoi la langue française n'est pas parlée de la même façon partout*.
– pourquoi	▶ Je sais *où tu vas*.
– où	

PRONOM

– qui	▶ Je sais *qui peut répondre à ma question*.

DÉTERMINANT

– quel / quels	
– quelle / quelles	▶ J'ignore *quelle langue on parle dans ce pays*.
– combien de	

Phrase

LA SUBORDONNÉE COMPLÉMENT DE PHRASE

Subordonnée qui remplit la fonction de complément de phrase. Elle apporte une précision accessoire à l'ensemble de la phrase, qu'elle complète.

Sub. de cause	GN	GV
▶ *Parce qu'il n'est plus parlé*,	*le latin*	*est une langue dite morte*.
Compl. de P	Sujet	Prédicat

- Le subordonnant est une conjonction.
- La conjonction joue le rôle de subordonnant, car elle sert à insérer une phrase dans une autre.
- Elle précise la relation de sens entre les deux phrases d'origine. Dans l'exemple, *parce que* exprime un rapport de cause : *Il n'est plus parlé* est la cause de *Le latin est une langue dite morte*.

SENS DE QUELQUES SUBORDONNANTS AU DÉBUT DES SUBORDONNÉES COMPLÉMENTS DE PHRASE

TEMPS : ANTÉRIORITÉ

- avant que
- jusqu'à ce que
- d'ici à ce que
- en attendant que
- etc.

▶ *Quel était le statut du français* avant que *la loi 101 soit adoptée* ?

REMARQUES :
- *Avant que* peut aussi s'employer avec *ne explétif* qui n'est pas une marque de négation mais de style (langue soutenue).
- Le verbe de la subordonnée se met au mode subjonctif avec ces conjonctions de temps.

TEMPS : SIMULTANÉITÉ

- quand
- lorsque
- alors que
- comme
- etc.

▶ *Le français est devenu l'unique langue officielle du Québec* quand *la loi 101 a été adoptée en 1977*.

REMARQUE : Le verbe de la subordonnée se met au mode indicatif avec ces conjonctions de temps.

TEMPS : POSTÉRIORITÉ

- après que
- une fois que
- etc.

▶ *Quel était le statut de l'anglais* après que *la loi 101 eut été adoptée* ?

REMARQUE : Le verbe se met au mode indicatif avec ces conjonctions de temps.

BUT

- afin que
- pour que
- etc.

▶ *Le Québec a adopté la loi 101* pour que *la langue française devienne son unique langue officielle*.

REMARQUE : Le verbe de la subordonnée se met au mode subjonctif avec les conjonctions de but.

CAUSE

- comme
- parce que
- sous prétexte que
- etc.

▶ Comme *des milliers de langues sont uniquement parlées*, *il est difficile de connaître le nombre exact de langues dans le monde*.

REMARQUE : Le verbe de la subordonnée se met au mode indicatif avec les conjonctions de cause.

CONSÉQUENCE

- au point que
- de façon que
- de manière que
- de sorte que
- si bien que
- etc.

▶ *Des milliers de langues sont uniquement parlées* de sorte qu'il *est difficile de connaître le nombre exact de langues dans le monde*.

REMARQUES :
- Les subordonnées de conséquence ne sont pas mobiles, contrairement aux autres subordonnées compléments de phrase.
- Le verbe de la subordonnée se met généralement au mode indicatif avec les conjonctions de conséquence.

PRINCIPAUX EMPLOIS DE LA VIRGULE ET DU DEUX-POINTS

VIRGULE

Pour isoler un complément de phrase.	Compl. de P ▶ *Chaque année , de nouveaux mots entrent dans nos dictionnaires.* Compl. de P ▶ *Les gens, dans le langage courant , emploient environ 5000 mots.*
Pour isoler un complément du nom ou du pronom qui apporte une précision accessoire, à caractère explicatif.	Compl. du N ▶ *Les sinophones, qui sont des locuteurs du chinois , surpassent en nombre les locuteurs de n'importe quelle autre langue.* – Le complément du nom (une subordonnée relative explicative) donne une définition du terme *sinophones* ; cette définition est accessoire. Compl. du N ▶ *Seconde langue du monde sur le plan géopolitique , le français est parlé sur cinq continents.* – Le complément du nom (un GN placé en tête de phrase) donne une précision au sujet du français ; cette précision est accessoire.
Pour isoler un groupe de mots qu'on reprend ou qu'on annonce par un pronom (mise en emphase).	▶ *Les Chinois , ils sont tellement nombreux sur la planète !* ▶ *Ils sont tellement nombreux sur la planète, les Chinois !*
Pour isoler un mot ou un groupe de mots qui n'a pas de fonction dans la phrase, par exemple une apostrophe (c'est-à-dire un groupe de mots qui désigne directement la personne à qui l'on s'adresse) et certains organisateurs textuels.	apostrophe ▶ *Saviez-vous, chers lecteurs , que le français est la seconde langue internationale après l'anglais ?* organisateur organisateur ▶ *En principe , toutes les langues sont également belles. Cependant , une langue peut avoir plus d'attrait pour une personne qui admire le peuple qui la parle.*
Pour isoler une phrase incise (qui indique qui parle).	incise ▶ *« Aucune langue, affirme ce linguiste , n'est plus logique, plus pure ou plus belle qu'une autre. »* ▶ *« Aucune langue n'est plus logique, plus pure ou plus belle qu'une autre »,* incise *affirme ce linguiste .* **REMARQUE :** Quand la phrase incise est précédée d'une phrase qui se termine par un point d'interrogation ou d'exclamation ou de points de suspension, on ne met pas de virgule. incise ▶ *« Y a-t-il des langues supérieures à d'autres ? » demandai-je au linguiste .*
Pour joindre des mots, des groupes de mots, des subordonnées ou des phrases entre lesquels il y a un rapport d'addition (juxtaposition).	▶ *Beaucoup d'enfants sont scolarisés en français dans les pays du Maghreb (Algérie , Maroc , Tunisie).* ▶ *Je parle le français , je chante en anglais , je rêve en espagnol !*

.../ p. 281

Phrase

Pour joindre des phrases entre lesquelles il y a un rapport d'opposition (juxtaposition).	▶ En 2006, la France comptait 63 millions de francophones , le Canada en comptait 11,5. REMARQUE : Dans une telle juxtaposition de phrases, une virgule remplace parfois le verbe qui a été effacé pour éviter la répétition. Dans ce cas, il vaut mieux juxtaposer les deux phrases à l'aide d'un point-virgule. ▶ En 2006, la France comptait 63 millions de francophones ; le Canada , 11,5.
Devant les coordonnants *mais, car, puis, donc,* etc. (sauf *et, ou, ni*).	▶ Cette nouvelle arrivante apprendra le français , puis l'anglais.
DEUX-POINTS	
Pour introduire une énumération.	▶ Voici des langues issues du latin, comme le français : l'italien , l'espagnol , le portugais , le roumain .
Pour joindre une phrase à une autre phrase qui présente une cause, une conséquence ou une explication (juxtaposition).	▶ Un locuteur du thaï trouvera le chinois plus facile à apprendre qu'un francophone : le thaï et le chinois sont des langues sœurs, comme le français et l'espagnol .
Pour introduire des paroles précédées de tirets dans un dialogue ou des paroles rapportées entre guillemets (discours rapporté direct).	▶ Dans un petit restaurant du quartier italien, deux étudiantes discutent. L'une d'elles s'exclame : « L'italien ! Quelle belle langue, tout de même ! – Ne confonds-tu pas la langue et le sentiment que tu éprouves pour le peuple qui la parle ? » lui répond l'autre. ▶ Une spécialiste m'a dit : « Aucune langue n'est plus logique, plus pure ou plus belle qu'une autre. » REMARQUE : Il n'y a pas de deux-points lorsque les paroles sont introduites par *que* ou un autre subordonnant, car il s'agit alors d'un discours rapporté indirect. ▶ Une spécialiste m'a dit qu' aucune langue n'est plus logique, plus pure ou plus belle qu'une autre.

Phrase

EMPRUNT AU LATIN VULGAIRE (LATIN PARLÉ)

- Plus de 80 % des mots
  - ▶ *eau* : de *aqua*
  - ▶ *table* : de *tabula*
  - ▶ *père* : de *pater*

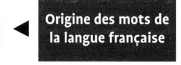

Origine des mots de la langue française

FORMATION À L'AIDE DE DIVERS PROCÉDÉS*

- Dérivation
- Composition
- Composition savante
- Télescopage
- Abrègement

EMPRUNTS À D'AUTRES LANGUES

- Emprunts au latin et au grec (surtout dans des domaines spécialisés)
  - ▶ *mathématique* : du grec *mathêmatikos*
  - ▶ *migraine* : du latin *hemicrania*
  - ▶ *synonyme* : du latin *synonymus* et du grec *sunônumos*

- Emprunts à des cultures entrées en contact avec les communautés de langue française
  - ▶ *magasin* : de l'arabe *makhâzin*
  - ▶ *sport* : de l'anglais *disport*
  - ▶ *toboggan* : de l'algonquin *otaban* « traîne »

REMARQUE : L'évolution du lexique ne cesse jamais : tandis que des mots sont créés pour nommer de nouvelles réalités (néologismes), d'autres tendent à disparaître de l'usage (et deviennent à la longue archaïsmes).

*DIVERS PROCÉDÉS DE FORMATION DES MOTS

DÉRIVATION

- Création d'un mot (appelé *mot dérivé*) à partir d'un mot de base auquel s'ajoute un préfixe (avant) ou un suffixe (après).

REMARQUE : Le sens des préfixes et des suffixes est indiqué dans certains dictionnaires usuels.

▶ *dé-, des-, dés-*
  - ♦ Élément, du lat. *dis-*, qui indique l'éloignement (*déplacer*), la séparation (*décaféiné*), la privation (*décalcifier*) [...]

  Petit Robert de la langue française, 2007

▶ *en-*
  - ♦ Élément, du lat. *in-* et *im-*, de *in* « dans », servant, avec le radical substantif qu'il précède, à la formation de verbes composés (var. *em-* devant *b, m, p*) : *emboîter, emmancher, emprisonner, enterrer.*

  Petit Robert de la langue française, 2007

▶ *-ment*

Pour former des noms masculins. ♦ La base est un verbe (la base est celle de la forme du participe passé). *Assortiment, bâtiment, blanchiment, sentiment.*
◊ ⇒ **-ement.** ◊ REM. Pour *agrément* et *châtiment*, voir à **-ement.** <lat. *-mentum.*>

  Petit Robert de la langue française, 2007

- ▶ **dé**faire
- ▶ **en**terre**ment**
- ▶ **désen**dette**ment**

.../ p. 283

Lexique

ⓘ

COMPOSITION

- Création d'un mot (appelé *mot composé*) par la réunion de deux ou de plusieurs mots.

REMARQUES : – Les mots qui forment le mot composé portent un sens et s'utilisent dans d'autres contextes.	▶ *tiers-monde* ▶ *terre à terre* ▶ *rouge vin*

COMPOSITION SAVANTE

- Création d'un mot par la réunion d'éléments provenant du latin ou du grec.

REMARQUE : Le sens des éléments latins et grecs est indiqué dans certains dictionnaires usuels.

▶ *-vore*
- ♦ Élément, du lat. *-vorus*, de *vorare* « avaler, manger ».

Petit Robert de la langue française, 2007

▶ *-chrone, chron(o)*
- ♦ Éléments, du gr. *Khrônos*, « temps ».

Dictionnaire du français plus, CEC

▶ *carnivore = carni* (chair) *+ vore* (manger)

▶ *chronomètre = chrono* (temps) *+ mètre* (mesure)

TÉLESCOPAGE

- Création d'un mot (appelé *mot-valise*) par la réunion de parties de mots.

REMARQUE : Souvent, les mots qu'on télescope ont un son en commun, qui sert de charnière. Par exemple, *franglais*, *pourriel*.	▶ *franglais = **fran**çais + an**glais*** ▶ *pourriel = **pou**belle + cou**rriel*** ▶ *épouffroyable* (création de Marc Favreau, alias Sol) = ***épou**vantable + **effroyable***

ABRÈGEMENT

- Création d'un mot (appelé *mot abrégé*) par le retranchement d'une ou de plusieurs syllabes.
- Création d'un mot (appelé *sigle*) à l'aide de la première lettre de deux ou de plusieurs mots.

MOTS ABRÉGÉS
REMARQUES :
- Au moment de leur création, les mots abrégés appartiennent à la langue familière ou populaire. Certains finissent par entrer dans la langue courante.
- Certains mots abrégés sont formés avec un **o** final. Par exemple, *proprio* pour propriétaire, *apéro* pour apéritif.
- Les mots abrégés prennent la marque du pluriel. Par exemple, *des profs*.

▶ *photo = photo~~graphie~~*
▶ *vélo = vélo~~cipède~~*
▶ *télé* (familier) *= télé~~vision~~*
▶ *ordi* (familier) *= ordi~~nateur~~*

SIGLES
REMARQUES :
- Si le sigle est prononcé comme un mot ordinaire, il s'agit d'un acronyme. Par exemple, *sida*.
- Les acronymes employés comme des noms communs prennent la marque du pluriel. Par exemple, *des ovnis*.

▶ *OGM = **o**rganisme **g**énétiquement **m**odifié*
▶ *sida = **s**yndrome d'**i**mmuno**d**éficience **a**cquise*
▶ *ovni = **o**bjet **v**olant **n**on **i**dentifié*

Lexique

LES DICTIONNAIRES

 ## Quelques types de dictionnaires

DICTIONNAIRES DE LANGUE

Dictionnaires généraux
- Offrent des renseignements sur les mots (prononciation, étymologie, etc.) et leurs divers emplois.
- Fournissent des exemples, des expressions, des citations.
- Donnent des synonymes, des antonymes, des homonymes.
- ▶ *Le Petit Robert*

Dictionnaires de difficultés
- Offrent des renseignements relatifs aux erreurs liées aux mots : prononciations particulières, pièges orthographiques, nuances de sens…
- ▶ *Multidictionnaire de la langue française*

Dictionnaires spéciaux
- ▶ Dictionnaires de synonymes, d'antonymes, de cooccurrences, d'homonymes, etc.

DICTIONNAIRES ENCYCLOPÉDIQUES

Dictionnaires généraux
- Offrent des renseignements sur les réalités nommées par les mots.
- Offrent des illustrations ou schémas sur des phénomènes complexes (par exemple, les éclipses), des photos ou dessins d'objets et d'animaux, des planches thématiques (par exemple sur les champignons).
- ▶ *Le Petit Larousse illustré*

Dictionnaires visuels
- Fournissent des illustrations et des planches thématiques liées à des domaines très variés et accompagnées de légendes.
- ▶ *Le Nouveau Dictionnaire visuel multilingue*

Dictionnaires spéciaux
- ▶ Dictionnaires de la musique, du cinéma, de la cuisine, etc.

RENSEIGNEMENTS QUE PEUT OFFRIR UNE ENTRÉE DE DICTIONNAIRE

FORME

- L'orthographe
- La prononciation
- La forme au féminin dans le cas de certains noms et des adjectifs
- Le modèle de conjugaison dans le cas des verbes

CATÉGORIES, TRAITS, CONSTRUCTIONS

- La classe des mots (n., adj., adv., etc.)
- Le genre s'il s'agit de noms (m. ou f.)
- La construction dans le cas des verbes, par exemple :
  - transitif (tr.), ce qui signifie que le verbe se construit avec un complément direct (dir.) ou indirect (ind.)
  - intransitif (intr.), ce qui signifie que le verbe se construit sans complément direct ou indirect
  - impersonnel (impers.)
  - pronominal (pron.)

ÉTYMOLOGIE

La date d'entrée dans le lexique, l'origine, la racine, etc.

ABRICOT [abʀiko] **n. m.**

1♦ Fruit de l'abricotier, à noyau, à chair et peau jaune orangé. *Abricots frais, secs. Confiture, compote, jus d'abricots.* — *Pêche*-abricot.*

2♦ Couleur jaune orangé très doux. *Un abricot tirant sur le rouge.* — Adjt [Adjectivement] *Des rubans abricot.*

Petit Robert de la langue française, 2007

ÉTUDIANT, IANTE [etydjã, jãt] **n.** et **adj.**

• XIIIᵉ, en concurrence avec *écolier* jusqu'à la fin XVIIᵉ ; fém. 1789, rare avant fin XIXᵉ ; de *étudier*

♦ Personne qui fait des études supérieures et suit les cours d'une université, d'une grande école. *Étudiant en lettres, en médecine […]* ⇒ universitaire.

◊ **Adj.** (1966) *La vie étudiante.* ⇒ estudiantin. *Un mouvement étudiant*, d'étudiants.

Petit Robert de la langue française, 2007

SCULPTER v. tr.

⟺ Le **p** ne se prononce pas, [skylte] ; le verbe rime avec **ausculter**.

Façonner en taillant une matière dure. *Sculpter un buste dans une pièce de marbre. Il sculpte une pièce de bois.*

CONJUGAISON [VOIR MODÈLE – AIMER].

Multidictionnaire de la langue française

Les définitions, c'est-à-dire les différents sens que le mot peut prendre en fonction du contexte, par exemple, le sens propre et le sens figuré (fig.)

REMARQUE : Divers moyens sont utilisés pour distinguer ces sens (ex. : **1♦**, **2♦**).

Des exemples en italique ou des citations (entre guillemets) qui illustrent les définitions

Les variétés de langue : littéraire (litt.), familier (fam.), populaire (pop.), etc.

Les emplois : régionalismes (région.), québécismes (québ.), anglicismes (anglic.), etc.

Les emplois obsolètes : vieilli ou vieux (vx) ; les emplois nouveaux : néologismes (néol.), etc.

Les domaines d'utilisation : didactique (didact.), informatique (inform.), médecine (méd.), technique (techn.), etc.

Des synonymes (syn.), c'est-à-dire des mots de sens voisin

Des antonymes (ant.), c'est-à-dire des mots de sens contraire (contr.)

ZAPPER [zape] **v. intr.** <conjug. : 1>

• 1986 ; angl. *to zap*

♦ Anglic. 1♦ Passer constamment d'une chaîne de télévision à d'autres à l'aide de la télécommande. ⇒ région. pitonner. *On zappe pour changer de programme, éviter les publicités.* 2♦ FIG. Passer rapidement ; changer fréquemment. *Zapper d'une idée à l'autre.* ⇒ papillonner. [...]

Petit Robert de la langue française, 2007

CEPENDANT conj. (de *ce* et *pendant*). Marque une opposition, une restriction ; pourtant, néanmoins. ◆ adv. *Litt.* Pendant ce temps. ◆ **cependant que** loc. conj. *Litt.* Pendant que, tandis que.

Le Petit Larousse Illustré 2006 © Larousse 2005

APPAREMMENT [apaʀamɑ̃] **adv.**

• 1564 ; « réellement » v. 1175 ; de *apparent*

1♦ Vx De façon apparente. ⇒ visiblement. « *Des raisins mûrs apparemment* » (La Fontaine).

2♦ Selon toute apparence. ⇒ vraisemblablement (cf. Sans doute*). *Apparemment, il a renoncé. Apparemment, il est sain d'esprit,* en apparence seulement. — Vieilli APPAREMMENT QUE : il semble que. « *Apparemment qu'il trouve moyen d'être en même temps à Paris et à la campagne* » (Musset).

⊗ CONTR. Effectivement.

Petit Robert de la langue française, 2007

RÉSINIFÈRE [ʀezinifɛʀ] **adj.**

• 1812 ; de *résine* et -*fère*

♦ Didact. Qui produit de la résine. ⇒ gemmifère, résineux.

Petit Robert de la langue française, 2007

Lexique

DONNEURS ET RECEVEURS D'ACCORDS

DONNEURS

– Nom

– Pronom

RECEVEURS

– Déterminant (varie en genre et en nombre)

– Adjectif et participe passé (varient en genre et en nombre)

– Verbe et auxiliaire *avoir* ou *être* (varient en personne et en nombre)

REMARQUES :

– Les donneurs et receveurs d'accord sont des mots variables.

– Les adverbes, les prépositions et les conjonctions sont des mots invariables. Ils ne sont ni donneurs ni receveurs d'accord.

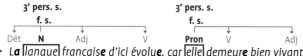

▶ *La* **langue** *française d'ici évolue, car* **elle** *demeure bien vivante.*

RÈGLES D'ACCORD DANS LE GN

ACCORD DU DÉTERMINANT

• Le déterminant s'accorde avec le nom qu'il précède.

• Il reçoit le genre et le nombre du nom.

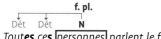

▶ *Toutes ces* **personnes** *parlent le français.*

ACCORD DE L'ADJECTIF COMPLÉMENT DU NOM (OU DU PRONOM)

• L'adjectif s'accorde avec le nom (ou le pronom) qu'il complète.

• Il reçoit le genre et le nombre du nom (ou du pronom).

▶ *Les différents* **créoles** *parlés dans ces îles sont des* **langues** *nées du contact de deux langues.*

▶ *Nées du contact de deux langues,* **elles** *en forment de nouvelles.*

RÈGLES D'ACCORD DANS LE GV

ACCORD DU VERBE (OU DE SON AUXILIAIRE)

• Le verbe (ou l'auxiliaire) s'accorde avec le sujet.

• Il reçoit la personne et le nombre du nom noyau du GN sujet ou du Pron sujet.

▶ **Toi** *et* **moi** *parlons une variété de français différente.*

▶ *Les* **façons** *de parler le français* **ont** *évolué de diverses manières.*

Orthographe

ACCORD DE L'ADJECTIF ATTRIBUT DU SUJET

- L'adjectif attribut du sujet s'accorde avec le sujet.
- Il reçoit le genre et le nombre du nom noyau du GN sujet ou du Pron sujet.

▶ *Bien qu'* **elles** *soient très différentes, les* **langues** *française et roumaine demeurent parentes.*

ACCORD DU PARTICIPE PASSÉ EMPLOYÉ AVEC *ÊTRE*

- Le participe passé employé avec *être* s'accorde avec le sujet.
- Il reçoit le genre et le nombre du nom noyau du GN sujet ou du Pron sujet.

▶ *La* **langue** *française est née du latin, comme l'italien.*

▶ **Elle** *est parlée par environ 200 millions de personnes.*

ACCORD DU PARTICIPE PASSÉ EMPLOYÉ AVEC *AVOIR*

- Le participe passé employé avec *avoir* s'accorde avec le complément direct seulement si ce complément le précède.
- Il reçoit le genre et le nombre du nom noyau du GN complément direct ou du Pron complément direct.

▶ *Les personnes* **qu'** *il a rencontrées parlent l'inuktitut.*

REMARQUE : Le participe passé ne s'accorde pas avec le complément direct d'un verbe à l'infinitif.

▶ *Ce sont ces personnes que j'ai toujours souhaité rencontrer.*

Le pronom relatif *que* (mis pour *ces personnes*) n'est pas le complément direct de *ai souhaité* ; il est le complément direct du verbe *rencontrer* (*j'ai souhaité rencontrer quelqu'un* : *que* mis pour *ces personnes*), c'est pourquoi le participe passé *souhaité* reste invariable.

▶ *Ce sont ces personnes* **que** *j'ai entendues parler l'inuktitut.*

Le pronom relatif *que* (mis pour *ces personnes*) est le complément direct de *ai entendues* (*j'ai entendu quelqu'un* : *que* mis pour *ces personnes*), c'est pourquoi le participe passé *entendues* s'accorde en genre et en nombre.

CAS PARTICULIERS

- Si le complément direct est le pronom *en*, le participe passé est invariable.

    ▶ *Des luttes linguistiques, ce peuple* **en** *a mené au cours de son histoire !*

- Si le complément direct est le pronom *le / l'* qui reprend une phrase ou une partie de phrase ou de texte, le participe passé est invariable.

    ▶ *Aucune langue n'est plus complexe qu'une autre, ce linguiste* **l'** *a dit.*

    Le pronom *l'* reprend *Aucune langue n'est plus complexe qu'une autre*, c'est pourquoi le participe passé *dit* reste invariable.

- Le participe passé des verbes impersonnels est invariable.

    ▶ *Combien d'années aura-t-il fallu pour que le créole haïtien se forme ?*

    Le groupe *combien d'années* n'est pas un complément direct : il est un complément du verbe impersonnel *falloir* (*aura fallu*), c'est pourquoi le participe passé *fallu* reste invariable.

LA CONJUGAISON

FORMES DU VERBE	
MODE PERSONNEL	**MODE IMPERSONNEL**
Le verbe est accordé en personne et en nombre avec le sujet de la phrase. Il est employé à un mode personnel : – l'indicatif – l'impératif – le subjonctif	Le verbe n'est pas accordé avec le sujet de la phrase. Il est employé à un mode impersonnel : – l'infinitif – le participe

V non conjugué (participe présent)　　V conjugué (indicatif présent)　　V non conjugué (infinitif présent)

▶ *En apprenant une langue étrangère, on découvre une autre façon de concevoir le monde.*

REMARQUE : Aux modes personnels ou impersonnels, on trouve des temps simples et des temps composés :

– les temps simples se forment à l'aide d'un radical et d'une terminaison ;

– les temps composés se forment à l'aide d'un auxiliaire et d'un participe passé.

PRINCIPAUX TEMPS DE VERBES	
MODE INDICATIF	
Temps simples verbe = radical + terminaison	Temps composés verbe = auxiliaire + participe passé
présent *tu termines* **imparfait** *tu terminais* **passé simple** *tu terminas* **futur simple** *tu termineras* **conditionnel présent** *tu terminerais*	**passé composé** *tu as terminé* **plus-que-parfait** *tu avais terminé* **passé antérieur** *tu eus terminé* **futur antérieur** *tu auras terminé* **conditionnel passé** *tu aurais terminé*
MODE SUBJONCTIF	
Temps simple verbe = radical + terminaison	Temps composé verbe = auxiliaire + participe passé
présent *que tu termines*	**passé** *que tu aies terminé*
MODE IMPÉRATIF	
Temps simple verbe = radical + terminaison	Temps composé verbe = auxiliaire + participe passé
présent *termine*	**passé** *aie terminé*
MODE INFINITIF	
Temps simple verbe = radical + terminaison	Temps composé verbe = auxiliaire + participe passé
présent *terminer*	**passé** *avoir terminé*
MODE PARTICIPE	
Temps simple verbe = radical + terminaison	Temps composé verbe = auxiliaire + participe passé
présent *terminant*	**présent composé** *ayant terminé* **passé** *terminé*

REMARQUE : Le participe passé sert à former tous les temps composés.

.../ p. 289

Orthographe

INDICATIF PRÉSENT

RÈGLE 1

- Radical : identique à celui de l'infinitif (*aimer* = *aim-*)
- Terminaisons : **-e**, **-es**, **-e**, **-ons**, **-ez**, **-ent**

▸ Les verbes en –*er*, sauf *aller*
▸ Quelques verbes en –*ir* (principalement *offrir*, *souffrir*, *ouvrir*, *couvrir*, *cueillir* et leurs dérivés)

je cueill**e**	nous nage**ons**
tu envoi**es**	vous plac**ez**
il cri**e**	elles offr**ent**

RÈGLE 2

- Radical : généralement différent pour les personnes du singulier et celles du pluriel (*fini-* et *finiss-*)
- Terminaisons : **-s**, **-s**, **-t**, **-ons**, **-ez**, **-ent**

▸ La plupart des verbes en –*ir*, en –*re* et en –*oir*

je fini**s**	nous paraiss**ons**
tu pein**s**	vous écriv**ez**
il doi**t**	elles bâtiss**ent**

REMARQUES :

- Les verbes *pouvoir*, *valoir*, *vouloir* prennent un **x** avec *je* et *tu* (*je peux*, *tu veux*).
- Certains verbes en ...*dre* de même que les verbes en ...*cre* et en ...*pre* gardent la consonne finale du radical (*je per***d***s*, *tu vain***c***s*, *il rom***p***t*).

CONJUGAISON DE QUELQUES VERBES PARTICULIERS

PRONOMS	AVOIR	ÊTRE	ALLER	FAIRE	DIRE	ASSEOIR		
je / j'	ai	suis	vais	fais	dis	assois		assieds
tu	as	es	vas	fais	dis	assois		assieds
il / elle	a	est	va	fait	dit	assoit	*ou*	assied
nous	avons	sommes	allons	faisons	disons	assoyons		asseyons
vous	avez	êtes	allez	faites	dites	assoyez		asseyez
ils / elles	ont	sont	vont	font	disent	assoient		asseyent

INDICATIF IMPARFAIT

RÈGLE

- Radical : celui du verbe au participe présent (*finissant* = *finiss-*), sauf *avoir* (*av-*)
- Terminaisons : **-ais**, **-ais**, **-ait**, **-ions**, **-iez**, **-aient**

▸ Tous les verbes

j'aim**ais**	nous cri**ions**
tu finiss**ais**	vous voy**iez**
il fais**ait**	ils craign**aient**

REMARQUE : Dans quelques verbes (en ...*ier* et en ...*yer*), il y a un double *i* ou un *yi* aux 1re et 2e personnes du pluriel (*vous ri***i***ez*, *nous netto***yi***ons*).

.../ p. 290

RÈGLE 1

- Radical : identique à celui de l'infinitif (*aimer* = *aim-*)
- Terminaisons : **-ai, -as, -a, -âmes, -âtes, -èrent**

▸ Les verbes en *–er*

j'aim**ai**	nous nage**âmes**
tu envoy**as**	vous plaç**âtes**
il cri**a**	elles vogu**èrent**

RÈGLE 2

- Radical : pour les verbes en *–ir* qui font *–issant*, c'est le radical de l'infinitif (*finir* = *fin-*) ; pour les autres verbes, ce n'est pas toujours le cas.
- Terminaisons : **-is, -is, -it, -îmes, -îtes, -irent**

▸ Les verbes en *–ir*, sauf *courir* et *mourir*, *tenir* et *venir*
▸ La plupart des verbes en *–re*, dont *faire*, *dire* et les verbes en *...dre*
▸ Les verbes *asseoir*, *voir* et leurs dérivés

je fin**is**	nous f**îmes**
tu peign**is**	vous d**îtes**
il ass**it**	elles perd**irent**

RÈGLE 3

- Radical : c'est parfois celui de l'infinitif (*vouloir* = *voul-* ; mais *vivre* = *véc-* ; *boire* = *b-*).
- Terminaisons : **-us, -us, -ut, -ûmes, -ûtes, -urent**

▸ Les verbes en *–oir*, sauf *asseoir* et *voir*
▸ Les verbes *courir* et *mourir*
▸ Quelques verbes en *–re*, dont *boire*, *conclure*, *connaître*, *croire*, *lire*, *paraître*, *plaire*, *taire*, *vivre*

je voul**us**	nous l**ûmes**
tu cour**us**	vous véc**ûtes**
il mour**ut**	elles conn**urent**

CONJUGAISON DE QUELQUES VERBES PARTICULIERS

PRONOMS	AVOIR	ÊTRE	APERCEVOIR	BOIRE	PRENDRE	VOIR
je/j'	eus	fus	aperçus	bus	pris	vis
tu	eus	fus	aperçus	bus	pris	vis
il/elle	eut	fut	aperçut	but	prit	vit
nous	eûmes	fûmes	aperçûmes	bûmes	prîmes	vîmes
vous	eûtes	fûtes	aperçûtes	bûtes	prîtes	vîtes
ils/elles	eûrent	furent	aperçurent	burent	prirent	virent

.../ p. 291

Orthographe

RÈGLE

- Radical : pour les verbes en –er et en –ir, c'est l'infinitif moins le **r** (aime~~r~~ = aime, fini~~r~~ = fini) ; pour les autres verbes, c'est souvent celui de l'infinitif (écri~~re~~ = écri-, dev~~oir~~ = dev-).
- Terminaisons du futur : **-rai, -ras, -ra, -rons, -rez, -ront**
- Terminaisons du conditionnel : **-rais, -rais, -rait, -rions, -riez, -raient**

▸ Tous les verbes

j'aime**rai**	nous ri**rons**
tu fini**ras**	vous place**rez**
il pleuv**ra**	ils croi**ront**
j'aime**rais**	nous ri**rions**
tu fini**rais**	vous place**riez**
il pleuv**rait**	ils croi**raient**

REMARQUE : Dans les verbes en –er et le verbe *cueillir* et ses dérivés, il y a un **e** muet devant les terminaisons (j'emplo**ie**rai/rais, tu cueill**e**ras/rais).

CONJUGAISON DE QUELQUES VERBES PARTICULIERS

PRONOMS	AVOIR			ÊTRE			ALLER			TENIR		
	Radical	Fut. s.	Cond. prés.	Radical	Fut. s.	Cond. prés.	Radical	Fut. s.	Cond. prés.	Radical	Fut. s.	Cond. prés.
je / j'	au	rai	rais	se	rai	rais	i	rai	rais	tiend	rai	rais
tu	au	ras	rais	se	ras	rais	i	ras	rais	tiend	ras	rais
il / elle	au	ra	rait	se	ra	rait	i	ra	rait	tiend	ra	rait
nous	au	rons	rions	se	rons	rions	i	rons	rions	tiend	rons	rions
vous	au	rez	riez	se	rez	riez	i	rez	riez	tiend	rez	riez
ils / elles	au	ront	raient	se	ront	raient	i	ront	raient	tiend	ront	raient

PRONOMS	VOULOIR			MOURIR			VOIR			SAVOIR		
	Radical	Fut. s.	Cond. prés.	Radical	Fut. s.	Cond. prés.	Radical	Fut. s.	Cond. prés.	Radical	Fut. s.	Cond. prés.
je / j'	voud	rai	rais	mour	rai	rais	ver	rai	rais	sau	rai	rais
tu	voud	ras	rais	mour	ras	rais	ver	ras	rais	sau	ras	rais
il / elle	voud	ra	rait	mour	ra	rait	ver	ra	rait	sau	ra	rait
nous	voud	rons	rions	mour	rons	rions	ver	rons	rlons	sau	rons	rions
vous	voud	rez	riez	mour	rez	riez	ver	rez	riez	sau	rez	riez
ils / elles	voud	ront	raient	mour	ront	raient	ver	ront	raient	sau	ront	raient

PRONOMS	FAIRE			VENIR			COURIR			ENVOYER		
	Radical	Fut. s.	Cond. prés.	Radical	Fut. s.	Cond. prés.	Radical	Fut. s.	Cond. prés.	Radical	Fut. s.	Cond. prés.
je / j'	fe	rai	rais	viend	rai	rais	cour	rai	rais	enver	rai	rais
tu	fe	ras	rais	viend	ras	rais	cour	ras	rais	enver	ras	rais
il / elle	fe	ra	rait	viend	ra	rait	cour	ra	rait	enver	ra	rait
nous	fe	rons	rions	viend	rons	rions	cour	rons	rions	enver	rons	rions
vous	fe	rez	riez	viend	rez	riez	cour	rez	riez	enver	rez	riez
ils / elles	fe	ront	raient	viend	ront	raient	cour	ront	raient	enver	ront	raient

.../ p. 292

Orthographe

RÈGLE 1

- Radical : identique à celui de l'infinitif (*aimer* = *aim-*)
- Terminaisons : **-e**, **-ons**, **-ez**

▸ Les verbes en *–er*, sauf *aller*
▸ Quelques verbes en *–ir* (principalement *offrir*, *souffrir*, *ouvrir*, *couvrir*, *cueillir* et leurs dérivés)

aime *nage**ons***
*plac**ez***

REMARQUE : Devant les pronoms *en* et *y*, on ajoute un **s** à la 2ᵉ personne du singulier (*penses-y*, *trouves-en*).

RÈGLE 2

- Radical : généralement différent pour la 2ᵉ personne du singulier et celles du pluriel (*fini-* et *finiss-*)
- Terminaisons : **-s**, **-ons**, **-ez**

▸ La plupart des verbes en *–ir*, en *–re* et en *–oir*

*fini**s*** *écriv**ons***
*recev**ez***

CONJUGAISON DE QUELQUES VERBES PARTICULIERS

AVOIR	ÊTRE	ALLER	FAIRE	DIRE	SAVOIR	ASSEOIR	
aie	sois	va	fais	dis	sache	assois	assieds
ayons	soyons	allons	faisons	disons	sachons	assoyons	asseyons
ayez	soyez	allez	faites	dites	sachez	assoyez	asseyez

RÈGLE

- Radical : généralement celui du verbe conjugué au présent de l'indicatif à la 3ᵉ personne du pluriel (*elles reçoivent*) ; il y a parfois un autre radical aux 1ʳᵉ et 2ᵉ personnes du pluriel : c'est celui de l'indicatif présent aux 1ʳᵉ et 2ᵉ personnes du pluriel (*nous recevons*).
- Terminaisons : **-e**, **-es**, **-e**, **-ions**, **-iez**, **-ent**

▸ Tous les verbes, sauf *avoir* et *être*

*que j'aim**e*** *que nous atteign**ions***
*que tu voi**es*** *que vous ri**iez***
*qu'il croi**e*** *qu'elles offr**ent***

REMARQUE : Dans quelques verbes (en *...ier* et en *...yer*), il y a un double *i* ou un *yi* aux 1ʳᵉ et 2ᵉ personnes du pluriel (*que vous ri**i**ez*, *que nous netto**yi**ons*), comme à l'imparfait.

CONJUGAISON DE QUELQUES VERBES PARTICULIERS

PRONOMS	AVOIR	ÊTRE	ALLER	FAIRE	SAVOIR	POUVOIR	VOULOIR	VALOIR
que **je/j'**	aie	sois	aille	fasse	sache	puisse	veuille	vaille
que **tu**	aies	sois	ailles	fasses	saches	puisses	veuilles	vailles
qu'**il/elle**	aie	soit	aille	fasse	sache	puisse	veuille	vaille
que **nous**	ayons	soyons	allions	fassions	sachions	puissions	voulions	valions
que **vous**	ayez	soyez	alliez	fassiez	sachiez	puissiez	vouliez	valiez
qu'**ils/elles**	aient	soient	aillent	fassent	sachent	puissent	veuillent	vaillent

Orthographe

ⓘ LES PARTICULARITÉS ORTHOGRAPHIQUES DE CERTAINS VERBES EN -ER

VERBES EN ...CER (ex. : placer)

Le **c** du radical devient **ç** devant **a** et **o**.

REMARQUE : La formation des verbes en ...cer suit la règle générale : la cédille s'emploie devant les voyelles **a**, **o**, **u** pour indiquer que le **c** se prononce **s** (ça, leçon, déçu).

je place
nous plaçons
je plaçais
nous placions

VERBES EN ...GER (ex. : nager)

Le **g** du radical devient **ge** devant **a** et **o**.

REMARQUE : La formation des verbes en ...ger suit la règle générale : ge s'emploie devant les voyelles **a**, **o**, **u** pour indiquer que le **g** se prononce comme un **j** (rageant, bourgeon, gageure).

je nage
nous nageons
je nageais
nous nagions

VERBES EN ...GUER (ex. : voguer)

Le **u** du radical demeure devant **a** et **o**.

REMARQUE : Cette règle enfreint la règle générale qui veut qu'il n'y ait pas de **u** après le **g** qui se prononce comme dans gant ou fourgon.

je vogue
nous voguons
je voguais
nous voguions

VERBES EN ...YER (ex. : nettoyer)

Le **y** du radical devient **i** devant un **e** muet.

REMARQUE : Les verbes en ...ayer comme payer peuvent garder le **y** devant le **e** muet (je paie ou je paye).

je nettoie
je nettoyais
nous nettoyions
nous nettoierons

VERBES EN ...É + CONSONNE + ER (ex. : répéter)

Le dernier **é** du radical devient **è** devant un **e** muet, sauf devant une syllabe qui contient un **e** muet au futur et au conditionnel.

REMARQUE : Désormais, il est permis de suivre la règle générale en employant **è** devant une syllabe qui contient un **e** muet au futur et au conditionnel (je répèterai).

je répète
vous répétez
je répétais
je répéterai

VERBES EN ...E + CONSONNE + ER (ex. : acheter)

Le dernier **e** du radical devient **è** devant une syllabe qui contient un **e** muet.

CAS PARTICULIERS : VERBES APPELER, JETER ET LEURS DÉRIVÉS

- Cette règle générale (transformation du **e** en **è** devant le **e** muet) ne s'applique pas aux verbes appeler et jeter (j'appèle, je jèterais).
- Dans ces cas, la dernière consonne du radical se double devant un **e** muet.

REMARQUES :

- Traditionnellement, pour certains verbes, la dernière consonne du radical se double devant le **e** muet (étiqueter : j'étiquette).
- Désormais, il est permis de suivre la règle générale en employant **è** même devant le **e** muet (j'étiquète).
- Il est maintenant permis d'écrire interpeller avec un **l** (interpeler) et de conjuguer ce verbe comme le verbe appeler (interpeler : j'interpelle, vous interpelez).

j'achète
nous achetons
j'achetais
vous achèteriez

je pèse
vous pesez
je pesais
je pèserai

j'appelle
vous appelez
j'appelais
j'appellerai

je jette
vous jetez
je jetais
je jetterais

Stratégies

ⓘ LIRE UN TEXTE LITTÉRAIRE

PLANIFIER SA LECTURE

Préciser son intention de lecture	☑ Déterminer s'il s'agit d'une lecture pour le plaisir, pour réaliser une tâche précise, pour répondre à une question, pour faire un résumé ou une critique, etc.
Porter attention au contexte de l'œuvre	☑ Trouver des renseignements sur l'auteur ou l'auteure, ses œuvres, son époque et sur le texte en question. ☑ Vérifier si l'œuvre a déjà été adaptée pour le cinéma, la télévision, la bédé, la chanson, etc.
Anticiper le contenu et l'organisation du texte	☑ Imaginer l'histoire en vue de valider ses prédictions au cours de la lecture. ☑ Jeter un coup d'œil à la forme du texte : roman, nouvelle, extrait de livre, de chanson ou de poème, etc. ☑ Observer l'organisation des chapitres, des parties, des paragraphes, etc.

COMPRENDRE ET INTERPRÉTER LE TEXTE

Dégager le ou les thèmes du texte	☑ Trouver un groupe du nom qui résume bien le thème du texte littéraire (l'équivalent du sujet dans le texte courant) : la solitude, la guerre, la jalousie, le respect des différences, l'amour maternel, etc.
Cerner l'univers narratif ou poétique et le contenu du texte	☑ Chercher les composantes du schéma narratif, s'il y a lieu. ☑ Observer les personnages : porter attention à leurs motivations et transformations. ☑ Juger de la vraisemblance et du réalisme de l'univers créé.
Porter attention à l'écriture	☑ Observer comment l'auteur ou l'auteure joue avec les mots : apprécier les répétitions volontaires, les jeux de sons, les figures de style, etc.
Cerner l'organisation du texte	☑ Observer la présentation des événements dans une histoire : chronologie, retours en arrière, etc. ☑ Observer la construction dans un texte poétique : prose, vers, rimes, strophes, refrains, couplets, etc.
Porter attention à la narration ou à la « voix » du poème	☑ Identifier le narrateur qui décrit une expérience, une émotion. ☑ Porter attention à la présence d'autres « voix » : relais de narrateurs, paroles rapportées, etc. ☑ Déterminer le ton : humoristique, lyrique, dramatique, etc.
Se donner d'autres moyens pour approfondir le texte	☑ Relire le texte entier ou des passages plus d'une fois, de manière à voir ce qui a pu échapper à la première lecture. ☑ Recourir à des ouvrages de référence pour mieux contextualiser l'univers présenté ou mieux comprendre le sens d'un mot.

RÉAGIR AU TEXTE

Déterminer l'effet que provoque le texte	☑ Se faire une opinion sur le texte. ☑ Déterminer de quelle façon le texte rejoint certaines de ses préoccupations. ☑ Discuter du texte avec d'autres personnes.

ÉVALUER L'EFFICACITÉ DE SA DÉMARCHE

Estimer l'efficacité de ses stratégies	☑ Déterminer son degré de compréhension du texte. ☑ Relire le texte si on a éprouvé des difficultés, et en chercher la cause. ☑ Se fixer de nouveaux objectifs de lecture afin d'évaluer dans quelle mesure la compétence à lire des textes littéraires s'améliore.

LIRE UN TEXTE COURANT

PLANIFIER SA LECTURE

Préciser son intention de lecture	☑ Déterminer s'il s'agit d'une lecture pour satisfaire sa curiosité, se forger une opinion ou réaliser une tâche précise : répondre à des questions, faire un résumé, relever de l'information, etc.
Faire appel à ses connaissances antérieures	☑ Faire le point sur ses propres connaissances sur le sujet.
Porter attention à la source du texte	☑ Prendre en note la référence exacte, si nécessaire. 🛈 *Noter une référence*, p. 297 ☑ S'interroger sur la fiabilité de la source du texte, la crédibilité de l'auteur ou l'auteure ou de l'éditeur ou l'éditrice en fonction du sujet.
Anticiper le contenu et l'organisation du texte	☑ Anticiper les opinions et les aspects qui pourraient être présentés. ☑ Observer l'organisation du texte et en déterminer le sujet à partir des titres, des illustrations, de la mise en page, etc.
Déterminer la méthode de lecture	☑ Déterminer l'accessibilité du texte selon ses compétences de lecteur ou lectrice. ☑ Évaluer si la lecture peut être appuyée de documents de référence complémentaires : livres, dictionnaires, sites Internet, etc. ☑ Prévoir le nécessaire pour annoter le texte ou prendre des notes. 🛈 *Prendre des notes*, p. 296

COMPRENDRE ET INTERPRÉTER LE TEXTE

Préciser le contenu du texte et en dégager l'essentiel	☑ Observer les aspects et les sous-aspects présentés s'il s'agit d'une description. ☑ Mettre en évidence les liens de causes / conséquences s'il s'agit d'une explication. ☑ Porter attention au début et à la fin des paragraphes, où l'on résume souvent une idée importante.
Cerner l'organisation du texte	☑ Porter attention à l'ordre de présentation des éléments. ☑ Expliquer en quelques mots comment l'information est présentée. ☑ Faire le plan du texte.
Cerner le point de vue	☑ Observer la présence de l'énonciateur ou de l'énonciatrice par les marqueurs de modalité et les pronoms. ☑ Distinguer les faits des opinions. ☑ Identifier la provenance des paroles rapportées et leur importance dans le texte.
Identifier les éléments du texte facilitant la lecture	☑ Porter attention aux définitions, parenthèses, schémas, exemples, etc. ☑ Faire des liens entre les éléments du texte et sa propre connaissance du sujet.

RÉAGIR AU TEXTE

Déterminer l'effet que provoque le texte	☑ Préciser ce que le texte a permis d'apprendre ou de découvrir. ☑ Déterminer si on partage les positions présentées dans le texte et en discuter avec d'autres personnes.

ÉVALUER L'EFFICACITÉ DE SA DÉMARCHE

Estimer l'efficacité de ses stratégies	☑ Déterminer son degré de compréhension du texte. ☑ Relire le texte si on a éprouvé des difficultés et en chercher la cause. ☑ Évaluer si l'information recueillie est suffisante pour la tâche demandée. ☑ Consulter d'autres textes pour trouver des renseignements additionnels.

ⓘ PRENDRE DES NOTES

La prise de notes permet de faire la sélection de l'information la plus importante d'un texte ou d'une communication orale en vue de la réutiliser dans une autre tâche.

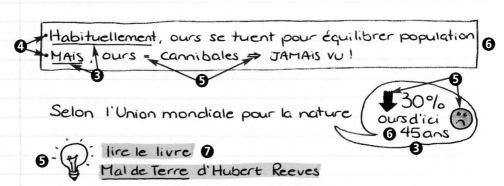

❶ Bien identifier le document de prise de notes pour mieux l'archiver (date, texte, conférence, présentation orale).

❷ Mettre en évidence les rapports de causes / conséquences, les aspects du sujet, les solutions à un problème, etc.

❸ Mettre en évidence des parties du texte à l'aide de soulignés, d'encadrés, d'encerclements, de bulles, etc.

❹ Bien séparer les renseignements importants par des boulets ou des tirets.

❺ Utiliser des pictogrammes, des flèches, des schémas, etc.

❻ Éviter de transcrire tels quels plus de cinq mots qui se suivent dans le document original. Transcrire des noms, des adjectifs qui apportent des précisions essentielles, et très peu de verbes conjugués. Le secret : la concision !

❼ Personnaliser sa prise de notes en ajoutant des idées, des opinions, etc.

---

* Prise de notes réalisée à partir du texte *Des ours affamés se mangent entre eux* (❶ p. 108-109).

N O T E R U N E R É F É R E N C E

LES RÉFÉRENCES BIBLIOGRAPHIQUES

Ensemble de renseignements qui permettent de savoir d'où vient une œuvre qu'on cite, une information qu'on rapporte.

QUAND NOTER UNE RÉFÉRENCE ?	COMMENT NOTER UNE RÉFÉRENCE ?
Lorsqu'on prend des notes tirées : – d'un livre ; – d'un article de revue ou de journal ; – d'un site Internet ; – d'une brochure ; – etc.	En cherchant les renseignements appropriés (prénom et nom du ou des auteurs, titre, année de publication, etc.) : – sur la page couverture et dans les premières pages de l'ouvrage consulté ; – sur la page d'accueil du site Internet.

BIBLIOGRAPHIE

LIVRES

NOM, prénom. *Titre*, lieu de publication, nom de l'éditeur, date de publication, nombre de pages (nom de la collection, s'il y a lieu).	LELAIT, David. *Sur un air de Piaf*, Paris, Payot, 2003, 335 p.

ARTICLES DE JOURNAUX OU DE REVUES

NOM, prénom. « Titre de l'article », *nom du journal ou de la revue*, numéro de la revue, date de publication, pages de l'article.	RIOUX, Christian. « Piaf sur grand écran », *Le Devoir*, 15 février 2007, p. A1 et A8.

SITES INTERNET

NOM DE L'AUTEUR, prénom ou NOM DE L'ORGANISME OU DE LA SOCIÉTÉ. « Titre de la page consultée », [en ligne], année du copyright. [date de consultation de la page]. <adresse de la page consultée>	EVENE. « Édith Piaf », [en ligne], 1999-2007. [référence du 14 février 2007]. <www.evene.fr>

REMARQUE : On peut employer le souligné pour remplacer l'italique lorsque les références bibliographiques sont écrites à la main.

ⓘ ÉCRIRE UN TEXTE LITTÉRAIRE

	PLANIFIER L'ÉCRITURE DU TEXTE
Déterminer le genre de texte à écrire	☑ Déterminer si le texte sera une chanson, un poème, un conte, un roman, une nouvelle, un récit, un scénario, etc. ☑ Noter les caractéristiques du genre choisi.
Faire un remue-méninges	☑ Se donner des sources d'inspiration : consulter des textes, écouter de la musique ou visionner des films. ☑ Écrire sans censure des idées, des bouts de phrases, des mots et griffonner des schémas, de petits dessins.
Créer un univers	☑ S'il s'agit d'une histoire, penser à des personnages, à des lieux, à une époque, à un thème, etc. ☑ S'il s'agit d'un texte poétique, choisir des émotions, des sensations, des lieux, des expériences de vie, etc. ☑ Construire des champs lexicaux à partir des idées amenées au cours de la planification.
Déterminer le rapport au réel	☑ Réfléchir au degré de réalisme du texte. ☑ Explorer la possibilité de créer un univers imaginaire, fantastique, fantaisiste, merveilleux, futuriste, absurde, etc.
Organiser le texte	☑ Pour une histoire, tracer le schéma narratif, réfléchir à l'ordre de présentation des événements, puis élaborer un plan du texte. ☑ Pour un texte poétique, réfléchir à l'organisation générale des vers, des strophes ou encore évaluer la possibilité d'écrire un texte en prose.
Déterminer le point de vue	☑ Déterminer si le texte sera écrit à la première ou à la troisième personne. ☑ Réfléchir à la possibilité de faire intervenir d'autres narrateurs ou encore de faire entendre d'autres «voix».
	RÉDIGER LE TEXTE
Écrire un premier jet du texte	☑ Écrire librement un premier jet en se censurant le moins possible. ☑ Prévoir des pauses, au bout d'une dizaine de lignes, pour relire ce qui vient d'être écrit et y apporter des corrections au besoin. ☑ Remettre en question les décisions prises à l'étape de la planification et noter ces changements.
Rendre le texte original	☑ Insérer des séquences descriptives ou dialogales dans le texte. ☑ Utiliser des procédés stylistiques : la comparaison, la métaphore, l'énumération, etc. ☑ Donner du rythme à son texte : la sonorité, la longueur des phrases, les répétitions, etc.

.../ p. 299

RÉVISER, AMÉLIORER ET CORRIGER LE TEXTE

Prendre du recul par rapport au texte	☑ Faire lire le texte par une autre personne qui pourrait le commenter. ☑ Retravailler le texte à tête reposée afin de le lire avec un œil nouveau.
Éditer le texte afin de l'améliorer	☑ Avec l'ordinateur, donner une nouvelle forme au texte en utilisant les fonctions *copier*, *coller*, *déplacer*, *effacer* ou *ajouter*. Ne pas hésiter à faire des essais et à revenir à la version d'origine. ☑ Sur le manuscrit, retravailler le texte en biffant, en ajoutant des bouts de textes dans les marges, en montrant des déplacements ou des remplacements à faire par un système de flèches.
Réviser son texte sur le plan de la langue	☑ ⓘ *Réviser son texte*, p. 302
Mettre le texte dans sa version définitive	☑ Exploiter les fonctionnalités de l'ordinateur en choisissant avec soin les polices de caractères, les marges, les illustrations, etc. ☑ Si le texte est manuscrit, soigner la calligraphie, choisir le bon crayon ou la bonne plume, sélectionner un papier de qualité, etc.

ÉVALUER L'EFFICACITÉ DE SA DÉMARCHE

Apprécier le cheminement qui a mené au texte	☑ Observer l'évolution du texte depuis les premières notes jusqu'à la version définitive, en passant par le premier jet du texte annoté et corrigé.
Évaluer le résultat	☑ Déterminer les forces et les faiblesses du texte ainsi que les aspects à améliorer à partir de l'évaluation ou de l'appréciation d'autres lecteurs.
Faire un bilan	☑ Déterminer ce que l'écriture du texte littéraire a permis d'apprendre de nouveau et de transférable. ☑ Évaluer dans quelle mesure les apprentissages en écriture pourraient s'appliquer dans d'autres disciplines scolaires.

ⓘ ÉCRIRE UN TEXTE COURANT

PLANIFIER L'ÉCRITURE DU TEXTE

Analyser la tâche ou le projet
- ☑ Déterminer si le texte est une explication, une description ou une justification.
- ☑ Tenir compte de la longueur et de la forme du texte à produire.
- ☑ Préciser le sujet du texte.
- ☑ Rédiger des questions auxquelles on souhaite répondre.

Préciser ses besoins d'information
- ☑ Faire un plan de recherche.
- ☑ Consulter Internet, des ouvrages documentaires de la bibliothèque et des personnes-ressources qui connaissent bien le sujet.
- ☑ Prendre des notes tout au long de la collecte d'information. ⓘ | *Prendre des notes*, p. 296
- ☑ Noter les sources de l'information recueillie. ⓘ | *Noter une référence*, p. 297

Déterminer le contenu du texte
- ☑ Préciser davantage le sujet du texte.
- ☑ S'il s'agit d'un texte explicatif, formuler une question en *pourquoi* et sélectionner des explications.
- ☑ S'il s'agit d'un texte descriptif, déterminer sous quel angle on abordera le sujet, et sélectionner des aspects et des sous-aspects du sujet.

Organiser le texte
- ☑ Organiser, sous forme de plan, la structure du texte.
- ☑ Déterminer le contenu de chaque paragraphe en le résumant en une phrase contenant l'idée importante.
- ☑ Déterminer à l'avance les exemples, les comparaisons, les définitions ou les schémas qui seront présentés dans le texte.
- ☑ Pour bien préparer le travail sur l'organisation du texte, s'inspirer de textes du même genre.

Déterminer le point de vue
- ☑ Choisir dans quelle mesure on manifestera sa présence dans le texte ; un texte explicatif ou descriptif sera plus crédible s'il est objectif.

RÉDIGER LE TEXTE

Écrire un premier jet du texte
- ☑ Écrire librement en respectant autant que possible le plan de départ.
- ☑ Prévoir des pauses, au bout d'une dizaine de lignes, pour relire ce qui vient d'être écrit et y apporter des corrections au besoin.
- ☑ Remettre en question les décisions prises à l'étape de départ et noter ces changements dans le plan du texte.

Rendre le texte plus efficace, au fil de la rédaction
- ☑ Garder à l'esprit les lecteurs potentiels du texte.
- ☑ Insérer des paroles rapportées en citant des sources susceptibles de soutenir ses propos.
- ☑ Rendre concrètes les explications ou les descriptions en les enrichissant de comparaisons, d'exemples, de définitions, de schémas, etc.

.../ p. 301

RÉVISER, AMÉLIORER ET CORRIGER LE TEXTE

Vérifier l'efficacité du texte	☑ Faire lire le texte par une autre personne qui pourrait le commenter. ☑ Interroger le lecteur ou la lectrice sur sa compréhension des descriptions et des explications en vue de corriger certains éléments du texte.
Éditer le texte afin de l'améliorer	☑ Avec l'ordinateur, donner une nouvelle forme au texte en utilisant les fonctions *copier*, *coller*, *déplacer*, *effacer* ou *ajouter*. Ne pas hésiter à faire des essais et à revenir à la version d'origine. ☑ Sur manuscrit, retravailler le texte en biffant ou en ajoutant des bouts de texte dans les marges, en montrant des déplacements ou des remplacements à faire par à un système de flèches.
Réviser le texte sur le plan de la langue	☑ ⓘ *Réviser son texte*, p. 302
Mettre le texte dans sa version définitive	☑ Exploiter les fonctionnalités de l'ordinateur en choisissant avec soin les polices de caractères, les marges, les illustrations, etc. ☑ Si le texte est manuscrit, soigner la calligraphie, choisir le bon crayon ou la bonne plume, sélectionner un papier de qualité, etc. ☑ Soigner la mise en page du texte en mettant en évidence des mots, en ajoutant des intertitres et des titres, en isolant des paragraphes dans des encadrés, etc. ☑ Appuyer le texte d'une iconographie (illustrations, schémas, photos, etc.) accompagnée de légendes.

ÉVALUER L'EFFICACITÉ DE SA DÉMARCHE

Apprécier le cheminement qui a mené au texte	☑ Observer l'évolution du texte depuis les premières notes jusqu'à la version définitive, en passant par le premier jet du texte annoté et corrigé.
Évaluer le résultat	☑ Déterminer les forces et les faiblesses du texte ainsi que les aspects à améliorer à partir de l'évaluation ou de l'appréciation d'autres lecteurs. ☑ Déterminer également si la recherche a été suffisamment documentée.
Faire un bilan	☑ Déterminer ce que l'écriture du texte courant a permis d'apprendre de nouveau et de transférable. ☑ Évaluer dans quelle mesure les apprentissages en écriture pourraient s'appliquer dans d'autres disciplines scolaires.

RÉVISER SON TEXTE

ÉTAPES DE LA RÉVISION D'UN TEXTE

La révision d'un texte sur le plan de la langue suppose les étapes suivantes :
– Relire les phrases en s'interrogeant sur leur construction et leur ponctuation.
– S'interroger sur l'orthographe des mots et le choix des mots.
– Corriger les erreurs détectées en recourant, au besoin, à des ouvrages de référence : dictionnaire, grammaire, etc.

REMARQUE : Si on utilise un correcteur orthographique informatisé, il faut mettre en doute les propositions qu'il fait, sinon on risque d'accroître le nombre d'erreurs au lieu de le réduire.

RÉVISER LA STRUCTURE DES PHRASES ET DE LA PONCTUATION

Identifier les verbes conjugués	☑ Les phrases qui comptent plus d'un verbe conjugué gagneraient-elles à être recomposées en phrases plus courtes ?
Délimiter les groupes de base, puis faire la comparaison avec la phrase de base	☑ Les phrases sont-elles structurées correctement selon leur type et leurs formes ? ☑ Y a-t-il des liens à établir entre les phrases par la coordination, la juxtaposition ou la subordination ? ☑ Le choix des marqueurs de relation (coordonnants, subordonnants) est-il correct ? ☑ La virgule est-elle employée correctement avec les compléments de phrase, les organisateurs textuels, les phrases incises, les coordonnants, etc. ? ☑ La ponctuation finale des phrases est-elle correcte et toujours suivie d'une majuscule ?
Observer la construction des groupes	☑ Les groupes sont-ils construits correctement, par exemple, les verbes sont-ils employés avec les bons compléments ?

RÉVISER L'ORTHOGRAPHE GRAMMATICALE

Identifier les donneurs d'accord et leurs receveurs	☑ Les donneurs (noms et pronoms) sont-ils correctement orthographiés en genre et en nombre ? ☑ Dans les GN, les déterminants et les adjectifs sont-ils accordés ? ☑ Les verbes, les participes passés employés avec *être* et les adjectifs attributs du sujet sont-ils accordés avec le sujet ? ☑ Les participes passés employés avec *avoir* doivent-ils être accordés ?
Repérer les mots invariables	☑ Les mots invariables (adverbes, verbes à l'infinitif, verbes au participe présent, etc.) sont-ils traités comme tels ?
Porter attention aux homophones	☑ Les homophones (*ce/se* ; *ces/ses/c'est/s'est* ; *on/ont* ; *ou/où* ; etc.) sont-ils orthographiés selon le contexte et leur classe grammaticale ?

RÉVISER L'ORTHOGRAPHE D'USAGE

Douter de l'orthographe	☑ Les verbes conjugués sont-ils formés correctement ? ☑ Quelles sont les orthographes à vérifier dans le dictionnaire ? ☑ Y a-t-il des mots qui doivent s'écrire avec la majuscule (noms propres, titres, etc.) ?

RÉVISER LE LEXIQUE

Douter du choix des mots	☑ Les mots peu courants sont-ils utilisés selon le sens indiqué dans le dictionnaire ?
Considérer l'emploi d'autres mots	☑ Certains mots pourraient-ils être remplacés par d'autres plus recherchés, plus précis, etc. ? ☑ Selon la variété de langue choisie, y a-t-il des mots qui devraient être évités ?

Stratégies

(i) PRENDRE LA PAROLE DEVANT UN GROUPE

PLANIFIER LA PRISE DE PAROLE

Analyser la tâche
- ☑ Préciser la nature de la tâche et tenir compte des exigences de la tâche : durée, temps de préparation, etc.
- ☑ Cerner les caractéristiques de ses destinataires : âge, intérêts, connaissances sur le sujet, etc.
- ☑ Rédiger des questions auxquelles on souhaite répondre.

Préciser ses besoins d'information
- ☑ Recueillir un maximum d'information : Internet, livres, magazines, personnes-ressources, etc.
- ☑ Prendre des notes tout au long de la collecte d'information. (i) *Prendre des notes*, p. 296
- ☑ Noter les sources où l'information a été recueillie. (i) *Noter une référence*, p. 297

Structurer l'exposé
- ☑ Planifier le contenu et l'organisation de la communication orale à la manière d'un texte.
- ☑ Faire un plan de son intervention en tenant compte des destinataires.
- ☑ Prévoir une introduction et une conclusion, et détailler le développement.

Prévoir du matériel complémentaire
- ☑ Trouver le matériel nécessaire pour améliorer la communication : présenter des photos, des diaporamas, des cartes géographiques, de la musique, etc.

Capter l'intérêt de l'auditoire
- ☑ Prévoir des stratégies pour capter l'intérêt de l'auditoire : anecdotes personnelles, rupture du ton de la voix, éléments de surprise dans la « mise en scène » de l'exposé, etc.
- ☑ Penser à des stratégies pour rendre ses propos clairs et faciles à comprendre : exemples, définitions, comparaisons avec des éléments connus, etc.

PRENDRE LA PAROLE

Établir le contact
- ☑ Balayer régulièrement du regard l'ensemble de l'auditoire.
- ☑ Faire participer les destinataires en les interrogeant.
- ☑ Adopter différents tons qui contribueront à provoquer des réactions chez les auditeurs.

Avoir de la crédibilité
- ☑ Préciser ses sources en faisant part de son travail de recherche et de préparation.
- ☑ Éviter de lire un texte ou de le réciter par cœur.
- ☑ Utiliser une variété de langue appropriée au contexte et aux destinataires.

Présenter les propos clairement et de façon organisée
- ☑ Montrer l'organisation de son exposé en employant des organisateurs textuels : *premièrement*, *deuxièmement* ; *d'une part, d'autre part* ; etc.
- ☑ Éviter de passer du coq à l'âne et prévoir des transitions entre les aspects traités.
- ☑ Prévoir des moments pour récapituler des éléments plus difficiles à saisir.

Ajuster la prise de parole
- ☑ Tenir compte des réactions de l'auditoire et s'y ajuster.
- ☑ Ajuster au besoin le rythme, le ton ou l'intonation de sa voix.
- ☑ Réagir aux problèmes techniques et trouver rapidement des solutions de rechange avec les projecteurs, les ordinateurs, les appareils audio, etc.
- ☑ Recourir à l'humour pour se sortir d'une situation embarrassante.

ÉVALUER SA COMMUNICATION ORALE

Estimer l'efficacité de ses stratégies
- ☑ Vérifier si les objectifs ont été atteints, si le message a été compris et si les destinataires ont manifesté de l'intérêt.
- ☑ Réfléchir à la prestation des autres et s'en inspirer pour les prochaines communications.
- ☑ Se filmer et regarder sa prestation afin de corriger des tics dans le langage ou la gestuelle.
- ☑ Se donner des objectifs pour utiliser une variété de langue plus appropriée.

(i) PARTICIPER À UNE DISCUSSION

	PLANIFIER SA PRISE DE PAROLE
Écouter activement les autres	☑ Adopter une attitude d'ouverture et une posture d'écoute. ☑ Vérifier sa compréhension des interventions des autres : poser des questions, tenter de reformuler les propos entendus pour en valider le contenu, etc. ▶ *Si je comprends bien ce que tu viens de dire, tu n'es pas d'accord avec moi. Est-ce exact ?* ☑ Résumer les interventions de temps à autre : faire le point pour mieux orienter les échanges.
Explorer et partager des idées	☑ Demander le droit de parole avant de faire une intervention : respecter l'animateur ou l'animatrice qui attribue le droit de parole aux participants. ☑ Prendre en note son idée pour ne pas l'oublier en attendant son tour. ☑ Respecter le sujet de la discussion : faire avancer les échanges par des interventions en lien avec le sujet. ☑ Formuler clairement ses idées : chercher à préciser sa pensée, à clarifier ses propos, à justifier ses opinions, à illustrer ses idées à l'aide d'exemples. ▶ *Pour moi, les lettres ouvertes dans les journaux sont importantes parce qu'elles permettent à des citoyens de tous les milieux de s'exprimer librement. Prenez les citoyens de notre ville qui ont inondé le journal local de plaintes concernant la qualité de l'eau. Ils ont fini par gagner !* ☑ Dégager des liens entre les propos : relier entre elles les idées proposées de façon à ne pas s'égarer et à ne pas perdre de vue le sujet de la discussion.
Réagir aux propos des autres	☑ Bien écouter les autres et tenir compte de leurs propos pour trouver de nouvelles idées. ☑ Poser des questions : amener les autres à préciser leur pensée, à choisir d'autres mots en cas d'incompréhension. ▶ *Peut-on savoir pourquoi vous ne vous informez pas davantage sur ce qui se passe dans notre ville ? Vous refusez de participer bénévolement au festival d'été ? Il me semble qu'en tant que futurs électeurs, il est de notre devoir de nous engager dans la vie communautaire.* ☑ Commenter les propos des autres.

ⓘ ARRIVER À UN CONSENSUS

Un consensus survient lorsque tous les gens qui participent à une discussion se rallient à une idée, à une opinion, à une décision ou à une façon de faire.

	RÈGLES GÉNÉRALES ET PARTICULIÈRES
Mettre ses idées en valeur	☑ Utiliser des formules qui introduisent le point de vue comme *je pense que*, *je partage l'opinion que*, *je crois que*, et s'exprimer au *je*. ☑ Employer des procédés de mise en relief comme *mon point de vue, c'est*, *selon moi, c'est... qui* ou *c'est... que*, etc. ☑ S'exprimer à l'aide d'un ton, d'un rythme et d'un débit qui manifestent la confiance en soi.
Justifier son point de vue	☑ Invoquer des raisons (ou des arguments) qui clarifient et nuancent le point de vue. ☑ Répondre adéquatement aux arguments des autres. ☑ Amener les autres à adhérer à ses idées en tenant compte de leurs réactions. ☑ Se référer à ses goûts, à ses valeurs, à ses connaissances, etc. ☑ Exprimer ouvertement son opinion à l'égard des idées des autres.
Respecter ses interlocuteurs et leur point de vue	☑ Garder une attitude d'ouverture en tout temps. ☑ Utiliser un langage empreint de marques de politesse, de savoir-vivre, de respect des idées des autres. ☑ Utiliser un vocabulaire nuancé pour éviter les conflits ou les affrontements. ☑ Porter attention à l'intensité de sa voix, à ses mimiques, à son regard, bref à tout ce qui pourrait blesser l'autre.
Mettre en pratique les règles de la discussion	☑ ⓘ *Participer à une discussion*, p. 304
Arriver à un consensus	☑ Se fixer une limite de temps pour discuter et prendre une décision. ☑ Se rallier aux interlocuteurs qui présentent les meilleurs arguments. ☑ En dernier recours, passer au vote et choisir l'idée qui obtient la majorité des appuis. ☑ Accepter calmement une décision qu'on n'envisageait pas au départ.

(i) TRAVAILLER EN COOPÉRATION

Le travail en coopération consiste à réaliser collectivement une tâche complexe en assignant des rôles spécifiques à chaque membre d'une équipe.

RÔLES POUR UN TRAVAIL EN COOPÉRATION	
Le superviseur ou la superviseure	☑ Analyser la tâche à accomplir et la diviser en sous-tâches pour chacun des membres de l'équipe. ☑ Distribuer les rôles à chacun des membres de l'équipe. ☑ Établir un calendrier de travail pour chaque membre de l'équipe en tenant compte des échéances pour la réalisation du projet.
L'animateur ou l'animatrice	☑ Animer les rencontres de planification ou de mise en commun. ☑ Établir l'ordre du jour de chaque rencontre et s'assurer qu'il est respecté. ☑ Donner la parole aux membres en s'assurant que chacun puisse exprimer son avis. ☑ Orienter les discussions en vue d'améliorer un travail qui est presque achevé. ☑ Intervenir lorsque les discussions deviennent trop bruyantes et qu'elles s'éloignent du sujet. ☑ Orienter les discussions en vue d'obtenir un consensus.
Le ou la secrétaire	☑ Mettre sur papier le calendrier de travail. ☑ Pendant les rencontres, s'assurer de bien comprendre les idées avant de les noter. ☑ Prendre en note les éléments mis en commun et les éléments de décision.
Le rédacteur ou la rédactrice	☑ Après les discussions, rédiger la version définitive de la tâche en s'assurant que les parties du travail s'enchaînent harmonieusement. ☑ Mettre le travail au propre en laissant le temps à tous les membres de l'équipe de relire le texte en vue de l'améliorer.
Le correcteur ou la correctrice	☑ Veiller à la qualité de la langue tant à l'oral qu'à l'écrit.
Le ou la porte-parole	☑ Consulter l'enseignant ou l'enseignante pour préciser des éléments de la tâche qui semblent nébuleux ou régler un conflit au sein de l'équipe. ☑ Rendre compte du résultat du travail devant d'autres personnes de la classe.

QUELQUES RÈGLES À RESPECTER POUR UN BON TRAVAIL EN COOPÉRATION

- S'assurer que tous les membres de l'équipe participent également.
- À chaque réunion, prévoir du temps pour évaluer le bon fonctionnement de l'équipe.
- À la fin du travail, toujours faire un bilan.
- Si les élèves doivent se réunir pour un nouveau travail, tenter de distribuer différemment les responsabilités au sein de l'équipe.

---

*   Les numéros en gras renvoient aux pages de l'Info*zone*.

H : haut **B** : bas **G** : gauche **D** : droite **M** : milieu
FP : fond de page

Couverture :
(1) © Photodisc (3) © Frank Crusiaux / Gamma / Ponopresse
(4) © Nonstock / Jupiter Images

■ Zone 1

2-3 © Photodisc **5** Norman Rockwell *Triple Autoportrait*
© Imprimé avec la permission de The Norman Rockwell
Family Agency © 1960, the Norman Rockwell Family
Entities / Norman Rockwell Museum **6** © Topfoto / UPP /
PONOPRESSE **7 FP** © akg-images **MD** © akg-images
MG Domaine public **BG** © Conway Library, Courtault Institute
of Art, London **BD** © Hulton-Deutsch Coll. / Corbis
12 © Andersen-Gaillarde / Gamma / PONOPRESSE
13 FP © CCDMD **M** Domaine public **BG** © Ville de Montréal.
Gestion des Archives. **MB** Domaine public **BD** © Archives
La Presse **20** © John Foley / Opale **21 FP** © Yevgeny Khaldei /
Corbis **M** © Yevgeny Khaldei / Corbis **D** © Topham Picturepoint /
Topfoto / PONOPRESSE **22** © Yevgeny Khaldei / Corbis
23 © Yevgeny Khaldei / Corbis **29 H** 26256167 © 2007, Jupiter
Images et ses représentants **31** © Topham Picturepoint / Topfoto /
PONOPRESSE **32 HG** © Hulton Deutsch Coll. / Corbis
HM Domaine public **M** © Neil Preston / Corbis
BG © Megapress.ca / Najman **HD** © Luiz Garrido / Gamma /
PONOPRESSE **BD** © Topham / UPP / Topfoto / PONOPRESSE
33 FP © ShutterStock **MG** © Megapress.ca / Bilderberg / Ginter
BG © Emmanuel Scorcelletti / Gamma / PONOPRESSE **BD** © Jean-
François Fortier **35** © Bettmann / Corbis **37** © Luiz Garrido /
Gamma / PONOPRESSE **38** © Megapress.ca / Najman
43 BG © Michel Ponomareff / PONOPRESSE **BM** © J.-Claude
Francolon / Gamma / PONOPRESSE **G** © Michel Ponomareff /
PONOPRESSE **D** © Topham / UPP / Topfoto / PONOPRESSE
49 H 8257068 © 2007, Jupiter Images et ses représentants
M © ShutterStock

■ Zone 2

54-55 © Steve Wilkings / CORBIS **57** *Mondes, Mythes et images
de l'Univers*, Leïla Haddad et Guillaume Duprat, © Seuil 2006.
Illust. G. Duprat **58** © Topham Picturepoint / Topfoto /
PONOPRESSE **59 FP** © ShutterStock **MG** 7801677 © 2007,
Jupiter Images et ses représentants **MD** 7652571 © 2007,
Jupiter Images et ses représentants **BG** © ShutterStock
BD © ShutterStock **66** © Roger-Viollet / Topfoto / PONOPRESSE
67 FP © NASA **MG** © NASA **MH** Domaine public **MD** © NASA
M Domaine public **BG** © akg-images **BD** © US Marine
77 MG © BNF – Manuscrit arabe n° 3610 **MD** © BNF – RES Y2 214 (1)
82 7719725 © 2007, Jupiter Images et ses représentants **86** © NASA
87 © ShutterStock **89** © NASA **90 G** 9896905 © 2007, Jupiter
Images et ses représentants **D** © ShutterStock **M** 34734616
© 2007, Jupiter Images et ses représentants **91 FP** © ShutterStock
MD Domaine public **BG** 542924 © 2007, Jupiter Images et ses
représentants **BM** Domaine public **BD** 542984 © 2007, Jupiter
Images et ses représentants **93** 7713835 © 2007, Jupiter Images
et ses représentants **98** © ShutterStock **100 H** © CCDMD,

Jean-Marie Dubois **B** 4769447 © 2007, Jupiter Images et
ses représentants **102** 36843360 © 2007, Jupiter Images et
ses représentants **106** 26815091 © 2007, Jupiter Images et
ses représentants **109 H** © ShutterStock **M** © Photodisc
B © ShutterStock **112** © ShutterStock

■ Zone 3

114-115 © Franck Crusiaux / Gamma / PONOPRESSE
117 © Twentieth Century Fox/Shooting Star / PONOPRESSE
118 © BPUN **120** Marc Chagall, *La grenouille qui veut se faire
aussi grosse que le bœuf* (inv. 6825) © Musées royaux des
Beaux-Arts de Belgique / Succession Marc Chagall, SODRAC 2007
121 © ShutterStock **123** © ShutterStock **124** © ShutterStock
126 © Robert Côté / PONOPRESSE **127 FP BG** © J.-Bernard Porée /
PONOPRESSE **MG** © Les ZapartIstes **M** © Michel Ponomareff /
PONOPRESSE **BD** © Percy Savard **BM** © Ronald Labelle
134 © Michel Ponomareff / PONOPRESSE **136** © Michel Ponomareff /
PONOPRESSE **137 HD** © Paul Souders / Corbis **BD** © Jeremy
Horner / Corbis **BM** © ShutterStock **139** © ShutterStock
144 © Images.com / Corbis **146** © ShutterStock **147 HG**
© ShutterStock **HD** © 26559518 © 2007, Jupiter Images et ses
représentants **M** © 6ᵉ sens Management **149** Photo campagne
© Amnistie internationale, automne 2006 **151 FP** © Sean Adair /
Reuteurs / Corbis **BD** © Peter Turnley / Corbis **BG** © Lorpresse /
Corbis Sygma **153** © Serge Benhamoun / Gamma / PONOPRESSE
155 © Chaiwat Suprasom / Reuters / Corbis **156** © Chris Rainier /
Corbis **157** © Reuters / Corbis **158** © Patrick Robert / Corbis
164 © ShutterStock **167** © Peter Turnley / Corbis
169 H © ShutterStock **173** © Meanest Indian Flickr.com / photos /
meanestindian / 283541832

■ Zone 4

174-175 © Nonstock / Jupiter Images **178** Domaine public
179 © Sunset Boulevard / Corbis **190** © Emmanuel Scorcelletti /
Gamma / PONOPRESSE **194** © ShutterStock **197** © ShutterStock
198 © John Hedgecoe / Topfoto / PONOPRESSE **199 FP** © ShutterStock
HG © PA / Topfoto / PONOPRESSE **MG** © Julian Calder / Corbis
BG Domaine public **M** © John Hedgecoe / Topfoto / PONOPRESSE
HD © Louis Monier / Gamma / PONOPRESSE **MD** © Emmanuel
Scorcelletti / Gamma / PONOPRESSE **BD** © Jean-Marc Ayral /
Gamma / PONOPRESSE **201** © ShutterStock **204** © Laurent Rabatel
205-206 H © ShutterStock **B** © ShutterStock **208** © ShutterStock
209 H © Photoblitz / Stills / Gamma / PONOPRESSE **M** © Slixer
Entertainment Inc. **212** © ShutterStock **213 FP** © ShutterStock
MD © BBN (Truett Thatch, Bill Bartell, Dave Walden, Gim Geisman,
Bob Kahn, Frank Heart, Ben Barker, Marty Thrope, Will Crowther,
Severo Ornstein and Bernie Cosell (not pictured) **BD** Domaine
public **215** © 2007 Dirk Riehle www.ageekstour.com
216 © ShutterStock **219** © M. Rosevear **220** © ShutterStock
223 © ShutterStock **229 H** © ShutterStock **M** © *La Presse*,
tirée de *100 ans d'actualités* **230** © ShutterStock